中央编译局出版基金项目 | 基础理论系列

抵抗与批判
萨义德后殖民文化理论研究

刘海静◎著

中央编译出版社
Central Compilation & Translation Press

目 录

序　言 ··· 1

导　论 ··· 1
　一、全球化的文化发展逻辑及其悖论 ··· 1
　二、萨义德生平简述 ··· 8
　三、国内外萨义德研究的多重视角 ·· 16
　四、本书的研究思路、方法和框架 ·· 36

第一章　萨义德后殖民文化理论的形成背景 ································ 40
　一、萨义德后殖民文化理论的社会时代背景 ·································· 41
　二、萨义德后殖民文化理论的具体写作情境 ·································· 47

第二章　萨义德后殖民文化理论的主要思想来源 ···························· 54
　一、马克思主义的反殖民理论 ·· 54
　二、维科的世俗历史观 ·· 60
　三、福柯的话语—权力理论 ·· 65
　四、葛兰西的文化霸权思想 ·· 69
　五、法侬的反殖民思想 ·· 74

第三章 萨义德的"世俗批评"理论 ·············· 80
一、何谓"世俗批评" ·············· 80
二、文本的"现世性"与批评的"世俗性" ·············· 84
三、"世俗批评"之核心：批判意识 ·············· 88

第四章 萨义德的东西方文化关系理论 ·············· 93
一、东方学批判 ·············· 93
二、文化与帝国主义的共谋 ·············· 102
三、文化抵抗及其模式思考 ·············· 110

第五章 萨义德的知识分子理论 ·············· 121
一、知识分子的角色与功能定位 ·············· 121
二、知识分子的问题及处理尝试 ·············· 125

第六章 萨义德后殖民文化理论的重要价值 ·············· 134
一、正确把握了殖民主义的当代形态：文化殖民主义 ·············· 134
二、深刻阐释了文化抵抗的基本原则：广泛的人文主义 ·············· 141
三、充分彰显了知识分子的本真状态：普遍的批判意识 ·············· 152

第七章 萨义德后殖民文化理论的主要局限 ·············· 166
一、侧重文化分析，未揭示文化殖民现象的经济根源 ·············· 166
二、囿于民族视野，未看到抵抗文化殖民的阶级力量 ·············· 170
三、依赖话语反抗，未提出抵抗文化殖民的有效途径 ·············· 175

第八章 全球化背景下的新文化殖民主义批判 ·············· 179
一、全球化背景下新文化殖民主义的主要表现 ·············· 180
二、全球化背景下新文化殖民主义的基本特征 ·············· 187
三、全球化背景下新文化殖民主义的主要根源 ·············· 195

第九章 萨义德后殖民文化理论的当代启示 ·············· 203
　　一、承认人类文化的进步性，避免陷入文化相对主义的误区 ······ 203
　　二、坚持人类文化的开放性，防止走向文化孤立主义的歧途 ······ 209
　　三、寻求人类文化的平等性，维护弱势文化的国际话语权利 ······ 214
　　四、实现人类文化的和谐性，重视知识分子的世俗批评作用 ······ 218
　　五、结　语 ·· 222

附　录　后殖民文化理论的精神分析意蕴及其限度 ············ 226
　　一、作为精神分析学家的法侬 ·························· 227
　　二、从法侬到萨义德的后殖民文化理论 ·················· 231
　　三、深化从"民族意识"到"社会意识"的无意识分析 ········ 236

参考文献 ·· 240

后　记 ·· 254

序　言

当今，在国内外学界，后殖民文化理论研究一直是一个前沿领域。由于这一理论思潮与当代西方许多理论思潮如后结构主义、西方马克思主义文化批判理论、精神分析学等有着盘根错节的关系，因此，在研究内容和研究形式上都具有跨学科的特征。具体表现就是，相关研究广及文学、艺术、教育、国际政治、哲学、历史、马克思主义等诸多学科领域。相应地，在基本议题的基础上则呈现出多种独特的理论取向。大体上看，国内外的后殖民文化理论研究可分为两个层面：一是对后殖民文化理论思潮的整体性研究；二是对后殖民文化理论家的个案研究。刘海静博士的这本著作显然属于第二类，但由于其所研究的对象是后殖民文化理论思潮的领军人物和开创者萨义德，因此，在某种意义上也可以纳入第一类。

巴勒斯坦裔美籍学者萨义德，是当今世界最重要的文化批评家之一，其所开创的后殖民文化理论从20世纪后期开始，在国际学术界产生了广泛的影响。他从文化批判理论和发展理论两个侧面，对全球化背景下不平等的世界体系做了比较深入的批判分析。因此，他的研究越来越引人注目。近些年来，国内对其理论虽然已有许多研究，但是，这些研究大多来自于文学批评和文艺理论界，而哲学学科和马克思主义理论学科在这一方面的研究还较为薄弱。同时，鉴于刘海静从硕士研究生阶段就非常关注全球化背景下的东西方文化关系问题，且对萨义德的后殖民文化理论已有初步的了解，她同我经过共同讨论最终确定了"萨义德后殖民文化理论研究"这一选题，即从马克思主义视角对萨义德后殖民文化理论进行系统梳理和研究。经过三年的刻苦研读，她初步完成了这一研究课题。现在呈现在读者面前的《抵抗与批判——萨义德后殖民文化理论研究》这本书，正是她在博士学位论文的基础上修改而成的。我虽然没有对后殖民文化理论进行过专门的研究，但我认为，这本著作至少具有如下两个方面的特点和新意。

一是从马克思主义视角对萨义德后殖民文化理论进行了较全面、系统、扎实和专门的研究。该著作首先对萨义德后殖民文化理论形成的社会历史背景、主要思想来源及具体写作情境做了基本考察；然后将萨义德后殖民文化理论的主要内容梳理概括为"世俗批评"理论、东西方文化关系理论和知识分子理论三个方面，并深刻揭示了三者之间的内在逻辑关系，即"世俗批评"理论构成了分析基础，知识分子理论是其真正的价值旨归，而作为核心内容的东西方文化关系理论，既是对"世俗批评"理论的大型演练，又是对知识分子理论的深刻践行；最后从马克思主义视角深入剖析了萨义德后殖民文化理论的重要价值和主要局限。她对萨义德理论所进行的全面整理、分析和评论，不仅为国内有兴趣了解和研究后殖民文化思潮及萨义德思想的读者提供了极大的便利，也有助于人们更加系统地理解文化的马克思主义和发展的马克思主义等新马克思主义流派的基本观点和价值取向。

二是突出了在全球化背景下，对以萨义德为代表的后殖民文化理论进行研究所具有的现实价值。该著作系统剖析了在全球化背景下，西方发达国家所推行的新文化殖民主义的表现、特征及根源，对于以美国为代表的西方文化凭借其超强的经济、政治、军事、科技以及传媒等优势，有目的、有意识地推销自己的经济理念、政治价值、文化意识、价值观念和生活方式等所形成的文化霸权，进行了深入的揭露和批判，从而凸显了后殖民文化理论的当代意义。这一理论研究，无论是对于中国等发展中国家在参与全球化进程时更加自觉地防范全球性风险，加强文化软实力建设，还是对于推动建立平等的和合理的国际经济、政治、文化秩序，都具有重要的启示价值。

当然，作为一名青年学者，作者在书中进行的一些分析和判断，难免存在浅尝辄止等诸多不足之处。但从总体上看，该著作视野宽阔——以全球化为背景；切入点准确——选择了后殖民理论的核心人物；方法和视角新颖——运用马克思主义的理论和观点；行文流畅——能够用娴熟通晓的文字阐发深刻的理论，因此，具有较高的学术价值，将会对国内的后殖民文化理论研究起到一定的推动作用。同时，此书恰逢萨义德辞世十周年之际推出，也或将会引发读者对后殖民文化理论的新一轮关注。

更令我欣慰的是，刘海静博士对后殖民文化理论的研究并没有止步于此。虽然到中央编译局工作之后她又涉猎了新的研究领域，同时在杂志社担任责任编辑，但在繁重的研究和编务工作之余，她又对后殖民文化理论进行了更加深入的探索。据我了解，她对进一步的研究已经有了比较具体的规划，即打算从政治生态学视野出发，结合精神分析学的政治无意识理论，对后殖民文化理论进行深入分析和总体评价，并尝试探讨其悖论性困境的可能出路。关于后殖民理论家在批评地位以及与西方文化殖民的"共谋"关系方面的悖论性，国内外早有相关讨论，但始终停留在描述的层面，而对这种悖论的具体运作机制缺乏深入剖析。此研究一方面将有助于深化对后殖民文化理论实际困境及发展趋势的探讨，揭示政治无意识在这种"共谋"中发挥的至关重要的作用；另一方面也将有助于加强对当代西方其他理论思潮的研究，有助于加深对当代资本主义社会的理解，有助于把握当代西方民主政治的虚伪实质，并进一步揭示其隐秘的运行机制，从而有助于在新的形势下深化和发展马克思关于当代资本主义批判的思想，并有可能阐释全球资本主义发展的新趋势，也有助于阐释当前我国社会主义现代化及民主政治建设中的诸多问题。

以眼前的这本著作为研究基础，加之一贯的勤奋与执著，我相信刘海静博士关于后殖民文化理论的更具创新、更加深入、更有分量的研究将只是个时间问题了。作为她的导师，我由衷地祝愿她的学术研究之路能够越走越宽。

林娅
2013 年 4 月于北京

导 论

一、全球化的文化发展逻辑及其悖论

当今世界，全球化已经成为一个基本趋势。自20世纪60年代中期马歇尔·麦克卢汉（Marshall McLuhan，1911—1980）提出"地球村"这一概念以来，人们对全球化问题的关注不断升温，并在各个领域展开了热烈的讨论。全球化始于经济领域，伴随经济全球化的不断扩展，它的影响已经迅速扩展到政治领域和文化领域。在文化方面，对于会不会出现文化的全球化以及如果出现应如何认识等问题，国内外学术界一直争论不休。但有一点是毋庸置疑的，那就是全球化的发展导致了人类多元文化之间的相互激荡。特别是伴随着信息化时代的来临，电视、电话、电脑以及互联网的普及，国与国之间的相互依存日益紧密，文化与文化之间的相互交流日益便捷，"世界范围内各种思想文化交流、交融、交锋日益频繁"①。这种伴随着世界市场发展而出现的不同文化的全球交融趋势是马克思和恩格斯在《共产党宣言》中就已经预见到的，他们明确指出："过去那种地方的

---

① 刘云山：《把握正确方向 发扬优良传统 坚持改革创新——在新的历史起点上继续推动哲学社会科学繁荣发展》，载《求是》2009年第13期，第6页。

和民族的自给自足和闭关自守状态，被各民族的各方面的互相往来和各方面的互相依赖所代替了。物质的生产是如此，精神的生产也是如此。各民族的精神产品成了公共的财产。民族的片面性和局限性日益成为不可能，于是由许多种民族的和地方的文学形成了一种世界的文学。"① 马克思和恩格斯在这里所说的"文学"的德文形式是"Literatur"，包括科学、艺术、哲学、政治等方面的著作，实际上它就是我们通常所说的与经济、政治相对应的中义的文化概念。因此笔者认为，文化领域的全球化趋势已经是一个不容置疑的事实。当前更紧迫的问题是，这种文化发展的全球化趋势究竟包含着一种怎样的内在逻辑，它是否会导致西方强势文化一统天下的局面，又将会给世界各民族以及整个人类的文化发展带来怎样的命运。

人类文化发展的当代现实已经使我们清楚地认识到，全球化的文化内涵具有深刻的辩证性。② 一方面，全球文化发展具有共性、统一性、普遍性和世界性。随着经济全球化的加速发展，以及其在政治、文化和社会生活领域的深层次效应的扩散，人类作为一个整体已经并将继续面临越来越多的共性问题，比如环境破坏、生态失衡、资源枯竭、气候变化、人口膨胀、毒品泛滥、疾病传播、社会犯罪、金融危机、霸权主义等。由于这些全球性问题的产生原因极其复杂，单靠某个国家或民族自身的力量是无法消除的，需要全世界各民族通力合作来共同解决。因此，世界上各个国家和不同民族的人们已经开始承认人类文化的某些共性，并从人类整体利益出发来考虑这些全球性问题的解决，与此相应，人们已经形成了一系列超越民族和阶级传统界限的共同的文化价值观念，比如对话与合作意识、全球治理模式、国际制度主义等等。另一方面，全球文化发展具有个性、多样性、特殊性和民族性。构成每一种文化核心的深层次结构，即那些能够将不同民族的文化区分开来的文化的根本特质，包括价值观念、思维模式、宗教信仰、审美情趣等等，是一个民族的文化中根本的深层的内涵，

---

① 《马克思恩格斯文集》第 2 卷，人民出版社 2009 年版，第 35 页。
② 参见许春华：《全球化时代与民族文化中心论的解构》，载北京大学马克思主义文献研究中心编：《共产党宣言与全球化》，北京大学出版社 2001 年版，第 331—339 页；刘海静：《全球化的文化内涵与文化殖民主义》，载《理论导刊》2006 年第 1 期，第 77—80 页。

具有相对较强的稳定性。各民族传统文化独特的形成与发展历程和规律决定了其文化现象一经产生，便获得了相对独立发展的可能性，有一种独立发展的内在惯性，并能够不断吸取外来文化的精华丰富、发展、优化自己，不仅不会轻易地被同化，反而会在文化交流中更加彰显出来。① 我们能够看到，近年来，各国的民族传统回归、民族认同意识、民族文化复兴等趋势都在逐渐增强。一些根源于民族文化历史传统并且具有鲜明民族特色的东西在全球化进程中不断地被挖掘出来，并重新得到尊崇和弘扬，比如印度宝莱坞大片中对印度传统音乐文化的彰显。特别是《印度往事》这部荣获了印度当年"最佳音乐奖"的影片，在与欧洲音乐的对比中让人们感受到了印度传统音乐的独特魅力。当代人类文化发展的这种双向运行机制正是全球化的文化发展逻辑。因此，我们当前可以肯定的是，全球化对于世界各民族的文化发展而言既是机遇，又是挑战。这就要求我们既不能悲观地将全球化看做强势文化的一体化进程而一味抵制，又不能乐观地将全球化看做多元文化的平等交流过程而盲目拥抱，而是应该采取一种客观辩证的理性分析态度。

应该承认，多元文化的发展始终是人类文化发展的内在要求和外在表现。几千年来，不是一种文化，而是多种文化包括希腊文化、希伯来文化、中国文化、阿拉伯伊斯兰文化以及非洲文化等，始终相互影响、相互融合，共同形成了星光灿烂的人类文明发展历程。今天，虽然全球化正在如火如荼地进行，但这并不能消除多元文化存在和发展的基础；相反，在某种情况下，还有可能因为各种文化交流的增加而强化民族文化意识的觉醒和民族文化价值的认同，从而促进文化的多元化发展。事实上，经济全球化背景下文化价值的不断提升，使得世界上很多国家和民族都已经开始奋起捍卫人类文化的多样性和自身民族文化的独特性，如新加坡开展了颇有声势的"华语运动"以保卫自己的东方文化传统；马来西亚坚持以马来语为国语来维护自己的民族统一性和独特性；以色列将长期以来仅仅用于

---

① 参见孙景峰：《经济全球化对全球文化的影响——兼论中国文化发展战略》，载《思想战线》2002年第3期，第105—110页。

宗教仪式的希伯来文重新恢复为日常通用语言；印度提出"印度化"；伊斯兰国家重新把"伊斯兰化"叫得更响；等等。① 此外，一些发达国家在这方面走得更远，如日本提出了"重新亚洲化"的口号；法国更是一再强调法国文化的特殊价值；等等。

然而，不可否认的是，全球化的确有可能在某种程度上被异化为西方强势文化扩张的进程。虽然不同文化都应当是参与全球化过程的平等的行为体，但在人类文明发展的历程中，由于各种原因的综合作用，造成了当今人类文化发展的不平衡性。全球化背景下不同文化的相互作用并非势均力敌，更常见的则是强势文化与弱势文化的区分②。一个显在的事实是，以美国为代表的西方强势文化在这一过程中居于主导地位，把自己在经济、政治、军事、科技以及传媒等方面的强势扩展到文化方面，并充分利用全球化在文化领域促成统一的一面，高举"世界主义"、"普遍主义"的大旗，在全球范围内广泛推销其文化产品和文化价值观念，妄想在"普遍性"的口号下消除文化多样性的价值，力图同化其他国家的文化，使其所认为的弱势民族及其文化整合到一个由强势国家和民族及其文化所控制的同质的人类文化之中，从而使全球文化朝着单质化的趋向发展。从这个角度看，当前中心国家与周边国家在文化上的支配与被支配的不平等关系，乃至文化殖民主义的凸显，都与全球化进程有很大的相关性。③

如果任由这种与经济、政治、军事、科技以及传媒等优势连在一起的强势文化在全球化进程中持续地对弱势文化进行渗透和控制，必将会使人类文化发展的多样化之路荆棘丛生。因此，为了促进整个人类文化的健康发展，弱势文化国家必须自觉地维护和发展自己的文化。事实上，甚至一些较发达的国家如加拿大、法国等都感到忧虑与不安，把美国的文化渗透

---

① 参见乐黛云：《多元文化发展中的两种危险和文学可能作出的贡献》，载《文艺报》，2001年8月28日。

② 强势文化应该从两个角度来衡量：一是从人类文化学的角度来衡量，强调文化本身的实力，指一种文化在客观上具有较其他文化更深远、更广泛的影响力和吸引力；二是从经济学、政治学的角度来衡量，强调文化的拥有者在政治上或经济上的相对优势地位。弱势文化则恰好相反。本文所谓的强势文化和弱势文化主要是从后一个角度来衡量的。

③ 参见金民卿：《文化全球化与中国大众文化》，人民出版社2004年版，第15—26页。

称为"文化霸权主义"、"文化帝国主义"、"文化殖民主义"以及"文化扩张主义"等。那么,作为第三世界发展中国家,作为一个社会主义国家,我们还有什么理由掉以轻心呢?由于资本主义和社会主义两种意识形态及其社会制度的根本对立,以美国为代表的西方资本主义强国所推行的文化殖民主义在很大程度上是针对社会主义国家的;而社会主义中国,由于在改革开放中取得了举世瞩目的成就,经济、社会飞速发展,更是其文化殖民活动的首要对象。全球化背景下,以美国为代表的西方文化对中国文化的渗透是全方位、多层次的,几乎覆盖了主流文化、精英文化和大众文化①等一切文化领域。因此,文化殖民主义作为一种当代人类文化之现实是处于弱势文化地位的中国必须承认并应高度警惕的。

　　文化乃国家和民族之血脉。它是一个民族全部智慧的集中体现,是一个民族区别于其他民族的根本特质,是一个民族共有的精神家园。因此人们常说,文化兴则国运兴,文化衰则国运衰。中国文化虽然源远流长,曾经有过辉煌的成就,但在近现代与西方文化的交流与冲突中,一直处于弱势地位。全球化背景下,中国文化借助中国经济的发展和科技的进步,竞争力有了明显的提高。然而,随着全球化的进一步发展,中国文化不但在中短期内难以改变目前的弱势状况,而且还将可能继续遭受强势文化殖民主义的全方位渗透。因此,在经济全球化和中国加入世界贸易组织的大背景下,中国文化决不能对以美国为代表的西方文化殖民主义漠然视之,而应当积极应对,使中华民族的优秀文化在新的历史时期更好地发扬光大。

　　全球化的文化发展逻辑决定了强势文化的一体化企图与弱势文化的多样性坚持之间的矛盾必将会贯穿于其过程的始终。中国文化的现实境遇也要求我们必须正视并认真研究这一新课题。在这一研究过程中,我们除了要有自己的崭新思路外,还必须重视借鉴国内外已有的研究方法和成果,

---

　　① 这种分法是许多研究文化的专家所认可的,例如清华大学哲学系的邹广文教授在《当代中国的主流文化、精英文化与大众文化》一文中就指出:"中国的现代化文化建设是一个有机系统,其中主流文化、精英文化和大众文化是最基本的文化要素。"参见邹广文:《当代中国的主流文化、精英文化与大众文化》,载《杭州师范学院学报》(社会科学版)2002年第6期,第12—16页。

这其中就包括诞生于20世纪70年代末80年代初的具有独特理论价值和实践意义的后殖民主义理论。而在后殖民主义理论研究领域，爱德华·萨义德（Edward W. Said, 1935—2003）①无疑处于中心地位。尽管他同霍米·巴巴（Homi Bhabha, 1949—）、佳亚特里·斯皮瓦克（Gayatri Spivak, 1942—）一道被罗伯特·扬（Robert Young, 1907—1998）称为后殖民研究中的"神圣三剑客"，但人们还是把更多的注意力集中在了萨义德身上。萨义德作为后殖民文化理论的实际开创者，对东西方文化关系问题的关注与研究，对东方主义的批判与反思，对世俗批评的阐释与实践，对文化与帝国主义共谋关系的分析与揭示，对第三世界国家文化抵抗模式的探讨与思考等等，都会给我们正确处理全球化进程中强势文化的一体化企图与弱势文化的多样性坚持之间的矛盾提供某些深刻的启示。

综上，从全球化的文化发展逻辑、中国文化的现实境遇与萨义德后殖民文化理论主要议题的契合性来看，我们对萨义德后殖民文化理论进行马克思主义视角的分析与研究无疑具有重要的理论意义和现实意义。

就理论研究而言，一方面，用马克思主义的基本理论剖析萨义德后殖民文化理论，有助于对其进行深入系统的研究，从而深化对后殖民主义文化思潮的整体认识。马克思主义作为一种历史更为悠久的文化批评传统，无论其世界观与方法论，还是其对老牌殖民主义的批判以及关于东方社会发展道路的理论思考，对后殖民主义的研究视角和研究主题都极有启发。此外，萨义德后殖民文化理论所凸显的悖论也需要从马克思主义研究方面作进一步的深入思考，从而弄清其实质到底是什么，为什么大多数发展中落后国家会对他极有好感。可见，从马克思主义视角考察萨义德的后殖民文化理论，既有可能性，又有必要性，能够深化对萨义德后殖民文化理论本身局限和意义的认识，深入挖掘出其理论价值和对现实的启示，并厘清萨义德后殖民文化理论所凸显悖论的根源。另一方面，加强对萨义德后殖民文化理论的马克思主义分析，对于马克思主义理论本身的发展而言也是

---

① 在我国，Said通常被译为"赛义德"、"萨义德"、"萨伊德"等，鉴于书文所参考的生活·读书·新知三联书店的最新译本均采用"萨义德"，为了一致起见，在本书中，笔者将"Said"的所有译名统一为"萨义德"，但在书名和引文中则保持原有的译法。

一个有意义的课题。后殖民主义作为一种具有鲜明意识形态色彩的文化批评思潮,与马克思主义在议题上存在诸多共通之处,深入发掘萨义德后殖民文化理论中有价值的内容,能够丰富和发展马克思主义的文化思想。然而,在解构主义大行其道的后现代主义背景下,后殖民主义带给马克思主义的似乎不仅是福音,更是挑战,马克思主义必须契合当下的实际,在更深广的领域挑战后殖民研究中对其思想的忽略和贬低,才能深刻证明自己面对后殖民主义议题分析的有效性,从而丰富马克思主义理论的当代现实意义。① 总之,我们必须将马克思主义置于与当代新思潮的对话中,使两者保持一种合理的张力,才能在现实环境中开拓马克思主义新的批判源泉,保持其鲜活的生命力。

从文化实践来看,一方面,对萨义德后殖民文化理论进行马克思主义视角的分析与研究,挖掘其当代价值和现实意义,辨析其与文化进化主义、文化相对主义、文化民族主义、文化孤立主义等等的关系,厘清人类所面对的文化进步性与文化多样性之间的复杂关系,以及文化问题与其他问题之间的复杂关系,可用于指导当代全球化背景下的人类文化发展,有利于改善当前不同国家和地区间文化交往的不平等现状,促进全球化背景下人类文化的整体进步与多元共生。另一方面,对萨义德后殖民文化理论进行马克思主义分析,将其有益成分应用于指导当代中国文化建设,有助于正确处理全球化背景下中国文化建设与发展中存在的普世价值和中国特色的关系问题,有助于正确认识当代中国所出现的国学热与新儒学等文化现象,有助于更好地理解中国近年来在国际上所开展的举办中国文化年、法兰克福书展以及建立孔子学院等志在提升中国文化国际影响力的诸种活动。当代中国社会发展的指导思想是马克思主义,以之为基本方法对萨义德的后殖民文化理论进行研究,分清其益处和缺陷,才能够深入系统地鉴别该理论对中国的适宜程度,从而在中国的现实文化环境中有所取舍地借鉴和应用,使我们在对中国文化价值保持清醒定位的同时能够批判地吸收

---

① 参见［美］巴托洛维奇、［英］拉扎鲁斯编:《马克思主义、现代性与后殖民研究》,北京大学出版社2007年版,导论第1—21页。

西方异质文化，而不至于落入文化相对主义的误区，从而推进中国文化的大发展和大繁荣。

二、萨义德生平简述

（一）格格不入的一生

萨义德 1935 年 11 月 1 日出生于三大一神教（犹太教、基督教和伊斯兰教）发源地的耶路撒冷。父亲是中东著名的文具商，母亲酷爱文学与艺术。身为独子的萨义德（下有四个妹妹）自幼接受双亲的严格调教，先后被送到开罗的吉西拉预备学校、美国子弟学校、维多利亚学院接受殖民式教育。1948 年 5 月以色列建国，中东情势益发不稳，后来又因他反抗殖民学校校规而被退学。1951 年，萨义德被父母送到美国马萨诸塞州著名的赫蒙山寄宿学校就读，尔后分别就读于世界一流学府普林斯顿大学和哈佛大学，并于 1957、1960 和 1964 年分别获得普林斯顿大学文学学士、哈佛大学文学硕士和哈佛大学文学博士学位。1963 年起，萨义德任教于常春藤名校哥伦比亚大学，讲授英美文学和比较文学。1992 年他获得哥伦比亚大学级别最高的教授职位——"大学教授"，成为获此殊荣的八位哥大教授之一。2003 年 9 月 24 日，在与病魔抗争多年之后，萨义德在纽约辞世。用萨义德自己的话来说，他的一生，是流亡异乡的一生，是挣扎抵抗的一生，更是格格不入的一生。虽然是巴勒斯坦人，但他信仰的是圣公会，所以在伊斯兰多数族背景中的基督徒少数族中，他也仍然属于少数族。其实，远不止是在宗教信仰问题上的孤立无援，几乎是从一出生开始，萨义德就经历着种种深刻的现实和心理磨难——语言的分裂、身份的困窘、爱与压抑之间的挣扎等等。① 对萨义德来说，凌驾一切的感觉就是自己的格格不入。

语言的分裂：萨义德生命中最基本的分裂。人人都在一种特定的语言

---

① 参见张跣：《赛义德后殖民理论研究》，复旦大学出版社 2007 年版，第 4 页。

中生活;因为每个人的经验都是在那种语言中产生、被吸收及被回忆。但萨义德从小是在阿拉伯语—英语双语环境下成长的。一个是他的母语,一个是他受教育及后来治学与教学所用的表达语言。他在回忆录《格格不入》中这样写道:"我从来不知道我开口的第一种语言是什么,是阿拉伯语还是英语,或哪个毫无疑问是我的语言。我知道的是这两者在我一生中从来就是一体,彼此共振,有时相互捉弄,有时彼此眷念,最经常是相互纠正,相互评说。阿拉伯语和英语似乎都可能绝对是我的第一语言,实则两者皆非。"①这种分裂几乎贯穿萨义德全部的生活和写作过程。一方面,萨义德的著作以及他对巴勒斯坦政治运动的积极参与迫使西方认识到非西方世界的力量和应有的地位;另一方面,他分析的文学和音乐作品绝大部分却属于西方经典,他本人的著作绝大部分也是用英语写就的。无论如何,这都是极具讽刺意味的事情,尽管我们明白想要避免这样的悖论几乎没有可能。因为,要在世界舞台上发出自己的声音,就必须用英语写作;要影响学术界的研究,就必须关注那些已经广泛博得了读者和学术界认可的作品。这其实是所有第三世界知识分子都必须直面的问题。②

身份的困窘:伴随萨义德一生的问题。姓名和身份问题是萨义德自小就难以面对,从而几乎困扰其一生的问题。③萨义德花了50来年的时间才逐步适应爱德华这个"傻乎乎"的英文名字与阿拉伯人姓"萨义德"的牵强组合。耶路撒冷、开罗、黎巴嫩、美国都是一套复杂、密致的网,是他成长、获得身份、形成自我意识和对他人意识的非常重要的部分,但是这些身份又是相互冲突的,所以他的著作在巴勒斯坦被禁止发行似乎也可理解。萨义德一辈子都无法释怀这种身份冲突,曾经期望自己要么是地道的阿拉伯人,要么完全是欧美人,要么干脆是基督教徒,要么完全是穆斯林,要么完全是埃及人,等等,这些期望对他来说都是刻骨铭心的。在《权力、政治与文化——萨义德访谈录》中,他感叹道:"我的背景是很诡

---

① [美]爱德华·W.萨义德:《格格不入——萨义德回忆录》,彭淮栋译,生活·读书·新知三联书店2004年版,第1—2页。
② 参见张跣:《赛义德后殖民理论研究》,复旦大学出版社2007年版,第4页。
③ 同上。

异而奇特的,而且我一向都意识到这一点。我们虽然是巴勒斯坦人,却是英国国教徒;因此在伊斯兰这个大环境中,我们是少数基督徒中的少数……我总是有一种局外人的诡异、奇怪的感受,而随着岁月的流逝,也有一种无处可归的感受:基于许多明显的原因,大都是政治的原因,我不能回巴勒斯坦;我不能回自己成长的埃及……我的背景是一连串的错置和流离失所,从来就无法恢复。处于不同文化之间的这种感受,对我来说非常非常强烈。我会说,贯穿我人生最强烈的那一条线就是:我总是处在事情之内和之外,从未真正很长久地属于任何东西。"①

爱与压抑之间的挣扎:萨义德的依赖与抵抗。从开罗的吉西拉预备学校、美国子弟学校到维多利亚学院,萨义德一直接受殖民式教育。从他早年的作息时间表我们不难看出父母对他的严苛程度和殷殷期望:6 点 30 分(压力大时是 6 点)是起床时间;7 点 30 分开始进入以小时或半小时划分的严格作息表,主要内容是课堂、教堂、家教、家庭作业、钢琴学习、运动,如此一直到就寝。一方面,回首父亲专横苛刻的管教,萨义德顿悟到一种"可以直接依靠的支撑",而正是这种支撑使他在接受良好教育的同时能够养成一个受益终身的作息习惯;另一方面,萨义德年幼而敏感的心灵也因此早早地就体验了各种形式的权威的压制。在他眼里,父亲代表了权力与权威、理性主义纪律和压抑情绪的一种非常结合,但萨义德所反对的不只是来自他父亲的权威,更是殖民者的权威。殖民主义和帝国主义对他来说不是抽象,而是特殊的经验和生命的形式,具有几乎不堪忍受的具体感。从耶路撒冷到开罗,从吉西拉小学到维多利亚学院,萨义德体验到了无所不在的"殖民地权威"。在埃及的吉西拉学校,萨义德经常受到英国同学的歧视、侮辱,甚至遭到老师的毒打。他深深地体会到他和英国孩子的不同。在维多利亚学院,萨义德更是恶名远扬,被看做是擅长煽动暴民的惹祸精:上课讲话,对老师的提问常常话中有话或者答非所问。而在萨义德看来,这就是他所能够采取的对英国人的抵抗。

---

① [美]薇思瓦纳珊编:《权力、政治与文化——萨义德访谈录》,单德兴译,生活·读书·新知三联书店 2006 年版,第 97—98 页。

在回忆录的结尾，萨义德以流水的意象来总结自己的一生。他写道："偶尔，我体会到自己像一束常动的水流。我比较喜欢这意象，甚于许多人附之以相当意义的固态自我的身份观念。这些水流，像一个人生命中的许多主题，在清醒时流动着，最佳状况的时候不需要调解或协和。它们可能不合常情，也许格格不入，但至少它们流动不居，有其时，有其地，在林林总总奇怪的组合样式中运动，不必往前，有时彼此冲撞，如同对位法，却没有一个中心主题。这是一种自由，我喜欢这样想，尽管我对此并不完全确信。这样的怀疑精神，也是我特别要坚持的主题之一。我生命里有这么多不谐和音，我已学会不必处处入地皆宜，宁取格格不入。"① 而正是这几乎一切都格格不入的感觉给了萨义德无限的诱因，促使他去寻找自己的领土——"不是社会领土，而是思想领土"②。

（二）备受争议的学术思想

萨义德的学术生涯根据其自述大致可以分为四个时期：第一个时期是他对文学生产的存在问题产生兴趣的时期；第二个时期为理论研究时期；第三个时期是关注政治时期；第四个时期为回到美学时期。他一生著述颇丰且题材广泛，内容涉及文学、历史、哲学、音乐等多个领域，但以文学批评和文化研究方面的成就而闻名。除大量散见于各种杂志的单篇论文外，萨义德出版专著二十余部。这些学术著作根据主要议题大致可以划分为以下四个类别：一是对西方文化经典同帝国主义之间共谋关系的研究，以《东方学》、《文化与帝国主义》为代表；二是对中东局势特别是巴勒斯坦问题的分析，以《巴勒斯坦问题》、《报道伊斯兰》、《最后的天空之后》、《责怪受害者》、《和平及其不满》等为代表；三是对批评的世俗性本质的探讨，以《康拉德与自传小说》、《开端：意图与方法》以及论文集《世界・文本・批评家》为代表；四是对当代社会知识分子作用和责任的思辨，以讲演录《知识分子论》为代表。此外，对话录《笔与剑》、《在

---

① ［美］爱德华・W. 萨义德：《格格不入——萨义德回忆录》，彭淮栋译，生活・读书・新知三联书店2004年版，第357页。

② 同上，第284页。

音乐与社会中探寻》、《文化与抵抗》,论文集《流亡的省思》、《人文主义与民主批评》,访谈集《权力、政治与文化》,回忆录《格格不入》等等对于理解萨义德的主要思想成就也具有重要价值。

萨义德的主要思想成就在于他开创了后殖民文化理论的研究,确立了后殖民文化理论的两个主要议题:一是文化与权力的关系以及文化殖民问题;二是东西方文化关系中民族文化身份认同问题。① 而他所给出的解决方案:主张文化抵抗和超越民族主义等,也都与20世纪70年代末以来在西方思想界影响与日俱增的后殖民主义文化思潮有着极为密切的关系。尽管萨义德同巴巴、斯皮瓦克一道被罗伯特·扬称为后殖民研究中的"神圣三剑客",但人们更多的还是把关注点集中在了萨义德身上。无疑,在后殖民研究领域,萨义德处于中心地位。1978年,他出版《东方学》一书,分析从拿破仑入侵埃及到当代的西方学者、作家、机构如何来认知、想象及建构东方,并传播有关东方的看法,视东方为相对于西方的异己、他者,由此西方眼中的东方是神秘的、落后的、野蛮的。全书以具体事例深入解析知识与权力的关系,标志着后殖民主义思潮的产生。1993年,萨义德又出版《文化与帝国主义》一书,将《东方学》中对西方与中东的观察,扩及19、20世纪的近代西方帝国与海外属地的关系,针对特定作家及文本(尤其是长篇小说)进行分析与讨论,阐释文化与帝国主义、帝国宰制与被统治者的抗争之间错综复杂的关系,从而使后殖民主义在20世纪90年代初成为一种影响广泛的西方社会思潮。随着文化问题在人类社会生活中的重要性日益凸显,后殖民理论关于东西方文化关系问题的研究在学术界受到了越来越多的关注,西方和东方的一些国家相继召开了一系列相关的学术研讨会,创办了各种专门刊登后殖民文化批判与研究的杂志和期刊,一些大学甚至还开设了后殖民文学和文化批评方面的理论课程。后殖民主义已经逐渐成为一种独特的文化研究模式,并产生了相当广泛的社会效应。

---

① 参见杨耕、张其学:《后殖民主义:实质、特征及其局限——从马克思的观点看》,载《社会科学战线》2005年第2期,第247—256页。

然而，作为当今世界公认的第二次世界大战后最具影响力的文学与文化批评家之一，萨义德在备受人们关注和肯定的同时，也不可避免地招致了诸多批评。历史主义者指责他未能把历史主义贯彻到底；人类学家不满他在人类种族问题上的偏激言论；东方主义者围攻他对东方主义学术不分青红皂白的批评；女性主义者批评他忽略了性别差异问题；还有一些"后"学研究者认为萨义德的成功在于投西方所好，运用边缘和他者策略，从边缘移向中心，具有后殖民性，其后殖民文化理论恰恰代表东方学话语的成功和成熟；等等。客观来讲，这些从不同角度所展开的批评，有的可谓入木三分，有的则存在着严重误读。①

总之，学术界内外对萨义德的看法可谓褒贬不一。有些人对其大唱赞歌，认为他是知识、毅力、勇气、敏锐、正直、深刻的洞察力、正派、善良以及其他许多方面的典范人物；有些人则对其大加鞭挞，认为他是喜好论战、不负责任的极端主义反美分子，诽谤他是恐怖教授、神经错乱的"煽动者"，等等。但不管怎样，学术界对他作品的解读却变得愈来愈复杂，而恰恰是这种复杂性以及对他所进行的持续的研究热潮使得萨义德的后殖民文化理论成为近年来学术研究中最具争议的对象之一。持续讨论的结果非但没有消除分歧、达成共识，相反又引发了一系列新的问题。于是，问题不是变得越来越简单，而是越来越复杂，萨义德的观点也不断被各学科领域的学者所注解、评论和引述。② 可见，在当前的学术界，萨义德的位置依然是引人注目的。身为当代中国马克思主义学者，我们可以不接受萨义德所给出的答案，但却绝对不能回避他所提出的问题。

（三）引人注目的政治参与

作为一个坚定的文化批评实践者，萨义德以其引人注目的政治参与证明：自己不仅是坐而言的理论家，而且是起而行的实践者。1967年是萨义德生命历程中一个最重要的转折点，"六日战争"对他的思想产生了强烈

---

① 参见王富：《赛义德现象》，四川大学博士学位论文，2006年。
② 同上。

的影响。在此之前，学术与政治对他而言分属两个截然不同的领域；在此之后，两者合而为一。1970年后，他开始在政治上介入巴勒斯坦解放运动。1977年，作为一名独立知识分子，萨义德当选为巴勒斯坦国民议会议员。① 他耗尽毕生精力都在为巴勒斯坦人民赢得道义和政治方面的国际优势而奋斗，提升巴勒斯坦的国际形象。与此同时，介入政治和社会事务使萨义德的学术研究和美学趣味不再是小国寡民的精英主义格调；对于他来说，审美与现实的生活已经产生了极有意义的联系。然而，萨义德一生卓越的知识实践与政治实践却使他与当代最敏感、最激烈的政治冲突始终牵连在一起。这种牵连绝非学院派的文字辩驳和观点争执，而是融切身体验、批评、抵抗、不屈服和受威胁于一体的政治实践和政治遭遇。②

萨义德热切关注现实政治，以知识分子的身份投入巴勒斯坦解放运动。在美国、以色列、巴勒斯坦和其他阿拉伯国家等构成的中东政治的巨大漩涡中，从来不曾偏袒任何一方，始终站在他所认为的真理和正义的一边，以高瞻远瞩的眼光和特立独行的勇气，言人之所不能言，言人之所不敢言。他以具体行动身体力行自己对知识分子的理解和信念，时时处处表现出真正知识分子应有的风骨。然而，正是这种既不依附于任何强权，又不拘泥于任何偏见的言行虽举足轻重，却备受责难和威胁。一方面，由于积极支持并投身于巴勒斯坦解放斗争，萨义德被许多西方人士和犹太人视为暴力和恐怖主义的代言人，并被扣上了"暴力教授"的帽子，他和他的家人不断受到死亡威胁、遭遇暴力行为和谩骂，他在哥伦比亚大学的办公室甚至也曾经被犹太人防御联盟纵火烧毁；另一方面，作为第一个用英文公开呼吁巴以双方承认彼此曾经的苦难，求同存异，和平谈判的巴勒斯坦人，并且由于公开声援遭到阿拉伯世界追杀的阿拉伯裔英国籍作家拉什迪，萨义德又被列入"中东死亡六人名单"之上，而他的学术著作在约旦

---

① 参见张跣：《赛义德后殖民理论研究》，复旦大学出版社2007年版，第6—7页。
② 参见胡新亮：《人文介入政治——以萨义德的政治实践为中心》，中国社会科学院硕士学位论文，2006年。

河西岸和加沙地带的巴勒斯坦人世界中竟然也遭到了查禁。①

然而,真正的知识分子是敢于向权力说真话的。正如萨义德自己所言:"我无法过一种没有担当或悬浮的生活,我不迟疑于公开表白我对一个极不热门的政治追求的亲附。"② 萨义德继续对美国中东政策、以色列锡安主义、阿拉伯政权的专制、巴勒斯坦当局的权力滥用以及巴勒斯坦人的恐怖行为不遗余力地进行抨击和批判。当然,他的主要批评目标还是美国政府的外交政策,因为在他看来,美国政府应当对巴勒斯坦人民长期承受的苦难负主要责任。1991年,萨义德被发现身患白血病后,还曾多次深入中东地区,并经常在阿拉伯各国的报刊上撰文,阐述他对解决阿拉伯—以色列冲突的主张。他表示,只要时间来得及,他将撰写一部关于巴勒斯坦历史的著作,打破目前某些西方的东方学家对书写巴勒斯坦历史的"歪曲垄断",让世人通过巴勒斯坦人自己"真切的眼光"真正了解巴勒斯坦的状况。在1993年《奥斯陆协议》签订以后,萨义德对巴勒斯坦当局及其主要领导人的批评几乎从来没有停止过。在他看来,《奥斯陆协议》的签订和巴勒斯坦当局的建立,使得阿拉法特不仅背叛了巴勒斯坦解放组织的奋斗目标,而且背叛了巴勒斯坦人民的根本利益。③ 2001年"9·11"事件之后,萨义德在英国《观察家周报》上公开发表题了为《复仇 无法消灭恐怖主义》的文章,呼吁停止恐怖活动,并指出"伊斯兰教"与"西方世界"绝对不应该是让人们盲目追求的旗帜。④ 显然,萨义德的政治参与行动是极为与众不同的,同时也是令人倍感振奋的,尤其是在巴勒斯坦和以色列旷日持久的冲突难以解决、和平进程多次出现反复的时候。萨义德是浪漫主义的,同时也是现实主义的,他并不认为《奥斯陆协议》之后的巴解组织会为巴勒斯坦人带来任何切实的利益,尤其是他对阿拉法特的严

---

① 参见张跣:《赛义德后殖民理论研究》,复旦大学出版社2007年版,第6—10、150—159页。
② [美]爱德华·萨义德、戴维·巴萨米安:《文化与抵抗——萨义德访谈录》,梁永安译,上海世纪出版集团2009年版,导言第1页。
③ 参见张跣:《赛义德后殖民理论研究》,复旦大学出版社2007年版,第150—156页。
④ 参见[美]爱德华·W. 萨义德:《报道伊斯兰》,阎纪宇译,上海译文出版社2009年版,第225—228页。

厉批评也与人们视他为巴解组织代言人的印象大相径庭。总之,萨义德是一个充分了解困局的人,知其不可而为之,以卓越的胆识、奋不顾身的精神和顽强的毅力投身于对巴勒斯坦人民正义政治的呼吁和宣传之中。①

无疑,萨义德既是理论上的大家,也是现实中的巨人。他身体力行,积极投身政治、社会议题的公共空间,赋予知识分子新的流亡身份和新人文主义的精神,面对风险坚持发出自己的声音,强调巴勒斯坦人应该尝试了解以色列人过去的苦难,并呼吁世人以同样的人权标准来平等看待巴勒斯坦人的历史苦难与现实处境,试图以个人的方式争得世人对民族历史的承认与尊重,实现新人文主义的文化理想。由于他多年的努力,世人已逐渐能够正视巴勒斯坦的问题,他的主张甚至赢得了许多以色列人的支持。②这一切,都让我们深深感受到了理论家及其理论所迸发出的一种巨大的现实力量。在这个意义上,积极介入学术和政治的萨义德,的确发挥了葛兰西所谓的"有机知识分子"的角色。

三、国内外萨义德研究的多重视角

(一)研究概况

在我国,对萨义德后殖民文化理论的研究,是从20世纪80年代末期开始的。1988年,我国台湾学者王志宏、王淑燕等首先翻译了《东方主义》一书,由台湾立绪文化事业有限公司出版,而大陆学术界对萨义德的关注在时间上则要滞后一些;同时,由于台湾地区自身的多元文化处境及特定历史原因所造成的社会背景,台湾地区学者对殖民、被殖民的体悟无疑也要比大陆学者深刻一些。在大陆,直到1990年,张京媛在《文学评论》第1期上发表《彼与此》一文,才首次对《东方学》一书的内容作了

---

① 参见胡新亮:《人文介入政治——以萨义德的政治实践为中心》,中国社会科学院硕士学位论文,2006年。

② 参见[美]爱德华·W.萨义德:《格格不入——萨义德回忆录》,彭淮栋译,生活·读书·新知三联书店2004年版,导读第1—15页。

系统介绍。但萨义德的后殖民文化理论真正引起学术界关注则是1993年的事,萨义德继《东方学》之后的另一部重要著作《文化与帝国主义》在这一年出版,国内一些外语专业领域的学者对萨义德学术著作及思想陆续介绍,众多学者大量撰文讨论后殖民文化理论,进而讨论西方对中国的文化殖民主义问题,由此于20世纪90年代中期在我国引发了一场关于"殖民文化"的争鸣。《读书》、《文艺争鸣》、《钟山》、《东方》、《东方丛刊》、《文艺报》等报刊成为中国后殖民文化批评研究的主要阵地,张颐武、陈晓明、王一川、王岳川、王宁、戴锦华、张法、陶东风、杨乃乔、邵建、丛郁等一批学者参与了有关后殖民文化理论的讨论,一时间形成学界争说萨义德的热闹局面。然而当时的情况是,由于没有中文译本,除了外语专业领域的一些学者,很多人并没有阅读过萨义德的《东方学》、《文化与帝国主义》等原著,致使一些文章一开始就带有某种情绪化的倾向而缺乏理性层面的思考。

可见,相对于中国后殖民批评的进展而言,译介工作是有些滞后的。1997年我国台湾学者单德兴把萨义德的《知识分子论》一书译成中文,之后国人译介萨氏著作逐渐增多。1999年便是情况获得极大改观的一年:1月,北京大学出版社出版了张京媛主编的《后殖民理论与文化批评》;4月和8月,中国社会科学出版社分别出版了罗钢、刘象愚主编的《后殖民主义文化理论》和谢少波、韩刚等编译的《赛义德自选集》;5月,生活·读书·新知三联书店出版了王宇根翻译的《东方学》。这才从真正意义上开启了国内学者全面研究并丰富萨义德学说之路。此后,2000年,台湾学者蔡源林翻译的《文化与帝国主义》和彭淮栋翻译的《乡关何处——萨义德回忆录》相继出版;2001年,北京大学出版社出版了杨乃乔等翻译的吉尔伯特的《后殖民批评》,南京大学出版社出版了陈仲丹翻译的吉尔伯特的《后殖民理论——语境 实践 政治》;2002年,单德兴翻译的《知识分子论》由生活·读书·新知三联书店出版。这些后殖民理论著作特别是萨义德的重要著作在中国的大量发行以及多次重印,大大促进了中国学者对萨义德后殖民文化理论原貌的全面掌握。

2003年9月24日,萨义德因病在纽约辞世。为了纪念这位文化批评领域的大师，世界各地再次掀起了研究萨义德学说的热潮，中国也不例外。2003年之前，中国学术界对萨义德后殖民文化理论的译介和研究工作，可以说是循序渐进，中国期刊网全文数据库专门讨论萨义德的学术文章每年平均不超过3篇。2003年之后，无论是译介工作还是研究工作，都有了突飞猛进的发展：2003年，生活·读书·新知三联书店出版了李琨翻译的《文化与帝国主义》，中国社会科学出版社出版了王丽亚等翻译的《向权力说真话：爱德华·赛义德和批评家的工作》；2004年，生活·读书·新知三联书店出版了彭淮栋翻译的《格格不入——萨义德回忆录》，北京大学出版社出版了王宁翻译的《跨国资本时代的后殖民批评》；2005年，生活·读书·新知三联书店出版了杨冀翻译的《在音乐与社会中探寻——巴伦博依姆、萨义德谈话录》；2006年成果更是丰富，生活·读书·新知三联书店出版了单德兴翻译的《权力、政治与文化——萨义德访谈录》，新星出版社出版了朱生坚翻译的《人文主义与民主批评》和金玥珏翻译的《最后的天空之后——巴勒斯坦人的生活》，江苏人民出版社出版了李自修翻译的《萨义德》；2007年，北京大学出版社出版了影印本的《马克思主义、现代性与后殖民研究》；2009年，生活·读书·新知三联书店又相继出版了阎嘉翻译的《论晚期风格——反本质的音乐与文学》和李自修翻译的《世界·文本·批评家》。这些丰硕的译介成果，又加之全球化的迅猛发展和文化问题的日益凸显，促成了我国学术界对萨义德后殖民文化理论的进一步关注和研究。2003年之后，专论萨义德的学术论文数量猛增，每年平均可达到约20篇，涉及萨义德的学术论文更是不胜枚举；研究萨义德的学位论文不断涌现，并已有专著出版，如2007年复旦大学出版社出版的大陆学者张跣的《赛义德后殖民理论研究》，对以后殖民文化理论为核心的萨义德思想进行了比较客观、全面、系统的个案研究。

在国外，关于萨义德后殖民文化理论的研究开始得更早，所涉及的国家和地区相当广泛，所取得的研究成果当然也更加丰硕。根据笔者目前所掌握的不完全资料，迄今为止，著作方面：集中介绍和讨论萨义德理论的主要有麦克尔·斯普林克（Michael Sprinker）等编的《爱德华·萨义德——一个批评性读本》（*Edward Said: A Critical Reader*）（1992）、卡罗尔·布雷肯里奇（Carol Breckenridge）和彼得·范·德·维尔（Peter van der Veer）著的《东方学与后殖民困境》（Orientalism and the Postcolonial Predicament: Perspectives on South Asia）（1993）、约翰·麦肯齐（John MacKenzie）著的《东方学：历史、理论与艺术》（Orientalism: History, Theory and the Arts）（1995）、瓦莱丽·肯尼迪（Valerie Kennedy）著的《萨义德》（Edward Said: A Critical Introduction）（2000）、保罗·鲍威（Paul Bove）编的《爱德华·赛义德与批评家的工作》（Edward Said and the Work of Critic）（2000）、贝尤米（Bayoumi）和鲁宾（Andrew Rubin）编的《赛义德读本》（The Edward Said Reader）（2000）、阿什克罗夫特（Ashicroft）等著的《赛义德》（Edward Said）（2001）、巴特里克·威廉姆斯（Butterick Willis）编的四卷本《赛义德》（Edward Said）（收录论文80篇，是目前为止收录论文最多的论文集）、穆斯塔法·马鲁奇（Mustapha Marrouchi）著的《临界处的赛义德》（Edward Said: at the Limits）（2004）；另外，罗伯特·扬（Robert Young）著的《后殖民主义——一种历史性介绍》（Postcolonialism: An History Introduction）（2001）、艾贾兹·阿赫默德（Aijaz Ahmad）著的《在理论之中：阶级、民族、文学的理论》（In theory: Classes, Nations, Literatures）（1992）、巴特·穆尔-吉尔伯特（Bort Moore-Gilbert）著的《后殖民理论——语境 实践 政治》（Postcolonial Theory: Contexts, Practices, Politics）（1997）以及里拉·甘地（Leela Gandhi）著的《后殖民理论导读》（Postcolonial Theory: A Critical Introduction）（1998）等著作中也有部分章节讨论萨义德的文化批评理论。论文方面：数量更难统计，散见于《新文学史》（New Literary History）、《批评探索》（Critical Inquiry）、《疆界2》（Boundary 2）、《析辩》（Diacritics）、《社会文本》（Social Text）、《比较文学》（Comparative Literature）、《拉里坦季刊》（Raritan Quarterly）、《时代杂志》（Time Magazine）和《纽约时报》（The New York Times）等世界各大报刊杂志，其中有代表性的如伯纳德·刘易斯（Bernard Lewis）的《东方学问题》（The Question of Orientalism）（1982）、丹尼斯·波特（Dennis Porter）的《东方主义及其问题》（Drientalism and its Problems）（1983）、拉塔·马尼（Lata Mani）和露丝·弗兰

肯伯格（Ruth Frankenberger）的《东方学的挑战》（The Challenge of Orientalism）（1985）、马修·斯蒂文森（Matthew Stevenson）的《爱德华·萨义德：放逐者的放逐者》（Edward said: an Exile's Exile）（1987）、詹姆斯·克利福德（James Clifford）的《论东方主义》（On Orientalism）（1988）、艾贾兹·阿赫默德的《〈东方主义〉及其后》（Orientalism and After: Ambivalence and Cosmopolitan in the Work of Edward Said）、阿里夫·德里克（Alif Dirlik）的《中国历史与东方主义问题》（Chinese History and the Question of Orientalism）、扎吉雅·帕塔克（Zaki Ya Patak）等的《东方学的牢笼》（The Prisonhouse of Orientalism）（1991）、麦克尔·斯普林克的《民族问题：萨义德、艾哈迈德、詹姆逊》（The Nation Question: Said, Ahmad, Jameson）（1993）、布鲁斯·罗宾斯（Bruce Robbins）的《世俗主义、精英主义、进步和越界：论爱德华·萨义德的"驶入的航程"》（Secularism, Elitism, Progress, and other Transgressions: on Edward Said's "Roy'age in"》（1994）、福齐亚·阿夫扎尔-汗（Fauziah ave Zal Khan）的《〈文化与帝国主义〉评论》（Review of Gulture and Imperialism）（1994），等等。

（二）研究的主要方面及基本观点

1. 关于后殖民研究中术语使用的现状及原因分析

仔细考察后殖民研究领域中已经发表的诸种著述，我们会发现论者所使用的术语呈现出相互关联的两种状况。

一是研究中存在多种术语。据笔者的不完全统计，目前学界所使用的后殖民术语有以下20余种之多：后殖民主义、后殖民主义理论、后殖民理论、后殖民主义研究、后殖民研究、后殖民主义文化理论、后殖民文化理论、后殖民主义批评、后殖民对抗性批评、后殖民批评、后殖民主义话语、后殖民话语、后殖民批判主义、后殖民主义批判、后殖民批判、后殖民主义思潮、后殖民思潮、后殖民理论思潮、后殖民主义文化批评、后殖民文化批评等等。这些相互联系的术语真是令研究者眼花缭乱、无从下手。任何研究者，如果不对之进行一番梳理，要想在后殖民研究领域有所作为几乎是不可能的。

二是多种术语的随意置换。由于后殖民研究中多种术语的存在及使用，大多数学者在同一种著述中存在使用多种术语并且不加说明就随意置换的现象。如罗钢、刘象愚在其主编的《后殖民主义文化理论》一书中，书名中使用后殖民主义文化理论，前言中又先后使用了后殖民主义、后殖民主义研究、后殖民主义理论；孙晶在《文化霸权理论研究》一书短短的5页论述中竟先后使用了后殖民文化批判、后殖民主义思潮、后殖民主义、后殖民理论、后殖民主义理论、后殖民对抗性批评、后殖民主义批判、后殖民批判等8种术语；李曦珍、何眉在《后殖民文化批判的三组二元对立模式》一文中，也先后使用了后殖民主义、后殖民批判主义、后殖民文化批判、后殖民主义理论等多种术语；……此种状况在有关后殖民研究的诸多论著中几乎随处可见，笔者不便在此一一赘述。正因如此，段忠桥在《当代国外社会思潮》一书中指出，"后殖民主义、后殖民主义理论与后殖民主义批评三个术语相互置换，简称为后殖民理论或后殖民批评"①。当然，这种不加解释就随意置换的做法反过来又导致了术语的不断增加。

后殖民研究中术语使用的上述两种现状使得在这个领域开展研究变得更加困难，而造成这种困境的真正原因则主要是对于"后殖民"相关概念界定的模糊不清。不少研究者是根据自己的论述需要来进行界定的，正如吉尔伯特在《后殖民批评》一书导言中所说："许多后殖民批评采用的是自我定义法——人们划定一个学术的、地域的或政治意义上的圈子，指出在这样的圈子内即会出现某种叫做后殖民主义的东西。"② 我们认真梳理后发现，学界关于"后殖民"相关概念界定的分歧主要存在于以下两个方面。

一是关于"后殖民"的界定。"殖民"的概念对于大多数论者来说是不难理解的，但在它前面加上个"后"字，理解起来却颇费一番周折，每个人的界定都不尽相同。按照德里克的概括，"后殖民"一词包含下面三

---

① 段忠桥：《当代国外社会思潮》，中国人民大学出版社2004年版，第113页。
② [英] 巴特·穆尔－吉尔伯特：《后殖民批评》，杨乃乔等译，北京大学出版社2001年版，第49页。

种重要的意思:"1. 对前殖民地社会的现实状况的一种真实描绘,在这种情况下它有着具体明确的指称对象,如后殖民社会或后殖民知识分子。2. 一种对殖民主义时代以后的全球状态的描述,在这种情况下它的用法比较抽象,缺乏具体的所指,与它企图取而代之的第三世界一样,意义模糊不清。3. 描述一种关于上述全球状态的话语,这种话语的认识论和心理取向正是上述全球状态的产物。"① 段忠桥在借鉴德里克上述观点的基础上进而指出,所谓后殖民,可以在三重意义上把握:(1)用以指称曾经沦为殖民地而今已经获得独立的民族国家及其人民,如后殖民国家、后殖民知识分子;(2)用以指称对西方文化殖民的历史事实及其后果的反思、批判和研究,如后殖民理论、后殖民批评;(3)用以指称殖民主义时代结束以来的全球政治、经济和文化格局,如后殖民世界、后殖民时代。② 张京媛阐释到:"后殖民有两种含义:一是时间上的完结:从前的殖民控制已经结束;另一个含义是意义的取代,即殖民主义已经被取代,不再存在。"③ 而兰希秀则认为,"后"既不是"前"时间上的结束,也不是意义上的超越,而是一种断裂式的延续。断裂指的是帝国主义对其前殖民地侵略方式上的差异,延续指的是殖民性的行为仍在进行。"后殖民"正是对当下第一世界和第三世界文化关系的一种描述,如果说"前"是显性的殖民方式,那"后"则是隐性的殖民方式。④ 邵建也指出,所谓"后殖民"并不是什么殖民的终结,而是殖民之后的殖民。两种殖民之间存在着亦反亦正的关系。就"后殖民"而言,它和前殖民的根本不同之处,就在于它是一种"文化殖民"。因此,所谓后殖民,既是一种"反殖民",又是一种"新殖民"。⑤

二是关于"后殖民主义"的界定。什么是后殖民主义?由于对"后殖

---

① [美]阿里夫·德里克:《后殖民氛围:全球资本主义时代的第三世界批评》,见王晖、陈燕谷主编:《文化与公共性》,生活·读书·新知三联书店1998年版,第446—447页。
② 段忠桥:《当代国外社会思潮》,中国人民大学出版社2004年版,第113页。
③ 张京媛:《后殖民理论与文化批评》,北京大学出版社1999年版,前言第1页。
④ 参见兰希秀:《后殖民理论探讨》,山东师范大学硕士论文,2003年。
⑤ 参见邵建:《谈后殖民理论与后殖民批评》,载《文艺研究》1993年第3期,第15—23页。

民"一词的理解存在上述分歧以及各个论者分析视角的不同,理论界对于这一概念始终没有形成一个统一的认识。一部分学者是将其作为一种全球状态来界定的。如利奥塔尔指出,后殖民主义从构词上很自然地可以被理解为"后—殖民主义",同诸多"后"字头的理论一样,"后"是一个从时间角度限定"殖民主义"的前缀。因此,"后殖民主义"可以理解为殖民主义之后。历史上的殖民时期之后,仍然不可避免地残留下大量殖民历程的痕迹,原本直接的殖民关系渐渐转换为另外的形貌。① 正如黄华所言,"殖民主义主要是针对经济、政治、军事和国家主权上进行侵略、控制和干涉","后殖民主义则是强调对文化、知识、语言和文化霸权方面的控制"。② 张颐武也认为,所谓"后殖民主义",指的是在民族独立与解放已成为现实的状态中,在文化上的多元共生已被广泛承认之后,在一个大众传媒和跨国资本主义的时代中,隐含于文化中的等级制。③ 一部分学者则是将其作为一种话语、思潮或理论研究来界定的。如乔纳森·哈特(Jonathan Hart)认为,后殖民主义专指对欧洲帝国主义列强在文化上、政治上以及历史上不同于其旧有的殖民地的差别的十分复杂的一种理论研究。罗钢、刘象愚认为,后殖民主义是一种带有鲜明的政治性和文化批判色彩的学术思潮,并指出在德里克所概括的三种意义中④,第三种即"描述一种关于上述全球状态的话语,这种话语的认识论和心理取向正是上述全球状态的产物"才是其所谓的后殖民主义。⑤

从上文所梳理的后殖民研究术语使用现状及原因分析中,我们可以发现,随着后殖民主义的产生和发展,对后殖民相关概念的界定变得越来越具有伸缩性,也许正如维贾伊·米什拉(Vijay Mishra)、鲍伯·霍奇(Bob

---

① [法]让-弗朗索瓦·利奥塔尔:《后现代状态:关于知识的报告》,车槿山译,生活·读书·新知三联书店1997年版,第1页。
② 黄华:《权力、身体与自我》,北京大学出版社2005年版,第3页。
③ 张颐武:《在边缘处追索——第三世界文化与当代中国文学》,时代文艺出版社1993年版,第12页。
④ 罗钢、刘象愚所指德里克概括的三种意义,即本书前文所引德里克关于"后殖民"一词意思的三种概括,具体见本书导论第22页。
⑤ 罗钢、刘象愚主编:《后殖民主义文化理论》,中国社会科学出版社1999年版,前言第1页。

Hodge）所言："它指代的是一种永远处于变化之中的构造，它永远与自身不一致。"① 加之后殖民研究的视角多种多样，包括女权主义、解构主义、精神分析、少数人话语以及文化研究等。因此，要想短时间内在学术界形成一个较为统一的认识实非易事。但是，在正式讨论萨义德的后殖民文化理论之前，对本书所使用的术语"后殖民文化理论"进行说明并做出较为清晰的界定却是非常有必要的。

以下是关于本书所使用术语"后殖民文化理论"的若干重要说明。

第一，该术语中的"后"字有两种含义：一是其表层含义，即时间的先后，"后殖民"即指西方帝国主义对东方直接殖民统治结束之"后"；二是其深层含义，即否定、批判的意思，"后殖民"即指对西方帝国主义殖民统治及其后果的否定和批判。

第二，该术语主要用以指称对现代性和全球化中的殖民性进行反思、批判和研究的理论。该理论广泛涉及文化与帝国主义、殖民话语与西方对东方的文化再现、第三世界的文化抵抗、全球化与民族文化身份等议题，是当代文化批判理论中的一门显学。

第三，该术语中"文化"一词的限定是为了突出该理论开启了一种独特的文化研究模式。因为该理论所关注的议题主要有两个：一是文化与权力的关系以及文化殖民问题，二是东西方文化关系中民族文化身份认同问题。

第四，该术语包括后殖民文学批评理论。由于马克思主义文化哲学认为，社会的文化结构是指以社会意识形态为主要内容的观念体系的基本结构，而社会意识形态是由艺术、道德、政治法律思想、宗教、哲学等多种要素组成的复杂系统，文学又是艺术的一种具体形式，因此"后殖民文化理论"理应包括后殖民文学批评理论。

因此，本书所谓的"后殖民文化理论"是一种独特的文化批判理论。该理论广泛涉及文化与帝国主义、殖民话语与西方对东方的文化再现、第

---

① 罗钢、刘象愚主编：《后殖民主义文化理论》，中国社会科学出版社1999年版，第388页。

三世界的文化抵抗、全球化与民族文化身份等议题。独特的成长背景、文化信仰环境及研究视角使得萨义德成为后殖民文化理论的始作俑者和中坚力量。具体来说，萨义德后殖民文化理论的主要议题包括：文本的现世性问题、批评的世俗性问题、东方学中知识与权力的关系问题、文化抵抗的模式问题以及知识分子的批判立场问题等。

2. 关于萨义德后殖民文化理论思想方法来源的研究

学界关于萨义德后殖民文化理论思想方法来源的研究是循序渐进的，经历了一个由片面到全面，由浅入深的探索挖掘过程。由于萨义德后殖民文化理论的思想方法来源复杂繁多，诸如米歇尔·福柯（Michel Foucaul）、阿里夫·德里克（Arif Dirlik）、安东尼奥·葛兰西（Antonio Gramsci）、弗朗兹·法侬（Frantz Fanon）、雷蒙德·威廉姆斯（Raymond Williams）、伯特兰·罗素（Bertrand Russell）、让－保罗·萨特（Jean－Paul Sartre）等人以及马克思主义对他的后殖民文化理论都有较大影响，学者们在这方面的探讨争论和分歧不大，主要是形成了一个互补、深化和丰富的局面。最早进行这方面考察的丛郁认为，从理论谱系上来讲，以萨义德为代表人物的后殖民主义批评源于福柯的话语—权力理论，而话语—权力理论又直接发轫于后结构主义批评，萨义德将话语—权力理论与现实的社会、政治斗争联系起来，他的"东方主义"学说实际上就是"少数人的话语"。① 在这方面作出较大贡献、曾撰写多篇论文进行深入探讨的王家传认为，萨义德的后殖民文化理论在以下几个方面分别借鉴了福柯和德里达的有关理论：一是用福柯的知识与权力关系理论来剖析东方学，揭示东方学的实质是东方主义、文化霸权主义或霸权话语；二是用福柯的权力与反抗关系理论来探索话语权革命的策略，指出消解话语霸权的方式是争夺话语权；三是用德里达的延异理论来建构未来理想的文化蓝图，提出作为自由游戏的杂交文化理论。② 王家传认为，萨义德的后殖民文化理论从三个方面借鉴

---

① 参见丛郁：《文学与霸权主义——萨伊德的文学的文化政治观照》，载《徐州师范学院学报》1995年第1期，第92—94页。

② 参见王家传：《赛义德后殖民理论对福柯和德里达理论的借鉴》，载《厦门大学学报》（哲学社会科学版）2001年第3期，第76—82页。

了葛兰西的文化领导权理论,即强调在文化领域进行革命的重要性,把知识与权力联系在一起以及把革命重任寄托在知识分子身上;同时又在三个方面对葛兰西的文化领导权理论进行了改造,即哲学上的反本质主义改造,立场上的折衷主义改造和文化上的多元主义改造。① 此外,张兴成指出了萨义德在运用福柯知识—权力话语的"理论旅行"过程中获得的洞见及坠入的方法论陷阱,探讨了话语分析方式给萨义德东方主义问题带来的矛盾和困境。② 华全红、寇国庆认为,萨义德的理论渊源多来自于西方人文主义传统及当代西欧学术理论,对其影响较大的主要是德里达的解构主义理论,福柯的规训、话语、权力—知识理论,还包括葛兰西的文化霸权理论及法侬、甘地的反殖民理论等。③ 张跣在《赛义德后殖民理论研究》一书中指出:福柯的话语理论和葛兰西的霸权概念是萨义德展开对东方主义话语批判的两块主要基石,但两者之间存在着难以调和的矛盾;维科对唯理主义标准的拒绝、对不同文明的不同价值取向的肯定,所反映出的一种文化多元主义的历史观、价值观和审美观,对于萨义德发展起他对东方主义的批判提供了重要的、有益的启示;萨义德事实上接受了法侬对政治和文化之间相互依赖关系的分析,并以福柯式的术语对其进行了系统表述。④

虽然学者们在萨义德后殖民文化理论思想方法来源于何种学说、流派、思想家以及对他的理论本身有何具体影响等方面分歧不大,但关于这种西方学术思想传统从整体上来说对萨义德意味着什么却有着截然不同的看法和评价。一部分论者秉持批评态度,不惜笔力对萨义德接受的西方精英教育过分强调,从而指责他是西方中心主义者,认为他拒绝把东方作为主体来看待,只是西方文化内部的一个不彻底的批评者,有意无意地指向

---

① 参见王家传:《赛义德后殖民理论对葛兰西文化领导权理论的借鉴和改造》,载《淮阴师范学院学报》(哲学社会科学版)2003年第6期。
② 参见张兴成:《福柯与萨义德:从知识—权力到异文化表述》,载《天津社会科学》2001年第6期,第72—84页。
③ 参见华全红、寇国庆:《解构主义思潮对萨义德后殖民理论的影响》,载《郑州轻工业学院学报》(社会科学版)2006年第1期,第19—21页。
④ 参见张跣:《赛义德后殖民理论研究》,复旦大学出版社2007年版,第85、58、168页。

了萨义德与其"东方主义"的"共谋",如赵淳认为萨义德和西方之间实际上是一种雇员/雇主或生产者/消费者的关系①;另一部分论者则持肯定的包容态度,如朱耀伟,认为萨义德是无法抽身而出,才因而"被迫"以西方学术话语体系作为其论述工具,并借用盖茨之言认为"只有主人的工具才可推倒主人的屋子"②;还有一部分论者则以一分为二的态度来看待这个问题,如王宁就认为萨义德既是西方殖民主义的批判者,同时又是一个新殖民主义理论的代言人③。

3. 关于萨义德后殖民文化理论与马克思主义思想关系的研究

从逻辑上来讲,萨义德后殖民文化理论与马克思主义的思想关系也属于对其思想方法来源探究的一部分,但鉴于学者们的特殊关注,所以单独列出加以梳理。

萨义德把马克思在《路易·波拿巴的雾月十八日》中的话"他们不能表述自己;他们必须被别人表述"④作为《东方学》一书的开篇,从而把马克思主义和帝国主义、种族主义等相提并论。他接着又集中论述了马克思1853年在《纽约每日论坛报》上发表的两篇论英国在印度统治的文章,认为马克思把英国对亚洲的摧毁看成是"一场真正的社会革命"的观点表明马克思受到了流行于那一时期的东方学者叙述的支配,理由是马克思在分析印度问题时使用了"不自觉的工具"的概念。⑤

萨义德的这种论断,受到了许多学者和马克思主义理论家的批评。如詹姆斯·克利福德指出,萨义德对马克思《不列颠在印度的统治》结尾部分作了断章取义的理解,"他在振振有词地把这个文本里的东方主义分离出来的时候,对文本的修辞意图却蜻蜓点水,一带而过",并不关心马克

---

① 参见赵淳:《赛义德和赛义德东方主义的共谋》,载《西南师范大学学报》(人文社会科学版)2005年第6期,第155—159页。
② 朱耀伟:《当代西方批评论述的中国图像》,中国人民大学出版社2006年版,第47页。
③ 参见王宁:《东方主义、后殖民主义和文化霸权主义批判——爱德华·赛义德的后殖民主义理论剖析》,载《北京大学学报》(哲学社会科学版)1995年第2期,第54—62页。
④ 《马克思主恩格斯选集》第1卷,人民出版社1995年版,第678页。
⑤ 参见[美]爱德华·W.萨义德:《东方学》,王宇根译,生活·读书·新知三联书店1999年版,第199—202页。

思"必然要说或感受的东西"。① 艾贾兹·阿赫默德批判了把马克思主义纳入西方殖民话语范围的错误认识,指责萨义德对马克思的分析里,"以历史观点给予我们时代中那么多反帝国主义运动以支持的马克思主义,可以轻松地当做东方主义的孩子和英国殖民主义的同谋来理解"②。张其学指出,萨义德指责马克思具有"浪漫主义东方学观念"是对马克思思想的曲解。实际上,马克思关于东方社会历史命运和未来发展道路的考察,对"世界历史"时代的分析,不仅超越了萨义德等人所谴责的"东方主义"的边界,而且是对西方殖民话语和"西方(欧洲)中心主义"的严峻批判,马克思社会发展观的实质是"一元多线论",他在强调生产力在社会发展过程中的决定作用的同时,始终认为社会发展道路具有多样性。③ 但也有一些马克思主义理论家对萨义德的观点表示认同,他们用路易斯·阿尔都塞(Louis Althusser)的"认识论的断裂"这一观点来说明马克思对东方社会的论述。如澳大利亚马克思主义理论家布莱恩·特纳(Blaine Turner)认为,马克思关于东方社会、亚细亚生产方式等的论述,是在马克思学说还没有从意识形态走向科学的时期形成的,因此不能简单地把它们作为马克思主义关于东方社会的理论。④ 后殖民主义批评家阿里夫·德里克也认为马克思存在着"东方主义"、"霸权主义"、"单线模式"、"欧洲中心主义"等倾向。⑤ 张立波指出,马克思对现代性的反思是有限的,特别是他没有对现代性的线性史观作必要的反思。⑥

然而,关于萨义德对马克思主义所持的真实态度,学者们的看法却比较一致。吉尔伯特指出,萨义德对马克思主义归依不定,他在关于东方主义的论述中未提及马克思的名字,但他的著述生涯又深受马克思主义"文化"部

---

① 罗钢、刘象愚主编:《后殖民主义文化理论》,中国社会科学出版社1999年版,第36—37页。
② 同上,第64页。
③ 参见张其学:《后殖民主义视域中的马克思》,载《哲学研究》2005年第6期,第20—24页。
④ B. S. Turner, *Orientalism, Postmodernism and Globalism*, London, Routledge, 1994, p. 42.
⑤ 参见[美]阿里夫·德里克:《后革命氛围》,王宁等译,中国社会科学出版社1999年版,第304—319页。
⑥ 参见张立波:《萨义德和马克思主义》,载《学术研究》2004年第6期,第60—66页。

分的影响,并企图把传统马克思主义文化理论的各方面与福柯的理论结合在一起,寻求二者之间的调和。① 弗朗西斯·马尔赫恩(Francis Mulhern)指出,萨义德并没有公开宣布自己倡导马克思主义,但是他的著作与马克思主义暗中携手。② 罗钢指出,萨义德对马克思主义抱着一种矛盾的态度,《东方主义》一方面承认他对殖民话语的分析直接受惠于意大利马克思主义者葛兰西关于文化霸权的论述,另一方面又批评马克思关于印度的论述与标准的东方主义行为完全吻合。③ 周兴杰,童彩华也认为,萨义德等后殖民理论家对马克思主义抱着一种十分矛盾的态度:一方面十分欣赏马克思对殖民主义、帝国主义的批判;另一方面又十分反感马克思主义中包含的"普遍主义"。同时,他们还进一步探讨了萨义德等后殖民理论家对马克思主义持此种矛盾态度的根源:从社会层面看,他们作为第三世界移民知识分子已经在第一世界学术圈中取得相当成就,学者的声誉和优厚的俸禄使他们成为资本主义世界中的中产阶级,取得稳定的社会地位,早已脱离甚至从来就不具有被压迫阶级的阶级属性,因此,马克思主义的阶级分析不能激发他们的兴趣,甚至不利于他们的既得利益;从理论层面看,他们的思想深受后现代主义特别是后结构主义哲学的影响,后结构主义以前的一切思想体系包括马克思主义,都被贴上本质主义的标签遭受质疑。④

因此,从总体上看,学者们对萨义德后殖民文化理论与马克思主义之间思想关系的分析是客观理性的,认为前者对后者既有继承,又有背离。强调继承关系的学者如张立波指出,萨义德的后殖民主义作为一种文化批评,和马克思主义文化理论的基本思路并不是背道而驰的,我们应当把后殖民主义和马克思主义的帝国主义理论视做一种互补,前者研究文化与帝

---

① [英]巴特·穆尔-吉尔伯特:《后殖民理论——语境 实践 政治》,陈仲丹译,南京大学出版社2001年版,序言第3页。
② [英]弗朗西斯·马尔赫恩:《当代马克思主义文学批评》,刘象愚等译,北京大学出版社2002年版,第106页。
③ 参见罗钢:《资本逻辑与历史差异——关于后殖民主义与马克思主义的一些思考》,载《外国文学评论》,2002年第4期,118—127页。
④ 参见周兴杰、童彩华:《"第三世界文学"与"世界文学"——后殖民批评中的马克思主义话语》,载《兵团教育学院学报》2003年第1期,第28—31页。

国的关系，后者研究（资本主义）经济与帝国的关系，二者都是历史的一部分，历史也通过二者的研究得以明确和清晰。①杨耕、张其学认为，马克思主义所处的时代是政治、经济殖民占主导地位的时代，囿于当时的历史条件，马克思主义着重从政治、经济的角度来解读殖民；后殖民主义所处的时代是文化作用日益彰显的时代，其从文化角度"重写"殖民史，对东西方之间的文化关系以及西方文化霸权主义进行了犀利的分析和无情的批判，把马克思主义的霸权思想的范围和视域扩大了。②强调背离关系的学者如刘莉认为，萨义德抛弃了马克思主义的经济基础决定文化等上层建筑的原理，夸大了文化在历史发展中的相对独立性，犯了"文化至上论"的错误。他仅仅从微观的文化场景和具体的文本中去寻找隐蔽的西方中心主义意识形态的痕迹，从而忽视了对西方文化霸权作宏观的经济基础和社会结构的考察，没有看到西方文化霸权扩张背后最深层的原因是西方资本主义生产方式在全球的扩张，因而并未批判资本主义制度本身；在论及与之相关联的反抗手段时，也不主张用社会革命的方式去推翻资本主义制度，只采用主观革命的方式来反对西方的文化霸权，但不根除西方文化霸权产生的经济、政治条件。因此，萨义德无论是在唯物主义历史观还是所采取的斗争手段上，都是违背马克思主义的。③罗钢指出，后殖民主义与马克思主义在认识论上是根本对立的：后殖民主义的立论基础是一种"差异性"的认识论，拒绝各种系统化与整体化的理论努力；而马克思主义认识论的基础恰恰是所谓"总体性"，当然，这种总体性并不排斥差异性。④

4. 关于萨义德后殖民文化理论基本内容的研究

（1）关于东方主义的研究

绝大多数学者都从正面肯定了萨义德关于东方主义批判的价值和意

---

① 参见张立波：《萨义德和马克思主义》，载《学术研究》2004年第6期，第60—66页。
② 参见杨耕、张其学：《后殖民主义：实质、特征及其局限——从马克思的观点看》，载《社会科学战线》2005年第2期。
③ 参见刘莉：《马克思主义视阈中的后殖民理论》，载《教学与研究》2007年第8期，第70—76页。
④ 参见罗钢：《资本逻辑与历史差异——关于后殖民主义与马克思主义的一些思考》，载《外国文学评论》2002年第4期，第118—127页。

义。张立波指出,《东方学》一书就内容而言,提供了对东西方文化关系的再认识;就研究方式而言,充分注意到历史复杂性和各种细节,将文化帝国主义这一文化和历史现象处理为一种与现实的人的活动内在相关的东西,而不仅仅是一种冷冰冰的逻辑推理。因此,他认为《东方学》一书确立了后殖民领域论争的基本问题,即对东西方文化关系的再认识。① 学者们的批判主要集中在萨义德的方法论上,尤其是他关于东方主义的批判是否摆脱了二元对立和本质主义思维方式的困扰。一种观点认为,萨义德对东方主义的批判并没有克服二元对立和本质主义的思维方式。如詹姆斯·克利福德在《论东方主义》一文中指出,萨义德经常退回到他所攻击的本质化思想模式,把东方主义描绘成一系列特定的思想影响和思想流派,尽管他特地把"西方主义"看做另一种东方主义而予以捐弃,但是他的话语分析也逃不脱无所不包的"西方主义"。② 另一种观点认为,萨义德在一定程度上克服了二元主义的思维方式。如颜敏认为,尽管萨义德对"西方学"的批判不及对东方学的批判那样系统、深入,但他毕竟还是以最尖锐的方式提出了问题。③ 还有一种观点则是从积极的方面去理解萨义德对东方学二元对立模式所作的解构工作。如籍晓红认为,在《东方学》这部标志着后殖民理论自觉和成熟的著作中,萨义德提倡一种多元文化主义,坚持各民族文化的独立、平等及文化间的交流、合作,在理论上成功地解构了东方主义的东西方中心——边缘二元对立的模式。④

(2) 关于文化与帝国主义的研究

众多学者如丛郁、陶家俊、胡兰等,从辨析萨义德《文化与帝国主义》一书所涉及的一些基本概念如"文化"、"态度与指涉的结构"、"对位阅读"等入手,在不同方面肯定了其理论贡献和研究价值。当然,也有

---

① 参见张立波:《从东方学到东方主义:萨义德的阐述及其意义》,载《胜利油田党校学报》2004年第3期,第25—27页。
② 罗钢、刘象愚主编:《后殖民主义文化理论》,中国社会科学出版社1999年版,第37页。
③ 参见颜敏:《"东方学"与"西方学"——读萨义德〈东方学〉》,载《湘潭大学社会科学学报》,2001年第4期,第17—22页。
④ 参见籍晓红:《解构东方主义的二元对立模式——赛义德的〈东方主义〉》,载《廊坊师范学院学报》2006年第3期,第8—10页。

部分论者对其大加批判，如赵亮认为，萨义德《文化与帝国主义》中过度诠释的范围是巨大的。虽然他没有明确提出挑战西方的观念，却已经以另一场阻击战将西方文化整个划到了"三八线"的另一边，这只会给东方和西方的过去、现在、未来平添更多对立因素，使东西方的正常沟通更加茫远。① 绝大多数学者虽然对于萨义德提出的问题没有异议，但分歧集中在他所给出的抵抗策略上。持肯定态度的学者如张其学指出，由于既看到了民族主义在东方民族非殖民化过程中的重要作用，又注意到了民族主义力量中的"排他性"的一面，因而萨义德主张一旦东方民族利用民族主义这一文化抵抗形式获得民族独立，就需要对社会和文化进行新的构想，以杜绝各种陈旧观念和倒行逆施。这种文化抵抗要东方人争夺的是说话的权利，而不是话语中的霸权；它是要使东方和西方之间由一种不平等的对抗关系，转变为平等的对话关系。② 持怀疑态度的学者较多，如钱俊指责萨义德的研究批评有余，建设不足，并不能有效解决实际问题。③ 王家传也指出，由于萨义德把解构策略推向极端，使他的后殖民文化反抗理论解构有余而建构不足，具有浓厚的乌托邦色彩。④ 王秋梅更是深入分析了萨义德消除文化霸权的革命策略的若干缺陷和不足，认为东方民族最迫切需要的是大力发展物质文明，在此基础上再进行卓有成效的文化建设，才能有力地抵抗西方的文化霸权。⑤

（3）关于文本理论和世俗批评的研究

萨义德的文本理论和世俗批评意识一向很少被人注意，所以对其进行深入研究的学者寥寥无几，而实际上这正是他的后殖民文化理论的基础所在。如刘大先认为，萨义德的文本理论、"理论旅行"和"批评意识"实

---

① 参见赵亮：《诠释检验范式的建立及应用——分析爱德华·沃弟尔·萨义德〈文化与帝国主义〉中的过度诠释》，载《沈阳农业大学学报》（社会科学版）2006年第2期，第379—382页。
② 参见张其学：《非殖民化中的文化抵抗与民族主义——对赛义德非殖民化思想的一种分析》，载《学术研究》2004年第6期，第67—70页。
③ 参见钱俊：《谈萨伊德谈文化》，载《读书》1993年第9期，第10—17页。
④ 参见王家传：《破旧尚需立新 解构还当建构——评赛义德的后殖民文化反抗策略》，载《南京工业大学学报》（社会科学版）2006年第2期，第5—9页。
⑤ 参见王秋梅：《论赛义德消除文化霸权的革命策略》，载《前沿》2006年第2期，第243—246页。

际上构成了他的文化帝国主义和后殖民主义的方法论基础。[①] 对文本理论和世俗批评较为关注的还有学者赵建红。他认为,萨义德有关文本与批评家"现世性"的论述主要涉及以下几个方面的内容:一是强调文本与世界的多种联系;二是对文本在世界上的定位持一种"决定论"的看法;三是重视"批评距离"和"再现"的功能;四是反对批评家智性工作的专业化倾向,提倡"世俗"批评,倡导"批评意识"。[②] 此外,张跣通过对《世界·文本·批评家》一书主要内容的全面系统梳理,更为准确地把握了萨义德文本理论和世俗批评理论的要义。他总结指出,从文本的世俗性到批评的世俗性,从文本与世界的联系到文本生产差异的能力,从文化的"否定性教义"对"肯定性教义"的相辅相成,到批评意识双向运动的过程,从文化的认同到文化的抵抗,萨义德在世界、文本、批评家之间建立起了紧密的联系。这种联系的特点在于,以"世事性"为核心,否定任何形式的一元中心论,否定脱离世俗生活的宗教式批评,在生产差异的过程中,发现权力、组织、控制和霸权,并对此展开种种抵制。[③]

(4) 关于知识分子理论的研究

知识分子这个议题,始终贯穿于萨义德的学术理论创作以及政治实践生涯。可以说,不了解萨义德对知识分子的定位,就不能真正地把握他进行后殖民文化理论创作的深层动机。萨义德的知识分子观与他的后殖民文化理论相辅相成,互为因果。从《知识分子论》一书中,我们可以归纳概括出萨义德心目中真正知识分子的形象,即应是立足于世俗但又超越世俗,属于自己的民族但又能够超越民族界限,代表人类正义,保持内心的流亡状态,以业余的态度对抗专业化,坚定无畏,敢于对强权说出真理,为理想而奋斗的社会精英。部分学者对此观点持褒扬态度。如丛郁认为,萨义德关于知识分子应当承担民族性和世界性双重责任的观点,似乎与马

---

① 参见刘大先:《赛义德的文本理论与批评意识》,载《上饶师范学院学报》2003年第1期,第70—81页。
② 参见赵建红:《赛义德的批评理念之———文本与批评家的"现世性"》,载《当代外国文学》2005年第4期,第50—55页。
③ 张跣:《赛义德后殖民理论研究》,复旦大学出版社2007年版,第130页。

列主义的观点一致：无产阶级只有解放全人类，才能最后解放无产阶级自己。① 部分学者持怀疑批判态度。如寇国庆指出，萨义德对于传统人文知识分子在当今社会日益受到成为专业人士从而丧失对社会进行批判的威胁所主张的业余知识分子观点过于悲观，作为当代专业人员的知识分子并不是命定无所作为。②

5. 关于萨义德后殖民文化理论中国适用性的研究

萨义德后殖民文化理论在中国的适用性问题是伴随着其理论在中国的逐渐传播而日益引起众多参与讨论者关注和反思的。这一理论对于我们讨论当下中国文化发展所面临的现实问题究竟有什么价值和意义？它的哪些方面是可以选择吸收为我所用的，哪些方面对我们而言乃是陷阱而应当加以摒弃？面对这些棘手的问题，学者们通过反思以萨义德为代表的后殖民文化理论在中国的传播、接受和发展情况做出了不同的回答。

一部分学者在总体上持肯定态度，如王永奇不加批判地指出，《东方学》在后殖民时代文化多元的背景下，对真正的"东方"中国和中国学者在自我文化身份的确认、西方汉学研究的清理、各种文化关系的处理、中西关系的处理等诸多方面具有现实意义。③ 江玉琴认为，后殖民文化理论对欧洲中心主义的消解从某种程度上符合中国强调自身文化传统并走向世界的要求。④ 张宽指出，后现代批评对西方宏大话语的种种神话来一点解构，对我们来说应该是有益无害的事情，谈萨义德、反对殖民主义不是主张中国停止改革开放、关起门来"保护自己"，而在于探讨如何加强中国人的文化认同和民族凝聚力，以便去应付酝酿中的"文明的冲突"。⑤ 还有一部分学者在总体上持否定态度，如杨乃乔认为，后殖民文化理论只不过

---

① 参见丛郁：《使命与抉择——读萨伊德的演讲集〈知识分子的陈说〉》，载《美国研究》1995年第3期，第139—144页。

② 参见寇国庆：《萨义德论知识分子》，载《安徽电气工程职业技术学院学报》2005年第2期，第107—110页。

③ 参见王永奇：《解读萨义德的〈东方学〉——兼及对当代中国现实的思考》，载《广东教育学院学报》2006年第1期，第57—61页。

④ 参见江玉琴：《后殖民主义批评在中国的讨论热点追踪及其探析》，载《南昌大学学报》(人文社会科学版)2004年第3期，第110—113页。

⑤ 参见张宽：《再谈萨伊德》，载《读书》1994年第10期，第106—109页。

是新殖民主义在东方语境下的变体,是那些在西方取得显赫学术地位并栖居于西方的第三世界东方学人借西方话语权力压迫东方学人而已。当然,在这两方对立的阵营之中,还是有相当一部分学者能够客观看待后殖民文化理论在全球化语境中对中国的价值,对于萨义德后殖民文化理论在中国的适用性问题做出了一分为二的具体分析。如王宁虽然对萨义德等人的双重身份心存芥蒂,但还是能够抛开这一表层,客观地评价后殖民文化理论的优劣和对中国本土的适用程度。刘俐俐指出,后殖民理论的产生是植根在西方对东方和印第安人的殖民历史事实之上的,而中国在事实上从来没有过纯粹意义的殖民地历史,从19世纪乃至更早开始,中国人就曾经主动地而不是被动地向西方求新法,因此,中国人对后殖民文化理论的借鉴应该是有选择的。①

然而,无论后殖民文化理论是否或在何种程度上适用于中国文化现实,客观事实是它已经被引入中国文化的讨论,这是我们不能回避的。所以笔者在此进行一番梳理,希望学者们都能够以一种科学的态度对待它:通过考察它的产生基础和背景,考察它横移到中国后在哪些方面可以经过选择性及创造性的吸收融汇在中国的文化批评之中,而哪些方面又是无法融合的。唯有如此,后殖民文化理论才能够真正为中国思想理论界注入一股新鲜的活力。

(三)研究中存在的主要问题及建议

20余年来,尽管理论界对萨义德后殖民文化理论的研究取得了不少成果,但相对于萨义德后殖民文化理论的广泛影响而言,已有的研究至少存在以下三个方面的问题。

一是对萨义德后殖民文化理论研究的系统性不强。理论界对萨义德后殖民文化理论的研究还不够系统,表现在研究成果多是篇幅不长的学术论文,专著很少。就研究内容而言,已有的研究成果没有将萨义德后殖民文

---

① 刘俐俐:《从歧途到正途:中国后殖民批评的价值何在?》,载《南开学报》(哲学社会科学版)2001年第3期,第1—3页。

化理论的思想基础、方法建构、基本内容以及在中国的适用性等方面综合起来进行批判和研究。多数学者对萨义德的关注仅仅集中在东方主义理论、文化与帝国主义理论、文本理论、知识分子理论等某个方面，从而导致萨义德的后殖民文化理论旅行到中国后遭到了"碎片式"的解读和片面化的理解，这种情况长期以来在很大程度上一直影响着我们对萨义德后殖民文化理论的整体把握和深入理解。

二是对萨义德后殖民文化理论研究分析得不够深入。理论界关注并研究萨义德学说的学者学科背景比较庞杂，涉及文学、文化、英语语言、哲学、国际政治、教育学、心理学等多个学科，其中最多的是文学和外语相关专业。可以说研究触及的面比较广，但缺乏深度分析，尤其是对萨义德后殖民文化理论主要价值的挖掘和局限性的分析不够。另外，对萨义德后殖民文化理论所凸显的悖论的根源也缺乏深入探讨。

三是对萨义德后殖民文化理论的马克思主义分析不足。理论界对萨义德后殖民文化理论的马克思主义分析严重不足，只有为数不多的几篇学术论文。另外，研究所涉及的问题主要是萨义德对马克思主义所持的态度，萨义德后殖民文化理论与马克思主义的思想关系等，缺乏从马克思主义视角对萨义德后殖民文化理论进行深入的剖析。而这同时也是造成对萨义德后殖民文化理论研究不够深入和系统的重要原因之一。

针对研究中存在的上述问题，建议加强对萨义德后殖民文化理论进行马克思主义视角的分析，在梳理萨义德后殖民文化理论和马克思主义关联的同时，以马克思主义基本原理审视其后殖民文化理论。

四、本书的研究思路、方法和框架

（一）研究思路

本书在全面考察萨义德后殖民文化理论的形成背景、系统梳理萨义德后殖民文化理论的主要内容及内在逻辑的基础上，运用马克思主义的基本原理，深入分析萨义德后殖民文化理论的重要价值和主要局限。然后将这种分析引向当代人类文化和中国文化发展的现实,深入批判全球化背景下的新文化殖民主义,概括出其主要表现、基本特征及主要根源,并从萨义德后殖民文化理论的得与失中提炼出若干启示用于指导当代人类文化和中国文化的健康发展。

本书的特点和新意主要表现在以下四个方面。

第一,本书从马克思主义立场出发系统梳理了萨义德后殖民文化理论的主要内容,即"世俗批评"理论、东西方文化关系理论和知识分子理论,并揭示了其主要内容之间的内在逻辑关系,从马克思主义理论学科视角深化了后殖民文化理论研究。

第二,本书发掘出了萨义德后殖民文化理论的重要价值,即它正确地把握了殖民主义的当代形态——文化殖民主义,深刻阐释了文化抵抗的基本原则——广泛的人文主义,充分彰显了知识分子的本真状态——普遍的批判意识;剖析出了萨义德后殖民文化理论的主要局限,即它侧重于文化分析而没有揭示出文化殖民现象的经济根源,局限于民族视野而没有看到抵抗文化殖民的阶级力量,依赖于话语反抗而没有提出抵抗文化殖民的有效途径。这就深化了对萨义德后殖民文化理论的理解和认识。

第三,本书突出了萨义德后殖民文化理论研究的现实价值,系统剖析了全球化背景下的新文化殖民主义,指出其主要表现是推销意识形态,建立话语霸权,倾销文化产品,垄断信息传播;基本特征是依托合法手段,渗透所有对象,扩张全球范围,推行双重目的;深刻根源是殖民扩张和种族歧视,不同社会制度的对立,西方中心论及其发展,超强的经济科技优势。这一研究对于推动建立平等、合理的国际经济政治文化新秩序具有重要的现实意义。

第四,本书从萨义德后殖民文化理论的得与失中提炼出了对于当代人类文化和中国文化发展的四个方面的有益启示:一是承认人类文化的进步性,避免陷入文化相对主义的误区;二是坚持人类文化的开放性,防止走向文化孤立主义的歧途;三是寻求人类文化的平等性,维护弱势文化的国际话语权利;四是实现人类文化的和谐性,重视知识分子的世俗批评作用。这些启示在现实中的运用有助于推进当代人类文化的整体进步与多元共生。

(二) 研究方法

1. 比较研究方法。有比较，才有鉴别，才有认识。本书以马克思主义基本原理为标准，对萨义德后殖民文化理论进行比较研究，从而分析出其重要价值和主要局限，力求得出客观合理的结论。

2. 文本研究方法。本书采用文本研究方法，细读了萨义德的《东方学》、《文化与帝国主义》、《世界·文本·批评家》、《知识分子论》、《开始：意图与方法》、《报道伊斯兰》、《在音乐与社会中探寻——巴伦博伊姆、萨义德谈话录》、《论晚期风格——反本质的音乐与文学》、《从奥斯陆到伊拉克以及线路图》、《人文主义与民主批评》、《格格不入——萨义德回忆录》等等几乎所有著作，力求从文本的表层深入到文本的深层，全面系统地呈现出萨义德后殖民文化理论的主要内容及内在逻辑，并准确把握其理论实质。

3. 辩证分析方法。本书运用马克思主义的辩证分析方法，一方面发掘出萨义德后殖民文化理论的重要价值，另一方面剖析出萨义德后殖民文化理论的主要局限，力求得出全面客观的结论。

4. 理论与现实相结合的方法。本书运用马克思主义的理论与现实相结合的方法，一方面将萨义德后殖民文化理论放到其形成的社会历史现实中进行考察和分析；另一方面又将分析的结论、得出的启示用于指导当代人类文化和中国文化的现实发展。

(三) 基本框架

本书的基本框架如下。

导论，包括研究背景及意义，萨义德生平简述，国内外研究述评，研究思路、方法和框架。

第一章，呈现了萨义德后殖民文化理论的形成背景。分析了萨义德后殖民文化理论形成的社会历史背景，包括经济、政治、文化等方面的时代特征；再现了萨义德后殖民文化理论的具体写作情境，包括萨义德的东方人血统、巴勒斯坦的艰难处境、西方媒体的相关报道等。

第二章，探讨了萨义德后殖民文化理论的主要思想来源，即马克思主义的反殖民理论、维科的世俗历史观、福柯的话语—权力理论、葛兰西的文化霸权思想、法侬的反殖民思想等。

第三、四、五章，梳理概括出了萨义德后殖民文化理论的主要内容，即世俗批评理论、东西方文化关系理论和知识分子理论，并初步揭示了其主要内容之间的内在逻辑关系："世俗批评"理论构成了分析基础，知识分子理论中所包含的对真理、正义、自由的热爱与追求是其真正的价值旨归，而作为核心内容的东西方文化关系理论，既是对"世俗批评"理论的大型演练，又是对知识分子理论的深刻践行。

第六章，发掘了萨义德后殖民文化理论的重要价值，表现在对殖民主义当代形态的把握、文化抵抗基本原则的阐释、知识分子批判意识的彰显等方面。

第七章，剖析了萨义德后殖民文化理论的主要局限，表现在对文化殖民的产生根源、抵抗力量、诉诸途径等方面的分析中。

第八章，深入批判了全球化背景下的新文化殖民主义，概括出其主要表现和基本特征，并分析了其产生的主要根源。

第九章，结合人类文化和中国文化发展的现实境况，从萨义德后殖民文化理论的得与失中，提炼出了四个方面的有益启示，用于指导当代人类文化和中国文化的发展，并提出了一些相应的发展策略。

结语，指出从人类文化发展的客观规律和历史轨迹看，任何一种文化都不会轻易地被消融，但面对全球化背景下的新文化殖民主义威胁，人类文化多样性的维护与发展必须从自发的状态转变为自觉的追求。

第一章　萨义德后殖民文化理论的形成背景

诚如萨义德所言:"写作不是自由的,也不是由具有主权的书写者多少随心所欲的独特表演。写作属于一个言说的系统,这个系统和维科所谓各民族的世界之间存在着各式各样彼此关联且经常是限制的关系。"① 而"我们是从属于关系而不是外在于或超越关系的"②。那么,由其《东方学》和《文化与帝国主义》等诸多文本所展现出的后殖民文化理论也无法"免疫于它的尘世关联"③。当然,作为马克思主义者,我们必须承认,萨义德的后殖民文化理论不是机械地为意识形态、阶级或经济历史所驱使而产生的,并且这种理论已经在一定程度上塑造了其所处时代的历史和社会经验。但同时,从马克思"环境是由人来改变的,而教育者本人一定是受教育的"④ 观点来看,萨义德及其后殖民文化理论也一定是为其历史和经验所塑造的。如果忽略萨义德后殖民文化理论产生和发展的社会时代背景、思想来源以及个人生活成长经历,我们就无法真正把握其各种文本所传达的信息,从而也无法更准确地理解其后殖民文化理论。因此,在深入

---

① [美]薇思瓦纳珊:《权力、政治与文化——萨义德访谈录》,单德兴译,生活·读书·新知三联书店2006年版,第32页。
② [美]爱德华·W. 萨义德:《文化与帝国主义》,李琨译,生活·读书·新知三联书店2003年版,第74页。
③ 同上,前言第5页。
④ 《马克思恩格斯文集》第1卷,人民出版社2009年版,第500页。

研究萨义德后殖民文化理论之前,我们首先必须了解其形成背景。

一、萨义德后殖民文化理论的社会时代背景

萨义德后殖民文化理论为什么产生于20世纪70年代末,又为什么会在20世纪90年代引起广泛影响,以一种新的研究范式取代旧有对世界的理解而在国际学术界备受关注?根本原因就在于其反映了当代社会的发展,回应了时代提出的迫切问题,体现了当代知识分子的社会责任感。那么,作为萨义德后殖民文化理论所关注的核心,东西方国家的文化关系问题是在怎样的社会时代背景下从幕后走到台前的?

(一)经济全球化迅猛发展

一般认为,人类社会的经济全球化进程发轫于15世纪的地理大发现,自此开始到19世纪中叶,资本主义的触角逐渐向世界各地延伸,形成了以欧洲为核心,包括亚洲、非洲和拉丁美洲众多殖民地和半殖民地在内的世界资本主义市场经济体系。19世纪和20世纪之交,即资本主义从自由竞争阶段进入垄断阶段之后,资本的国际化达到了更深、更广的程度。之后两次灾难深重的世界大战接踵而至,严重影响了资本的国际扩张,从而抑制了经济全球化的发展势头。但第二次世界大战结束以来,特别是冷战结束后,各国又都重新以发展经济为首要任务,经济全球化以空前迅猛之势不断发展深化,几乎每个国家都被卷入其中。

"二战"后到20世纪60年代末,经济全球化获得了较快发展。1945年雅尔塔会议确立了以美国为首的西方资本主义国家与以苏联为首的社会主义国家两极对峙的政治格局,这一阶段的经济全球化是在美国和苏联两个超级大国相互对峙的冷战格局中发展起来的,它既反映了社会化大生产发展的必然趋势,也反映了两个超级大国争夺世界霸权的客观需要。这期间,美国式资本主义逐渐走向成熟。大公司通过横向联合、纵向兼并等方式不断扩大生产规模,生产的垄断和集中有了快速发展,特别是跨国公司有了新的发展。跨国公司充分利用经济市场化、自由化和信息化的客观条

件，使其生产、投资、销售、科研等经营据点遍布全球各地，深入到生产、流通、分配、消费等各个环节，在世界范围内实现生产要素的最优配置，实施全球化经营战略，从而最大化地获取利润。当然，这一阶段隐藏于两个世界市场平行发展背后的两种不同社会制度、意识形态的对立和斗争，也使世界范围内经济全球化的发展遭受了一定的挫折。但这丝毫未能阻止经济全球化发展的汹涌潮流。

20 世纪 70 年代之后，特别是 90 年代以来，经济全球化发展更加迅猛。以信息技术为核心的第三次科技革命的飞速发展，极大地提高了社会生产力，有力地推动了经济全球化的发展。此外，20 世纪 80 年代末 90 年代初，东欧剧变、苏联解体，制度和意识形态的阻隔被打破，两个平行的国际市场消失，也为资本的进一步国际化消除了壁垒。同时，第三世界发展中国家相继进入工业化阶段，需要立足于全球寻找资金技术支撑，其与世界市场的联系日益密切。因此，无论是发达国家还是发展中国家，其经济政策在 20 世纪 70 年代后都进行了一系列的重大调整。到 20 世纪 80 年代后期，西方国家广泛实行了国有企业的私有化，并取消政府对某些行业，特别是服务业的管制，以增强市场竞争性，促进资源合理配置，提高经济效益，减少财政负担。在宏观经济调控方面，"七国集团"对国际货币、金融、服务进行国际间的监视、协商和干预。贸易自由化、生产国际化、投资全球化和金融一体化都有了迅猛发展。据联合国统计，20 世纪 90 年代以来，世界实物贸易于 1996 年首次突破 5 万亿美元，服务贸易也创下 1.2 万亿美元的新记录。2000 年 4 月世界贸易组织发表的年度报告统计，1999 年全球贸易达到 6.95 万亿美元。①

（二）"二战"后民族主义浪潮汹涌

从第二次世界大战结束到 20 世纪 70 年代末，全球范围内掀起了一场大规模的民族解放运动，先后有近百个亚非拉主权民族国家诞生。由于亚

---

① 参见季仲明：《当代经济全球化的发展趋势》，载《福州党校学报》2002 年第 2 期，第 44—46 页。

非拉各国的社会经济结构、阶级结构、民族、宗教、历史文化传统等存在较大差异,其民族主义运动亦呈现出多种类型,但都具有这一时期民族主义浪潮的本质特点,即反对殖民主义、帝国主义的斗争方向和实现民族解放、建立独立的民族国家的奋斗目标。这次民族主义浪潮以不可阻挡的势头席卷了殖民帝国,其对世界政治格局最显著的影响就是几乎全面摧毁了帝国主义的殖民体系。"正如欧洲在19世纪最后的20年中迅速地获得其大部分殖民地那样,欧洲在第二次世界大战后同样短的时期内又失去了其大部分殖民地。1944年至1970年间,总共有63个国家赢得了独立。这些国家拥有10亿多人,大约占世界总人口的三分之一。欧洲人在海外取得那么多非凡的胜利和成就之后,到20世纪中叶似乎又在退回到500年前他们曾从那里向外扩张的小小的欧亚半岛上去。"① 亚非拉国家的民族主义运动利用欧洲殖民主义的衰落,以及本国从传统农业社会向现代工业社会的逐步转化过程中所获得的驱动力,由战略守势转为战略攻势,成为国际舞台上一支举足轻重的力量。可见,战后亚非拉的民族主义浪潮,符合各族人民的根本利益,作为动员和组织人民进行民族解放斗争的强大武器,在人民中产生了巨大的号召力,顺应了世界历史发展的潮流,起到了推动世界历史前进的积极作用。

　　20世纪80年代末90年代初,美苏对峙的冷战结束以后,雅尔塔体系彻底崩溃,产生了战后的第二次民族主义浪潮。冷战时期隐藏在东西方两大集团激烈对抗背后的、集团内部的国家之间的长期被压抑的种种矛盾与冲突,在冷战结束以后因失去意识形态的屏障而爆发。这次民族主义浪潮发端于苏联和东欧地区,其在历史上长期处于传统帝国的统治之下,民族关系异常复杂。苏东剧变后,曾经被抑制的领土争端、宗教冲突和经济摩擦等矛盾迸发出来,导致了冷战后一系列的民族冲突乃至局部战争。结果,苏联被分成了15个独立国家,南斯拉夫一分为五,捷克斯洛伐克也一分为二。不仅如此,西方国家在这次民族主义浪潮的冲击下也承受了来自

---

① [美]斯塔夫里阿诺斯:《全球通史——1500年以后的世界》,吴象婴、梁赤民等译,上海社会科学院出版社1999年版,第812页。

境内少数民族分离主义的挑战,出现了诸如英国的北爱尔兰与苏格兰问题、意大利的西西里问题、法国的科西嘉问题、西班牙的巴斯克问题、加拿大的魁北克问题,等等。可见,受这次浪潮冲击最严重的是冷战期间一直相对稳定的欧洲。此外,世界其他地区一些国家民族间的民族、领土和宗教的冲突也有了加剧的趋势,形态各异的民族主义运动风起云涌。如库尔德人借海湾战争之机举起起义的旗帜;伊斯兰圣战者推动阿富汗战火不息;泛伊斯兰主义和泛突厥主义在中西亚崛起;错综复杂的部族冲突席卷非洲大地等等。这股极端民族主义逆流对国际社会所造成的冲击也使我们清醒地看到了民族主义浪潮的负面效应。①

(三)文化因素的重要性在国际社会中日益凸显

自近代以来,国际舞台上的纵横捭阖、国家间关系的分化重组,主要都是基于一种利益考虑,目的是为了更好地维护各自的经济政治利益。相比之下,文化因素在国际关系中的重要地位和作用,却长期未受到应有的重视。第二次世界大战结束以后,意识形态作为文化的核心要素之一在东西方交往中占有突出的地位,以崇尚自由民主为特征的西方意识形态与以崇尚革命为特征的东方化了的马克思主义意识形态将世界划分为以美苏为首的两大阵营。冷战时期,国际社会高度关注的仅仅是作为文化核心要素之一的意识形态问题,而对作为整体的文化因素还不够重视。随着冷战的结束,经济全球化、政治多极化、文化多元化广泛发展,文化因素作为一种与经济、政治紧密相连的软实力在国际社会中才越来越受到人们的普遍关注。② 美国哈佛大学教授塞缪尔·P. 亨廷顿(Samuel P. Huntington)在《文明的冲突》一书中甚至指出,在冷战结束后的世界新形势下,国际冲突的根本原因将不再是经济因素、意识形态和国家的利益,而是文化方面

---

① 参见郝时远:《20世纪三次民族主义浪潮评析》,载《世界民族》1996年第3期,第1—11页;赵立坤:《20世纪民族主义浪潮试论》,载《湘潭大学学报》(哲学社会科学版)1998年第1期,第74—77页。

② 参见田文林:《国际政治视野中的文化因素》,载《现代国际关系》1999年第9期,第22—25页;赵景芳:《冷战后国际关系中的文化因素研究:兴起、嬗变及原因探析》,载《世界经济与政治》2003年第12期,第37—42页。

的差异；未来人类最大的分歧将主要发生在具有不同文明前景的国家和集团之间，文明的冲突将主宰全球政治。这就是近年来名声大噪的"文明冲突论"，当然，这一理论有夸大其词的一面，另外它将意识形态排除在文化内涵之外也是不妥的，但它的出笼无疑也反映出文化因素在冷战后国际关系中地位的提升。①

　　文化虽受经济、政治的影响，但其本身也具有相对独立性。正如毛泽东所言："一定的文化（当做观念形态的文化）是一定社会的政治和经济的反映，又给予伟大影响和作用于一定社会的政治和经济；而经济是基础，政治则是经济的集中的表现。这是我们对于文化和政治、经济的关系及政治和经济的关系的基本观点。那么，一定形态的政治和经济是首先决定那一定形态的文化的；然后，那一定形态的文化又才给予影响和作用于一定形态的政治和经济。"② 当今世界，文化因素在国际社会中地位和作用的日益凸显也主要表现为它对全球经济和政治的反作用。首先，文化在经济全球化进程中扮演着一个不可或缺的角色。全球经济发展的制度选择、战略提出、政策制定等等，无不受到全球文化背景的影响以及决策者文化水平的制约。另外，文化本身就是一种经济产品，经济全球化自然不会放弃充满无穷魅力和无限商机的庞大的文化市场。其次，文化因素成为冷战后国际政治冲突和争端的重要原因。这首先是由文化自身的特性所决定的。文化具有鲜明的民族性特征，不同民族在价值观念、哲学思想、政治文化、文学艺术、风俗习惯、宗教信仰、道德伦理等方面的排他性，一直是影响国际冲突和争端的深层原因。此外，冷战后以美国为代表的西方强势文化不断扩张，发展相对落后的民族和国家希望在传统文化回归中同其抗衡，就产生了对西方强势文化渗透的防备、仇视心理，从而导致了一系列国际争端和冲突。事实上，文化对全球经济和政治的反作用都是双向的，文化的民族性也会造成国家间的一些经济摩擦和纠纷，而文化的全球

---

　　① "文明"和"文化"这两个概念无疑是有区别的，但二者同时也是密切联系、相互交融的。萨义德将文化理解为每个社会和传统中最优秀的因素和最美好的东西就是在"文明"的意义上使用"文化"一词。

　　② 《毛泽东选集》第2卷，人民出版社1991年版，第663—664页。

化则会促成国际政治在一定程度上的融合。①

　　当然，文化的功能是多种多样的，随着全球化进程的加速发展，当今时代，文化的作用已不仅仅表现为对经济和政治的反作用，其力量还深深熔铸在民族的生命力、创造力和凝聚力之中，而且文化软实力越来越成为一国综合国力和国际竞争力的重要组成部分。

　　经济全球化的迅猛发展使国际交往更加频繁，加上"二战"后民族主义浪潮的此起彼伏和冷战后文化因素在国际交往中日益重要，民族国家的民族性及文化认同问题比以往任何时候都更为凸显。事实上，伴随着经济全球化背景下文化价值的提升，世界上许多国家如马来西亚、新加坡、以色列、印度等，都开始奋起捍卫文化的多样性和自身的民族特性。此外，一些发达国家在这方面走得更远，如日本提出了"重新亚洲化"的口号；法国也一再强调法国文化的特殊价值；等等。这些足以说明，文化生存是民族生存的重要条件，文化的生存状态不仅积淀着一个民族和国家过去的文化创造和文明成果，而且还蕴含着它走向未来的可持续发展的基因，是它的存在和发展的价值与合理性之所在。② 然而，经济全球化背景下，虽然不同文化都是参与全球化过程的平等的主体，但在人类文明发展的漫长历程中，由于西方国家的殖民历史以及其他各种因素的综合作用，不同文化之间存在着现实的差别，其相互作用并非势均力敌，更常见的则是强势文化与弱势文化的区分。特别是以美国为代表的西方文化在这一过程中一直居于主导地位，凭借其超强的经济、政治、军事、科技以及传媒等优势大量地传播着自己的文化意识形态、价值观念和生活方式。当今人类文化发展的这种不平衡性也使民族文化认同问题比以往任何时候都更加迫切。于是东西方国家的文化关系问题再也无法继续隐藏在经济、政治利益的背后了，其日益凸显已经成为社会历史发展的必然。

---

　　① 参见朱益玲：《冷战后国际政治中的文化因素》，载《理论学习》2004年第4期，第54—55页。

　　② 参见郝良华：《论全球化背景下中国国家文化安全与文化创新》，载《理论学刊》2004年第10期，第106—109页。

二、萨义德后殖民文化理论的具体写作情境

萨义德认为,任何理论都是对具体的社会和历史情境的反映与回应。他自己的后殖民文化理论当然也不例外。顺着这一思路,毫无疑问,我们可以说,萨义德的东方人血统、巴勒斯坦的艰难处境以及西方媒体的相关报道,共同构成了其写作《东方学》以及所有后殖民文化理论相关议题的具体历史情境。

(一) 萨义德的东方人血统

出生于三大一神教(犹太教、基督教和伊斯兰教)发源地耶路撒冷的萨义德,既可以加入美国国籍,也可以在普林斯顿大学和哈佛大学接受教育,还可以在常春藤名校哥伦比亚大学任教,但他永远也无法改变的是他作为巴勒斯坦人后裔的东方血统。正是这种血脉相连的关系形成了他摆脱不掉的东方人意识。尽管萨义德在理论上很排斥"身份意识",将"拔根"、"失所"、"流亡"、"放逐"、"移栖"、"漂泊离散"、"流离失所"、"离乡背井"等等作为他各式写作中反复出现的主题,并充分阐释其积极意义,但却难以掩饰其内心的失落之感。这充分体现出一个人对自己祖国的天然向心力是其灵魂的渴求。于是乎萨义德发觉自己经常被扯回到那个令他魂牵梦绕的地方,每当发生与之有关的重大事件时,他总会情不自禁地表现出关切。可见,萨义德并非一个"无根"之人,他的东方血统决定了他的"根"就在东方。

正因为如此,萨义德的著述便总是与中东及巴勒斯坦问题有密切联系。中东三部曲:《东方学:西方对于东方的观念》(*Orientalism: Western Conceptions of the Orient*)(1978)、《巴勒斯坦问题》(*The Question of Palestine*)(1979)和《报道伊斯兰:媒体与专家如何决定我们观看世界其他地方》(*Covering Islam: How the Media and the Experts Determine How We See the Rest of the World*)(1981)对中东地区的直接关注自然不必多说。此外,《巴勒斯坦问题与美国背景》(*The Palestine Question and the American Con-*

text）（1979）、《最后的天空之后：巴勒斯坦众生相》（After the Last Sky： Palestinian Lives）（1986）、《文化与帝国主义》（Culture and Imperialism）（1993）、《流离失所的政治：巴勒斯坦自决的奋斗，1969—1994》（The Politics of Dispossession：The Struggle for Palestinian Self-Determination，1969-1994）（1994）、《笔与剑：萨义德对话录》（The Pen and the Sword：Conversations with David Barsamian）（1994）、《和平及其不满：中东和平进程中的巴勒斯坦》（Peace and Its Discontents：Essays on Palestine in the Middle East Peace Process）（1995）、《格格不入：萨义德回忆录》（Out of Place：A Memoir）（1999）、《和平进程之结束：奥斯陆之后》（The End of the Peale Process：Oslo and After）（2000）、《权力、政治与文化——萨义德访谈录》（Power，Politics，and Culture：Interview With Edward W. said）（2001）、《文化与抵抗：萨义德对话录》（Culture and Resistance：Conversations With Edward W. Said）（2003）、《从奥斯陆到伊拉克及路线图》（From Oslo to Iraq and the Roadmap）（2004）等多部著述也都热切关注中东及巴勒斯坦问题的实际进展情况，并严词批评美国的外交政策。尽管萨义德在这些书中主张超越民族主义并极力反对带有本质主义倾向的身份意识，但在实践中他却以知识分子的身份积极参与巴勒斯坦的政治运动，曾经担任巴勒斯坦流亡国会独立议员长达14年（1977—1991）之久。因此，萨义德常被世人看做巴勒斯坦甚至中东在西方的主要代言人，并被媒体称为"巴勒斯坦之音"。每当巴勒斯坦或中东发生重大事件时，媒体和大众都希望知道他的看法，萨义德俨然已经成为中东局势与政策的意见领袖。

　　萨义德似乎也感觉到了自己这种理论著述和实践行动上的矛盾，他在《论知识分子》的访谈中曾经说："我把自己的书全抛到脑后，好像是别人写的一般。我是很认真说。那是一种很奇怪的感觉。我写这部回忆录的原因之一，就是要找出为什么对自己的作品有这种疏离感。"[①] 事实上，萨义德不单是在自己引人注目的政治参与中表现出了这种强烈的民族倾向，就

---

① ［美］爱德华·W. 萨义德：《知识分子论》，单德兴译，生活·读书·新知三联书店2002年版，第115页。

是在他的几部主要著作中,我们也时常能够看到一种有意无意流露出的中东情结和东方人意识。特别是在《东方学》一书中,萨义德坦言:"我的这一研究的个人情结大部分源于小时候在两个英国殖民地所获得的'东方人'意识。我在那两个殖民地(巴勒斯坦和埃及)和美国接受的所有教育都是西方式的,然而早期产生的这一意识却深深地留在了我的脑海里。从许多方面来说我对东方学的研究都是试图为我身上留下的这些痕迹、为东方这一主体、为曾经在所有东方人的生活中起着强大支配作用的文化理出一个头绪。这是为什么对我来说伊斯兰的东方应该成为本书关注中心的原因。……我从来没有忘记我曾经亲身经历过的作为'东方人'的文化现实。"① 在《文化与帝国主义》一书中他依然指出:"虽然我在其中(指美国)像在自家一样,但作为一个来自阿拉伯和穆斯林世界的人,我仍然属于对面的世界。"② 尽管萨义德在其著述中一再地强调自己"同属于两个世界",但在内心深处与他最紧密相关的仍然是"阿拉伯世界的一部分",他把它称之为"我自己所属的世界"③。

由此可见,对萨义德来说,在其批评实践中,最为切实的目标就是恢复巴勒斯坦人返回并建设自己家园的权利。2003年弥留之际,他念念不忘的并不是自己在文学及文化批评领域所贡献的东方学理论,而是那个远在千里之外,却无缘返回的故土巴勒斯坦。

(二) 巴勒斯坦的艰难处境

对于巴勒斯坦问题的由来和历史演变我们没有必要在此赘述,因为历史已然。萨义德关注的是巴勒斯坦当前的状况及未来走向。所谓巴勒斯坦问题,说到底就是让沦为难民的数百万巴勒斯坦人重返家园,实行自治,

---

① [美] 爱德华·W. 萨义德:《东方学》,王宇根译,生活·读书·新知三联书店1999年版,第33—34页。
② [美] 爱德华·W. 萨义德:《文化与帝国主义》,李琨译,生活·读书·新知三联书店2003年版,前言第18页。
③ 同上,前言第15页。

恢复民族权利的问题。① 然而长期以来,巴勒斯坦问题却始终得不到公正的解决。巴勒斯坦事业虽然已经受到国际社会的高度关注和同情,但巴勒斯坦人的现实处境依然堪忧,目前的形势不容乐观。核心问题在于:巴以双方的力量存在着巨大的不对称性和极大的差距。

一方面,巴勒斯坦力量弱小且得不到阿拉伯世界的有效支持。多年来,巴勒斯坦人民为了重返家园、恢复民族权利,前仆后继,浴血奋战,做出了重大的民族牺牲。1948年第一次中东战争使大约100万巴勒斯坦人背井离乡,1967年的第三次中东战争后又增加了大批难民,他们分布在约旦、叙利亚、黎巴嫩以及加沙和约旦河西岸,现在总人数已逾400万人,大部分难民过着贫困的生活,靠联合国救济度日。1988年11月15日,巴勒斯坦宣布建国,并已获得100多个国家的承认,但这种承认实际上只是这些国家及人民对巴勒斯坦人民正义事业所给予的道义支持。由于巴勒斯坦国的疆界尚未确定,既没有任何现代国家权力机构,也没有陆军、海军或空军,实质上并不能对其领土行使主权,所以它还不是真正意义上的国家。加之巴勒斯坦领导层既没有政治权力,也缺乏可信度,目前也根本没有能力采取任何行动来改变这种现状,只能在口头上攻击以色列,暗地里却表示愿意以或多或少完全相同的方式回到从前的谈判。很长时期以来,围绕如何解决巴勒斯坦问题,阿拉伯国家因意见不一而发生分裂。如今,阿拉伯国家较之以前,更不大可能为巴勒斯坦人提供比"边缘战术"更多的帮助。他们全都存在将自己与美国政策绑在一起的直接利益,没有一个国家有意愿、有能力成为巴勒斯坦的战略同盟国。巴勒斯坦实际上已经处于一种被孤立的危险境地。

另一方面,以色列力量强大并长期得到美国的偏袒和支持。美国从1948年以来,已经向以色列提供了数百亿美元的军事和经济援助,并对其安全承担了义务。以色列不仅拥有美国制造的最新式的空中战斗力量、武装直升机、不计其数的坦克和导弹,以及一支精良的海军和一个顶级的情

---

① 参见徐炳山:《巴勒斯坦问题的来龙去脉》,载《思想政治课教学》1983年第8期,第41页。

报部门，而且还是一个核大国。巴勒斯坦领土的所有出入境口岸都被以色列控制，整个供水系统也处于其掌控之中。以色列将巴勒斯坦人居住区分成若干个互不相连的行政区，完全受到以色列军队封锁包围，中间用不断修建的大量以色列定居点隔断分开。这些定居点拥有"非犹太人（指阿拉伯人）"禁止通行的道路网，而每天为以色列建造定居点和道路网的劳工其实都是巴勒斯坦人。以色列在美国的长期偏袒下，顽固坚持侵略扩张政策，拒不从被其占领的阿拉伯土地上撤走，拒不同意恢复巴勒斯坦人民的民族权利，并极力反对建立独立的巴勒斯坦国。此外，以色列还对中东阿拉伯国家采取各个击破的手法，企图与阿拉伯国家单独媾和，以孤立巴勒斯坦并化解巴勒斯坦问题。

一直以来，巴勒斯坦民族都面临着极为艰难的处境：以色列经济实力雄厚，又有美国的长期支持；巴勒斯坦自治政府经济困难，也没有正规军；周边的阿拉伯国家大多已与以色列和解……萨义德向来十分关心巴勒斯坦人民的处境，巴以和谈无时无刻不牵动着他的神经。自1947年告别巴勒斯坦以来，他曾数次探访巴勒斯坦和以色列，每次都不免睹物伤怀，百感交集。萨义德在访问希伯伦时，亲眼目睹了以色列军队强占和毁坏巴勒斯坦人民土地和财产的情景，满怀悲愤。然而毋庸置疑，巴以问题是相当复杂的，各种因素纠缠交错，各种力量相互牵扯，仅有善良的愿望是不够的。但萨义德深知发出巴勒斯坦自己的声音是尤为重要的，因此中东政治特别是巴勒斯坦问题理所当然地成为他写作的主要议题之一。

（三）西方媒体的相关报道

在萨义德看来，西方各国新闻媒体（广播、影视、报刊、出版物）内化其政府政策、蓄意达到政治目的已不是什么秘密。几乎垄断了全世界新闻业的"美联社"、"路透社"、"法新社"等国际通讯社，其自我标榜的"真实性"、"公正性"、"可靠性"仅仅是针对他们自己的利益团伙而言，对于外人则往往是不负责任的歪曲与敷衍。国际社会中的很多重大事件经西方传媒"精心策划"、过滤、加工或是恶意歪曲之后，都已变得面目皆非。

由于以美国为首的西方国家与阿拉伯—伊斯兰国家间的媒体发展存在着极为悬殊的落差，加之11世纪"十字军东征"与伊斯兰国家的军事冲突以来，西方世界对伊斯兰的仇视仍在继续，大部分的西方新闻通讯对伊斯兰教徒在世界各地的报道抱有很深成见，还有很多的歪曲和诽谤。比如，凡有伊斯兰回归运动的介绍，用词都很恶劣，把伊斯兰国家的民族运动描述得十分可怕；对一年一度朝觐盛况的太平年景缄默不言，而一旦发生了什么意外，便会把星点小事极力夸大，唯恐天下不乱。诸如此类对伊斯兰世界耸人听闻的报道连篇累牍，不胜枚举。于是在一篇接一篇的报道中，"伊斯兰激进分子"、"伊斯兰原教旨极端主义"等等接二连三被抛了出来。多年来，伊斯兰这个拥有8亿多人口，横跨亚非两大洲，包含许多不同质的社会、国家、历史、地理状况以及文化的东方世界，一直被西方媒体极端简化为一个邪恶的标签。国际社会中对伊斯兰"浅薄化、单一化、标签化、污名化、妖魔化"的倾向愈演愈烈，一个被歪曲的伊斯兰世界的形象愈发变得根深蒂固。

具体到西方媒体对中东巴勒斯坦问题的报道，情况也依然如此。特别是在美国，这个西方世界首领，有一小撮高层犹太复国主义分子控制着新闻主要渠道，一贯以敌视巴勒斯坦为基本宣传政策。巴以冲突60多年以来，不知道有多少巴勒斯坦平民无故伤亡，而美国媒体却总是在说巴勒斯坦是恐怖组织。新闻报道更多的是巴勒斯坦向以色列发射若干导弹造成建筑物损坏，却很少报道以色列向巴勒斯坦进行的报复行动所造成的巴勒斯坦平民的无辜伤亡。拥有真枪实弹、坦克、装甲车并用大炮炸毁别人房屋的以色列军队被说成是"保卫家园"，而以石块和玻璃瓶为武器的巴勒斯坦平民却成了恐怖分子。总之，新闻媒体所塑造出的巴勒斯坦人给人一种刻板印象：不是石油大亨、戴头巾的恐怖分子，就是哀戚的难民，似乎他们的不幸完全是自作自受。显然，以美国为首的西方传媒长期以来在报道巴勒斯坦问题时已经形成了明显的"褒以贬巴"的基本立场和宣传模式，并煽风点火，对美国在巴以问题上所坚持的"祖以压巴"立场起了推波助澜的作用。

萨义德据此认为："现今对伊斯兰教形象的误现与扭曲，既不代表了解事实的真诚期望,也不代表有心聆听观察真实状况的意愿。媒体对西方新闻阅听者传达的伊斯兰教形象与传达的过程,绝对谈不上是天真或者务实的报道,而是使敌意与无知更为根深蒂固。"① 于是他著书立说对其进行揭露和批评便成为必然。

---

① [美]爱德华·W. 萨义德:《报道伊斯兰》,阎纪宇译,上海译文出版社2009年版,新版绪论第42页。

第二章 萨义德后殖民文化理论的主要思想来源

萨义德的著述旁征博引,就学术渊源而言,他受到了卡尔·马克思(Karl Marx)、詹巴蒂斯塔·维科(Giambattista Vico)、米歇尔·福柯、安东尼奥·葛兰西、弗朗兹·法侬、雷蒙德·威廉姆斯、乔治·卢卡奇(Georg Lukacs)、希奥多·阿多尔诺(Theodor Adorno)、诺姆·乔姆斯基(Noam Chomsky)和埃里希·奥尔巴赫(Erich Auerbach)等诸多理论家和批评家的影响。这些学者庞杂的学术背景和深奥的批判理论使萨义德的后殖民文化理论理解起来十分困难,研究者除了需要沉潜心境之外,还必须具备相当的背景知识。因此我们必须具体梳理出萨义德究竟从中汲取了哪些思想观点,才能正确把握其后殖民文化理论的主要内容和实质。当然,我们在这里只能讨论萨义德后殖民文化理论所借鉴的主要思想资源,即马克思主义的反殖民思想和帝国主义理论、维科的世俗历史观、福柯的话语—权力理论、葛兰西的文化霸权思想以及法侬的反殖民主义理论。

一、马克思主义的反殖民理论

萨义德曾多次表述过对西方马克思主义者如葛兰西、卢卡奇等的推崇,但却一直避而不谈马克思主义对他的影响。非但如此,他在其名著《东方学》和《文化与帝国主义》中还多次批判马克思的东方学视野。然而，无论萨义德的内心世界和主观表述如何，作为西方及世界反殖民思想和实践的重要源头，马克思主义对其后殖民文化理论的启发作用都应当是确定无疑的。萨义德在其著作中多次提到马克思（主义），转述或征引马克思（主义），也从客观上表明他自觉或不自觉地受到了马克思主义这样或者那样的影响。我们在这里主要考察马克思、恩格斯的反殖民思想以及列宁的帝国主义理论对萨义德后殖民文化理论所产生的影响。

马克思、恩格斯的反殖民主义思想可以构成一个非常完备的体系。首先，马克思、恩格斯无情地揭露了宗主国对殖民地国家所进行的军事侵略、政治奴役、经济掠夺等罪恶行径及其给殖民地人民带来的毁灭性灾难。在马克思主义创立之初，马克思和恩格斯就开始了对老牌殖民主义野蛮行径的揭露，马克思说："当我们把目光从资产阶级文明的故乡转向殖民地的时候，资产阶级文明的极端伪善和它的野蛮本性就赤裸裸地呈现在我们面前，它在故乡还装出一副体面的样子，而在殖民地它就丝毫不加掩饰了。"① 第一次和第二次鸦片战争中，英、法、德、美等资本主义国家积极推行对中国的殖民扩张，西方资本主义国家对中国所进行的侵略和殖民活动引起了马克思的特别关注。他在《中国革命和欧洲革命》、《英人在华的残暴行动》、《鸦片贸易史》、《中国和英国的条约》、《新的对华战争》、《对华贸易》等一系列文章中，严厉斥责英国殖民者用大炮打开中国的门户，强迫中国输入鸦片，并认为这是远远超过贩卖黑奴的罪恶行径，继而愤怒地谴责了这种"极端残暴的"、"海盗式的"侵略战争，指出其是丝毫不加掩饰的抢劫。② 马克思写道："当时英国军人只是为了取乐而犯下滔天罪行；他们的狂暴既不是被宗教狂热所驱使，也不是由对专横暴虐的征服者的仇恨所激起，也不是因英勇的敌方的顽强抵抗而引起。他们强奸妇女，枪挑儿童，焚烧整个整个的村庄，完全是卑劣的寻欢作乐，记录下这些暴行的不是中国官吏，而是那些英国军官自己。"③ 另外，马克思对大英

---

① 《马克思恩格斯文集》第2卷，人民出版社2009年版，第690页。
② 参见张其学：《后殖民主义语境中的东方社会》，中国社会科学出版社2008年版，第225页。
③ 《马克思恩格斯全集》第16卷，人民出版社2007年版，第335页。

帝国统治下的印度人民也极为关注，他先后撰写了《不列颠在印度的统治》、《东印度公司，它的历史与结果》、《不列颠在印度统治的未来结果》等一系列论著，无情揭露了英国殖民侵略的罪恶行径，深刻阐述了其给印度人民所带来的毁灭性灾难。其次，马克思、恩格斯深入分析了宗主国实施殖民主义政策的实质及根源。马克思对于西方殖民主义的认识是与其对西方资本主义的辩证分析和批判紧密联系在一起的。他认为，西方宗主国对落后的东方国家实施殖民主义侵略政策的实质，是为了满足西方资产阶级压迫剥削和赚钱的需要。马克思进而详尽分析了资本的扩张本性和市场经济的力量。他指出，资本"只有一种生活本能，这就是增殖自身，创造剩余价值"①。马克思认为，资本的扩张本性才是西方殖民主义的深刻根源。因为资本的不断扩张必须通过对资源的使用和市场的交换才能实现，而西方资本主义国家的国内资源和市场满足不了资本日益扩张的内在本性，这样，拥有丰富资源和广大销售市场的落后东方国家就自然成了西方资本扩张的目标。马克思说："殖民地为迅速产生的工场手工业保证了销售市场以及由市场垄断所引起的成倍积累。在欧洲以外直接靠掠夺、奴役和杀人越货而夺得的财宝，源源流入宗主国，在这里转化为资本。"② 因此，他认为，从某种意义上讲资本主义的经济和政治制度就是建立在对外殖民和霸权、对外奴役落后民族基础之上的，马克思指出："欧洲的隐蔽的雇佣工人奴隶制，需要以新大陆的赤裸裸的奴隶制作为基础。"③ 最后，马克思、恩格斯充分肯定了殖民地人民的反抗斗争及其历史必然性。马克思、恩格斯揭示了殖民地人民进行民族独立和民族解放运动的历史必然性，指出东方殖民地人民的反殖民主义解放运动正是西方殖民统治的结果。针对印度，马克思认为，英国人为了大发横财而进行的殖民侵略破坏了印度宗法式的村社制度，种植了资本主义经济的萌芽，但也因此为反殖民主义力量即民族资产阶级和当地无产阶级的发展创造了前提。在马克思看来，印度1857年爆发的民族大起义，只不过是英国自己在建立其东方帝

---

① 《马克思恩格斯文集》第 5 卷，人民出版社 2009 年版，第 269 页。
② 同上，第 864 页。
③ 同上，第 870 页。

国时期以及在其长期统治的最近几十年当中在印度所作所为的集中反映而已。针对中国，马克思说："看起来很奇怪的是，鸦片没有起催眠作用，反而起了惊醒作用。"①恩格斯也说："是英国政府的海盗政策造成了这一所有中国人普遍奋起反抗所有外国人的局面，并使之表现为一场灭绝战。"②因此，马克思、恩格斯对殖民地人民的反抗斗争给予了充分肯定。当英国殖民当局对印度民族大起义造谣中伤时，马克思反驳说："既然英国人能够冷酷无情地干这种事，那么就算是起义的印度人在起义和斗争的狂怒中犯下了那些所谓的残暴罪行，又有什么奇怪呢？"③当英国侵略者挑起鸦片战争、血腥屠杀中国人民却反过来指责中国人民残暴、野蛮、无视英国人的尊严时，恩格斯立即痛斥那是一种"不分青红皂白"的"胡言乱语"，是"下流作家"的无耻捏造。④他说："这些把炽热的炮弹射向毫无防御的城市、杀人又强奸妇女的文明贩子们，尽可以把中国人的这种抵抗方法叫做卑劣的、野蛮的、凶残的方法；但是只要这种方法有效，那么对中国人来说这又有什么关系呢？"⑤

正如赵稀方所言："西方的反殖民思想，与殖民历史一样久远。早期西方反殖思想大体上可以分为两种：一种是人道主义的道德批判，另一种是自由主义的经济批判。……应该说，19世纪的马克思主义既继承又超越了上述人道主义道德批判和自由主义经济批判两种欧洲思想传统。在经济上，马克思、恩格斯一反亚当·斯密等人认为殖民主义不能使宗主国受益的说法，认为西方资本主义从根本上说就是殖民主义的产物。在政治上，马克思、恩格斯不同于软弱的人道主义道德批评，主张彻底推翻资本主义和殖民主义制度。在这种革命斗争中，殖民地人民是宗主国人民的坚强同盟军。"⑥马克思、恩格斯明确提出：无产阶级在夺取政权后，应结束任何

---

① 《马克思恩格斯全集》第15卷，人民出版社1963年版，第545页。
② 《马克思恩格斯文集》第2卷，人民出版社2009年版，第626页。
③ 《马克思恩格斯全集》第16卷，人民出版社2007年版，第307页。
④ 参见张其学：《后殖民主义语境中的东方社会》，中国社会科学出版社2008年版，第227—228页。
⑤ 《马克思恩格斯文集》第2卷，人民出版社2009年版，第626页。
⑥ 赵稀方：《后殖民理论》，北京大学出版社2009年版，第1页。

一种民族压迫,结束殖民战争和殖民剥削。而在革命的过程中,西方国家的无产阶级与殖民地人民是同一阵线的战友。马克思在论及英格兰与其殖民地爱尔兰的关系时,主张英国工人阶级与爱尔兰殖民地人民平等联合,或者干脆让爱尔兰彻底独立。马克思明确说过:"一个奴役其他民族的民族,就是给自己锻造锁链。"① 他还预言:"无产阶级对资产阶级的胜利也就是对民族冲突和工业冲突的胜利,这些冲突在目前使各国互相敌视。因此,无产阶级对资产阶级的胜利同时就是一切被压迫民族获得解放的信号。"②

就西方的反殖民历史来说,马克思、恩格斯的反殖民主义思想无疑是最为彻底的,对后世的影响也是最大的。但是马克思、恩格斯的时代,西方资本主义并没有进入帝国主义阶段,因而他们不可能有这方面的论述。而列宁生活的时代正是帝国主义崛起的时代,这使他有机会看到帝国的殖民主义以及殖民地的现实处境。列宁的《帝国主义是资本主义的最高阶段》是迄今对帝国主义阐释得最为透彻的经典著作。他对落后国家的发展和帝国主义问题进行了专门的研究。马克思在研究资本主义经济发展规律的时候,曾经预言:资本主义自由竞争会引起生产集中,而生产集中发展到一定阶段,必然形成垄断。列宁根据马克思主义的基本原理,对帝国主义的实质、基本特征和基本矛盾进行了全面系统的研究,科学地揭示了帝国主义产生、发展和它必然要过渡到社会主义的客观规律。这里的"帝国主义"概念主要是一个经济概念。列宁认为,帝国主义是资本主义的最高阶段,即垄断资本主义阶段,资本主义发展到帝国主义阶段,便越来越难以维持原来的利润水平。虽然可以通过降低成本、压低工资、增加劳动时间等途径来减缓利润率下降的趋势,但最好的方法是通过对海外的殖民扩张来保持高额利润,即帝国主义的途径。帝国主义的海外扩张主要是通过资本输出得以实现的。由此造成了世界上大国与小国、强国与弱国、富国

---

① 《马克思恩格斯论殖民主义》,易延镇译,人民出版社1962年版,第321—322页。
② 《马克思恩格斯文集》第1卷,人民出版社2009年版,第694页。

与穷国的分野，造成了西方发达国家对东方落后国家的经济殖民。① 他指出："帝国主义的特点，正如我们所看到的那样，就是现在全世界已经划分为两部分，一部分是为数众多的被压迫民族，另一部分是少数几个拥有巨量财富和强大军事实力的压迫民族。"② "在帝国主义时代，整个世界分成许许多多大国和小国，小国极其软弱，同富裕的大国相比是微不足道的，大国则完全可以支配许多弱小的国家。帝国主义造成了一个时代，使整个世界，使地球上全体居民分成两类国家，一类是剥削别人、压迫别人的国家，是占少数的国家，另一类是给它们当殖民地的弱小民众的国家，是占多数的国家。"③

萨义德在其《东方学》、《文化与帝国主义》等著述中之所以一再批判马克思，主要是想说明西方东方主义传统的强大，甚至连马克思这样的思想家都无法逃脱其影响，而并非是对马克思、恩格斯著作中大量的反殖民主义理论视而不见。《东方学》一书中的如下表述可以证明他完全清楚马克思主义批判西方资本主义、殖民主义的特质。萨义德说："几乎每一位19世纪的作家对帝国都有着异乎寻常的清醒认识……正如我在本书中所试图表明的，同样的悖论也可以在马克思身上发现。"④ 马克思研究视野的东方转移、对东方社会历史命运的考察、对西方殖民主义的政治经济批判或多或少启发了萨义德后殖民文化理论对东西方关系研究视角的转换和研究主题的确立。萨义德在访谈中曾说："我也一向意识到马克思主义，而且试图尽量以很严谨的方式来处理它。……也许我对马克思主义排除在外的其他那些选择太感兴趣了。"⑤ 可见，萨义德只是绝不会对教条的马克思主义顶礼膜拜，同时听任它在新的历史环境下完全脱离现实。他非常欣赏卢

---

① 参见张其学：《后殖民主义语境中的东方社会》，中国社会科学出版社2008年版，第230—231页。
② 《列宁专题文集 论资本主义》，人民出版社2009年版，第278页。
③ 《列宁全集》第38卷，人民出版社1986年版，第101页。
④ [美]爱德华·W. 萨义德：《东方学》，王宇根译，生活·读书·新知三联书店1999年版，第18—19页。
⑤ [美]薇思瓦纳珊：《权力、政治与文化——萨义德访谈录》，单德兴译，生活·读书·新知三联书店2006年版，第219页。

卡奇和葛兰西"在某些方面以创意的方式离开、反对跟随马克思对阶级斗争的所有那些说法"①。因此,萨义德对于马克思主义将殖民主义主要归因于经济和界定不清的政治过程极为不满,从而认为"文化起了很重要,甚至不可缺少的作用。在几十年的帝国扩张时期,欧洲文化中心有一种未被改变的欧洲中心主义"②。而他对新的历史条件下西方殖民主义的批判,恰恰是受到了马克思主义的启发。马克思也很重视文化的反作用,他在19世纪就已经明确揭露过资产阶级对被统治者实施的文化心理、意识形态上的奴役和控制。在致齐·迈耶尔和奥·福格特的信中,马克思说:"报刊、教堂讲坛、滑稽小报,总之,统治阶级所掌握的一切工具都人为地保持和加深这种对立。这就是资本家阶级能够保持它的权力的秘密所在。这一点资本家阶级自己是非常清楚的。"③ 马克思在这里所讲的虽然是资产阶级通过意识形态和文化奴役来"保持它的权力",从而实现对国内被统治阶级的控制,但这一思想对于萨义德后殖民文化研究也是有所启发的,把马克思的这一思想推而广之,扩展到国际范围来理解,也就是对西方国家"文化霸权主义"行径的批判。④

尽管萨义德表面上拒绝承认马克思主义对其理论的影响,但我们通过上述梳理和分析认为,他的后殖民文化理论的形成实际上深受马克思、恩格斯的反殖民思想以及列宁的帝国主义理论的启发。

二、维科的世俗历史观

意大利文化史哲学家詹巴蒂斯塔·维科(1668—1744)是现代历史哲学的创始人,其世俗历史观的核心是:人类历史发展的动力是人类自身,

---

① [美]薇思瓦纳珊:《权力、政治与文化——萨义德访谈录》,单德兴译,生活·读书·新知三联书店2006年版,第220页。
② [美]爱德华·W.萨义德:《文化与帝国主义》,李琨译,生活·读书·新知三联书店2003年版,第315页。
③ 《马克思恩格斯文集》第10卷,人民出版社2009年版,第328页。
④ 参见张其学:《后殖民主义语境中的东方社会》,中国社会科学出版社2008年版,第227页。

人类历史是由人类自己创造出来的。他第一个鲜明地提出"人类世界是由人类自己创造出来的",并从人自身出发研究人类世界的历史,从而把人类历史研究由"神本位"转化为"人本位",使历史哲学取代了历史神学,因而被人们称为"历史哲学之父"。① 维科本人即将他对人类历史的这一基本看法确定为其新科学的一条无可争辩的大原则。而这一大原则对萨义德的影响也是持久而深刻的,在《开始:意图与方法》中已经显现,后来在《东方学》、《世界·文本·批评家》、《人文主义与民主批评》等著作中变得愈加强烈。其对萨义德后殖民文化理论所起的作用很彻底,既包括具体概念,也涉及整体思想。②

萨义德对维科的兴趣始于《开始:意图与方法》(1975)一书的写作。通览全书我们可以清楚地看到,维科在这部著作中处于中心位置。事实上,萨义德明确承认该书的核心概念"开始"即来自于维科。维科将"开始"看做是一种行为,因此,不再由神圣的、单一的起源或源始来决定、评断一切;相反一切都可以不断地创造(make)、拆解(unmake)、重新创造(remake)。这也反映在萨义德在该书中以人为的、世俗的、复数的"开始"(beginnings)来反对神圣的、神话的、单一的"源始"(origin)。正是通过对维科《新科学》中"开始"观念的进一步阐述,萨义德对《开始:意图与方法》一书的主题进行了全面的概括。他指出,对批评家来说,"开始"不是把知识作为已经获得的结果,而是作为某种要去处理的东西,作为一项任务,作为一项探索去加以重新构造并赋予它活力。③

维科的世俗历史观在萨义德的成名作《东方学》(1978)中也是不可或缺的。萨义德在这部著作中将维科的历史观念扩展到地理领域,从而为其假定——"东方"并非一种自然的存在——提供了理论基础。这也是萨义德自己所承认的,他在绪论中谈到自己的这一假定出发点时说:"我们必须对维科的精彩观点——人的历史是人自己创造出来的;他所知的是他已做的——进行认真的思考,并且将其扩展到地理的领域:作为一个地理

---

① 参见叶淑媛:《维科及其〈新科学〉研究》,兰州大学硕士学位论文,2007年。
② 参见张跣:《赛义德后殖民理论研究》,复旦大学出版社2007年版,第54—56页。
③ 同上。

的和文化的——更不用说历史的——实体,'东方'和'西方'这样的地方和地理区域都是人为建构起来的。"① 萨义德在《东方学》2003年版序言中再次谈到:"我认为,历史是由男人和女人共同造就的,就像它能够被毁掉和重写一样,历史总有着各种各样的沉默与省略,总有着被强加的形塑和被容忍的扭曲,以此,'我们的'西方、'我们的'东方就成为我们拥有并听从我们指挥的属于'我们的'东西。"② 这段话充分显示了维科历史观念对于他批判东方主义话语的重要意义。此外,维科历史观念中所蕴含的重视人类自身的人文主义思想也为萨义德思考如何抵抗东方主义专制提供了有益的启发,以至于他很肯定地认为:"人文主义是我们反抗种种扭曲人类历史的非人性行径和不公正现象的唯一武器,我甚至要说它是最后的反抗武器。"③

维科的历史观——历史是由男男女女所创造的,更是萨义德有关世俗性(secularity)与现世性(worldiness)论点的基础。《世界·文本·批评家》(1983)一书好几处把《新科学》里的异质的、部落的各族人民的多元兴衰史与"神圣史"(即上帝选民的线性历史)相对照。如萨义德在该书的结论中写道:"维科在《新科学》里描述为复杂的、异质的和'部落的'各族人民的世界,以及与此相对照,在他标明为神圣史的领域之间,存在着巨大的差异。这种差异的本质在于,前者是在出现并朝各种方向发展,以及数次达到巅峰和衰落之后,又重新开始的——所有这一切都是以能够加以探索的方式而生发出来的,因为史学家或者新科学家都属于人类,而且都能够了解历史,其原因就在于,这世界是由男人和女人构成的。"④ 他是把维科的部落的(gentile)一词作为该书"绪论"所讨论的嫡属性(filiation)的同义词来使用的。维科的人类历史观认为,人类历史是被生育、生产以及再生产出来的,男人们和女人们通过生育和精心繁衍物

---

① 参见[美]爱德华·W.萨义德:《东方学》,王宇根译,生活·读书·新知三联书店1999年版,第6—7页。
② 同上,序言第5页。
③ 同上,序言第16页。
④ [美]爱德华·W.萨义德:《世界·文本·批评家》,李自修译,生活·读书·新知三联书店2009年版,第505页。

种，来进行自我生产。部落史是氏族（gens）和部落（gentes）的历史，他们是随着时间的推移自然地生育并发展起来的，而不是由某个蠹立于历史之外的神圣力量一劳永逸地创造出来的。① 萨义德认为整部《新科学》所关注的就是这一部落的进程，它充斥在维科有关"重复"的观念当中。因此，维科历史观中的重复观念对于萨义德的讨论也极为重要。维科在《新科学》中详细阐释了人类历史不仅是由人类，也是由他们根据重复自身的周期循环创造出来的，并对这些重复为什么是保存人类种族的聪明模式做了解释。萨义德几乎用了一半的篇幅来介绍和讨论这一理论基础。② 他通过详细分析之后认为："人类历史就等于人类真实性就等于人类活动就等于人类知识。"③ 并且他以为这样说几乎没有错误："不管重复另外还是什么，对于维科而言，它都是发生于真实性之内的某种事物，正如考察行动领域时发生于心智之内一样，它也是发生于事实领域的人类行动之内的某种事物。"④ 萨义德认为，一般说来，维科把重复理解成了嫡属性，但是一种存在着争议的、而不是机械的嫡属性。

萨义德的人文主义观念同样来自维科历史是"由男男女女所创造的"世俗历史观。在《人文主义与民主批评》（2004）一书中，为了探究把人类区分出来的东西，萨义德很快就援引了维科的原则，那就是，我们认识的最清楚的是我们自身所创造和形成的东西——历史。他说："对于我在此设立的目的来说，人文主义的核心是那种世俗观念，那就是，历史的世界是男人和女人、而不是上帝创造的；它能够按照维科在《新科学》中阐明的原则而得到理性的认识，也就是说，我们真正能够认识的只是我们所创造的东西，换言之，我们只能按照它们被创造的方式来认识它们。"⑤ 显然，维科也相信人文主义的认识是确实存在的，但他观察到一条主要原

---

① [美]爱德华·W.萨义德：《世界·文本·批评家》，李自修译，生活·读书·新知三联书店2009年版，第204—205页。
② 同上，第199—212页。
③ 同上，第201页。
④ 同上，第202页。
⑤ [美]爱德华·W.萨义德：《人文主义与民主批评》，朱生坚译，新星出版社2006年版，第13页。

则,即由于人类心智的不确定性,只要它陷入了无知的境地,人就把自己当成了万物的尺度。这使萨义德相信,维科持一种悲观的意见:人类的认识始终受到"人类心智的不确定性"的销蚀。他据此指出:"关于人文主义的认识,总有某些东西从根本上说是不完善的、不充分的、暂时的、有争议的、有疑问的,它们从未逃脱维科的视野。"① 因此,萨义德也认为整个人文主义理念有一种不幸的缺陷,并且这种缺陷乃是人文主义的基本要素,它可以通过语文学学习(philological learning)和哲学理解的训练得到补救和减轻,但是绝不可能消除。用另一种方式来说,就是必须承认人文主义认识和实践中的主观因素,试图由此发展出中立、精确的科学是徒劳无益的。此外,萨义德认为,维科为了能够理解一个人文主义的文本,必须设法把自己当做那个文本的作者、生活在作者的现实之中、经历内在于作者生命之中的生活经验的观点,对于批评家来说也是相当值得重视的。

除了上述重要文本之外,我们在萨义德接受的一系列访谈中也能感受到维科世俗历史观对他的持久性影响。1987年,萨义德说:"《开始》这本书依然让我觉得很亲近。那本书里面有许多东西我还没有完全发挥,而且那些东西现在对我来说依然很丰富——显然,维科就是其中之一。"② 他不厌其烦地谈起他当研究生时已经读到的维科的《新科学》一书,充满激情地说:"那本书对我产生很大的冲击,首先很可能是由于他在开始时所描绘的景象:凶悍野蛮的异教徒;巨人;在大洪水之后紧接而来的那个阶段,人类在地表上到处漫游,逐渐规训自己——部分是出于恐惧,部分是出于天佑。那种自我创造(self-making),在我看来简直是处在所有真正有力、有意思的历史视野的核心:一具身体使自己形成心灵和身体、然后形成社会的那种方式。那种情况如此令人惊异,如此有力;而且他以文学的方式所使用的文本,是以往被当做装饰或哲学的文本来讨论的,而形成这个有关发展和教育的特殊视野。这让我觉得非常有力、非常有诗意。其

---

① [美]爱德华·W.萨义德:《人文主义与民主批评》,朱生坚译,新星出版社2006年版,第14页。
② [美]薇思瓦纳珊:《权力、政治与文化——萨义德访谈录》,单德兴译,生活·读书·新知三联书店2006年,第107页。

次，他在这么做的时候，总是迂回环绕着宗教的观念、创造的观念等等。他作品中那种相对的性质——他是反笛卡尔式的（anti-Cartesian）、反理性的、反天主教的——力量之大令人难以置信。在那之后，我读过他许多许多遍，总是发现他很充实、有趣、有见识。"① 1996 年，在讨论知识生产的现世性问题时，萨义德强调："我不相信一个人能不先多少真正地理解那个叙事是什么，就能对主流的正统观念或官方那种大叙事提供相反的另类看法（counter-alternative）。我也不认为一个人一开始就能诉说自己的故事。我认为一个人必得真正理解并且尊重由男男女女经年累月的贡献所形成的那些知识结构。我很早就从维科学到这一点，他让你了解历史并不是神灵或神圣的，而是由男男女女创造的。"② 1998 年，他在访谈中再次回忆道："我记得自己 22 岁或者 23 岁的时候，我第一次读到维科的《新科学》。这是一部太不寻常的书，书中描写的人类那种古老而绝望的挣扎在我的头脑里留有难以磨灭的印象。尽管那是一本非常古怪的书，作者是 18 世纪意大利晦涩难懂的哲学家和演说家，他对于历史和世界的那种动人的颇具原创性的观点一直令我难忘。他一直在谈论着是人类创造的历史，而只有人才能够理解历史，因为他是历史的创造者。这是我对世俗的看法：你不必依靠那些外在的奇迹，不必依靠外在的力量，比如圣人，人类才是历史的创造者。这种观点，维科学说了一遍又一遍。因此，这是非常重要的观点，这告诉了我很多。"③ 一言以蔽之，正如萨义德所言：他是维科的忠实信徒。

三、福柯的话语—权力理论

话语问题是贯穿当代法国思想家米歇尔·福柯（1926—1984）全部学

---

① [美] 薇思瓦纳珊：《权力、政治与文化——萨义德访谈录》，单德兴译，生活·读书·新知三联书店 2006 年，第 108—109 页。
② 同上，第 351 页。
③ [美] 阿拉·古兹利米安：《在音乐与社会中探寻——巴伦博依姆、萨义德谈话录》，杨冀译，生活·读书·新知三联书店 2005 年版，第 45 页。

术思想的一个基础性问题。具体而言，"话语"理论主要从两个方面展示出其在福柯思想中的关键性作用：一是对于"话语"概念的独特界定，为福柯的批判性理论提供了一个基点；二是对各种话语的具体描述和分析构成了福柯著作的主要内容，成为福柯批判理论的基础性方法。① 我们可以将上述两部分内容称为"福柯的话语理论"。由于权力问题是福柯全部著作的核心问题，而知识是话语的一种，关于"权力/知识"关系的话语——权力理论就成了福柯话语理论的核心，其主要内容可以概括为以下几点：第一，知识与权力是"直接相互连带"的，不相应地建构一种知识领域就不可能有权力关系，不同时预设和建构权力关系就不会有任何知识；第二，权力能够生产现实，生产对象的领域和真理的仪式，因此，不应再从消极方面来描述权力的影响，把它说成是"排斥的"、"压制的"、"掩饰的"等等；第三，"真理"和"谬误"都是权力与知识相结合制造出来的，都是支配人体的政治技术；第四，权力及其相互关系是无所不在的权力—知识网络，有多少种社会关系，就有多少种权力关系，每一个集团、机构和个人都受制于权力，并且参与到具体的权力运作当中。② 萨义德特别倚重福柯话语—权力理论的上述观点。他对地理协会、语言学会、学术机构、人类学和人种学规训以及当代媒体在创造其主体并传播极权主义知识中的作用的分析，都依赖于福柯关于话语、规训以及知识与权力之间的关系的观念。事实上，话语—权力理论对萨义德后殖民文化理论形成所起的作用是基础性的。假如没有福柯关于话语和话语构成的概念，关于知识与权力的关系的讨论，关于表述总是受到它所寓于其内的权力体系影响等观点的启发，萨义德的《东方学》、《文化与帝国主义》、《报道伊斯兰》等多部著作都很可能与现在的面貌大相径庭，而其后殖民文化研究所取得的巨大成就也将是难以想象的。③

福柯关于"权力/知识"关系的话语—权力理论作为萨义德后殖民文

---

① 参见吴猛：《福柯话语理论探要》，复旦大学博士学位论文，2003年。
② 参见张跣：《赛义德后殖民理论研究》，复旦大学出版社2007年版，第25页。
③ 参见[英]瓦莱丽·肯尼迪：《萨义德》，李自修译，江苏人民出版社2006年版，第26—29页。

化研究的理论基石和方法论框架所起的作用是持久的。在 1978 年出版的《东方学》一书中,萨义德开宗明义将"东方主义"描述为,"通过作出与东方有关的陈述,对有关东方的观点进行权威裁断,对东方进行描述、教授、殖民、统治等方式处理东方的一种机制:简言之,将东方学视为西方用以控制、重建和君临东方的一种方式"①。他同时指出,东方主义首要的是一种话语,其发展与演变在某种程度上也受制于它与政治权力、学术权力、文化权力、道德权力之间的交换。在这里,福柯的话语—权力理论就真正成为了萨义德的理论原则和方法论框架。萨义德坦言,话语概念和话语分析方法使其受益匪浅。他明确指出:"米歇尔·福柯在其《知识考古学》(*The Archaeology of Knowledge*)和《规训与惩罚》(*Discipline and Punishment*)中所描述的话语(discourse)观念对我们确认东方学的身份很有用。……如果不将东方学作为一种话语来考察的话,我们就不可能很好地理解这一具有庞大体系的学科,而在后启蒙(post-Enlightenment)时期,欧洲文化正是通过这一学科以政治的、社会学、军事的、意识形态的、科学的以及想象的方式来处理——甚至创造——东方的。"② 萨义德对福柯式权力和表述分析策略与方法的运用,在其学术生涯中是自始至终的。只不过,在《东方学》中这种运用是显在的,而在《报道伊斯兰》、《文化与帝国主义》等著述中则是潜在的。特别是在 1993 年出版的《文化与帝国主义》一书中,福柯话语—权力理论作为某种潜在的观念框架,对萨义德来说仍然是至关重要的。在该书的许多地方,我们依然能够强烈地感觉到福柯思想的影响。话语、规训性知识、监禁等源自福柯思想的概念都已经成为萨义德思维方式的基本构成部分。对这些概念,萨义德更多的是理所当然地直接利用,而不是再进行详细的讨论。比如,用福柯"臣服的知识"的概念分析后殖民世界的当代文学和学术,用福柯论监禁体系的思想来阐明对"限制原则"的挑战,等等。③ 可以说,《东方学》之后,福柯

---

① [美] 爱德华·W. 萨义德:《东方学》,王宇根译,生活·读书·新知三联书店 1999 年版,第 4 页。
② 同上,第 4—5 页。
③ 参见张跣:《赛义德后殖民理论研究》,复旦大学出版社 2007 年版,第 164—166 页。

话语—权力理论所提供的理论基础和分析概念在萨义德学术思想的发展过程中,几乎全部都是不加分析地应用,但作为一种潜在的观念框架却自始至终发挥着相当重要的作用。

萨义德固然在理论上十分借重福柯有关知识与权力的洞见(insight),却也从一开始就意识到后者的理论中有其盲见(blindness)。在积极投身巴勒斯坦解放运动的萨义德看来,福柯已经向其所谓的无所不在的权力低头了,所以他对福柯的不满与日俱增。然而,萨义德对福柯的激烈批评并不影响他对福柯在方法论上的依赖。持续的批评反而明证了福柯对他而言所具有的不可或缺的意义。这种矛盾对萨义德来说是非常真实的。他在收录于1987年伦敦出版的专书《社会中的批评》(*Criticism in Society*)的访谈中讲道:"福柯的作品中一直令我印象深刻的就是方法。……但我已经知道福柯的决定论有问题,他那种斯宾诺莎的特质,其中每样东西总是被同化、吸纳了。你在《规训与惩罚》的结尾就已经看到。"① 萨义德所感兴趣的是福柯表现突出的运用资讯和知识的方式,即有一种对于知识的策略感(strategic sense of knowledge):一种相对于时间感的策略感和地理感,但他不会让这种方法凌驾于他试图要提出的看法之上,他在《东方学》一书结尾提出一种"非强制性的知识"(noncoercive knowledge)的观念,就是有意反福柯的。而在1993年刊登于伦敦《激进哲学》(*Radical Philosophy*)的访谈中,萨义德明确回答说:"我不会说我放弃了福柯,但我会说大概在1970年代中期福柯的《规训与惩罚》出版的时候,我该从福柯处学的都已经学到了。"② 他指出,尽管福柯看起来显然是个权力的理论家,而且一直提到反抗,其实他却是"权力的写手"(the scribe of power),他所写的其实是有关权力的胜利。

萨义德对福柯话语分析方法的借重是坚定的,而对福柯缺乏抵抗的批评也是毫不留情的。因此,我们说萨义德对福柯的态度并不像有的论者所说的那样是游移不定的,也不存在开始倚重、逐渐偏离之说,更谈不上分

---

① [美]薇思瓦纳珊:《权力、政治与文化——萨义德访谈录》,单德兴译,生活·读书·新知三联书店2006年版,第110页。

② 同上,第287—288页。

道扬镳了。客观来讲,萨义德对福柯的话语理论既存在着一种持续的依赖性,但同时又日益感受到其不足之处。这种矛盾的态度与萨义德认为"福柯本人就是一个悖论"的看法是完全一致的。

四、葛兰西的文化霸权思想

意大利马克思主义者安东尼·葛兰西(1891—1937)的文化霸权思想包含着极为丰富的内容,其被引入无疑使萨义德的后殖民文化理论具有了更大的内在张力。尽管萨义德发现就方法学而言,很难依赖葛兰西,原因在于:"葛兰西是个积习甚深的笔记作家。除了《南方问题》这本书之外,他从来没写过前后一贯的作品……很难从葛兰西的作品中得到一贯的政治和哲学的立场,都是这里一点、那里一点。"① 但这丝毫不影响萨义德成为"葛兰西的学生",葛兰西关于文化霸权、市民社会、知识分子等思想观念对萨义德的后殖民文化理论而言都极为重要。通过梳理,我们认为萨义德对葛兰西文化霸权思想的借鉴主要表现在以下三个方面。

一是引入并推广应用葛兰西的文化霸权观念。文化霸权观念是葛兰西在思考马克思所说的社会主义革命为什么没能在西欧取得成功这一问题时提出来的。他认为社会主义的实现不是一个自发的过程,必须唤起工人阶级的思想觉悟和阶级意识,由此便提出了"文化霸权"(hegemony,也译作"领导权")这一重要概念。葛兰西所谓的文化霸权,主要是指在资本主义的统治中,资产阶级对文化领域的控制,不是通过外在强制而是通过被统治者的自觉认同来实现的。他的文化霸权观念的提出与他对政治社会和市民社会所作的区分相关。他认为国家——上层建筑可以分为两大领域:政治社会和市民社会。政治社会主要指马克思主义哲学意义上的政治上层建筑,包括国家行政机关、议会、法庭、军队、警察、监狱以及选举机关等,它起到有限领导权的作用。市民社会则指民间社会组织的集合

---

① [美]薇思瓦纳珊:《权力、政治与文化——萨义德访谈录》,单德兴译,生活·读书·新知三联书店2006年版,第288页。

体,它是创建新的意识形态和散布统治阶级思想的社会机构和技术手段,包括政党、工会、教会、学校、文艺团体、新闻媒介等。政治社会的特征是强制,而市民社会的特征则是同意。葛兰西对市民社会的这一全新理解体现了他对文化霸权的重视。它使人们意识到资本主义国家不仅通过强制手段,更重要的是通过文化霸权对市民社会进行"精神和道德的领导",使其心甘情愿地接受并遵循由统治阶级制定的价值观念、行为准则和道德体系等。葛兰西的文化霸权思想是在对教条式机械决定论的反驳中、在其革命实践的基础上阐明的。① 他之所以强调文化领导权的重要性,主要是认为,随着人类历史的不断发展,国家结构中的意识形态及文化领导权会愈益强化,政治、经济斗争在当代西方社会的特定历史条件下具有相对局限性。葛兰西据此提出,无产阶级要想在西欧取得革命的成功,就必须分析资产阶级为维护其统治而惯用的语词和思想逻辑,揭露资产阶级非强制性统治的真实面目,把文化领导权掌握在自己的手中。因此,这种理论就把整个市民社会、把意识形态—文化问题凸显出来了。萨义德非常欣赏葛兰西所有这些"在某些方面以创意的方式离开、反对跟随马克思对阶级斗争的"② 说法,以至于他把自己学术研究的重心放在了文化问题上,并引入文化霸权思想作为解构东方主义和西方文化殖民主义的一种基本分析模式。葛兰西主要是围绕统治阶级和被统治阶级、资产阶级与无产阶级的斗争来探讨意识形态和文化问题的重要性的,他的着眼点是民族国家内部的文化斗争。萨义德则将其推广应用到对世界范围内的东西方之间文化关系的思考中,认为文化霸权贯穿于西方对东方推行殖民主义的整个过程,即使在当今时代,文化霸权主义也仍然是帝国主义的重要表现形式。③ 萨义德自己也在《东方学》一书中充分肯定了葛兰西文化霸权观念对他的重要意义。他说:"人们会发现文化乃运作于民众社会之中,在此,观念、机

---

① 参见孙晶:《文化霸权理论研究》,社会科学文献出版社2004年版,第20—32页;张其学:《后殖民主义 语境中的东方社会》,中国社会科学出版社2008年版,第45—46页。
② [美]薇思瓦纳珊:《权力、政治与文化——萨义德访谈录》,单德兴译,生活·读书·新知三联书店2006年版,第220页。
③ 参见段忠桥:《当代国外社会思潮》,中国人民大学出版社2004年版,第119—120页。

构和他人的影响不是通过控制而是通过葛兰西所称的积极的赞同（consent）来实现的。在任何非集权的社会，某些文化形式都可能获得支配另一些文化形式的权力，正如某些观念会比另一些更有影响力；葛兰西将这种起支配作用的文化形式称为文化霸权（hegemony），要理解工业化西方的文化生活，霸权这一概念是必不可少的。正是霸权，或者说文化霸权，赋予东方学以我一直在谈论的那种持久的耐力和力量。"①

二是借鉴与发展葛兰西关于知识分子的观点。知识分子问题在葛兰西的文化霸权理论中占有极其重要的地位。葛兰西理解的知识分子不只是一群极少数的精英，他在《狱中札记》里写道："我们可以说所有的人都是知识分子，但并不是所有的人在社会中都具有知识分子的作用。"② 葛兰西从阶级关系的角度认为，在社会中发挥作用的知识分子有两种：一种是"传统的知识分子"（traditional intellectual），指那些旧制度残留下来的知识分子，他们不属于任何新生的阶级，只是"历史发展连续性的证明"；一种是"有机的知识分子"（organic intellectual），指各社会阶级的有机组成部分。葛兰西特别重视"有机的知识分子"在"阵地战"中的作用，认为只有他们才能把局限于精英圈子而不能扩展到广大群众中的内在哲学，通过将自己的革命实践与大众结合在一起，成为人民的哲学，只有他们的积极参与，无产阶级才有可能重新夺取资产阶级所控制的文化领导权。因此，他的"实践哲学"所呼唤的是"有机的知识分子"，而"有机"的实质就是指知识分子与大众的统一、理论与实践的统一。③ 在萨义德的《知识分子论》中，我们可以明显看出葛兰西的影响。首先，他非常同意葛兰西关于知识分子为数众多的观点，认为："葛兰西把知识分子视为符合社会中一套特殊作用的人，这种社会分析远较班达的观点接近现实，尤其在20世纪末期，许多新兴行业印证了葛兰西的见识——广播员，学院专业人

---

① ［美］爱德华·W. 萨义德：《东方学》，王宇根译，生活·读书·新知三联书店1999年版，第9—10页。
② Antonio Gramsci, *Selections from the Prison Notebooks*, Quintin Hoare and Geoffrey Nowell-Smith (trans.), New York: International Publishers, 1971, p. 9.
③ 参见张跣：《赛义德后殖民理论研究》，复旦大学出版社2007年版，第88—89页。

士,电脑分析师,体育运动和媒体律师,业务顾问,政策专家,政府顾问,特殊市场报告的作者,以及近代大众新闻业这一行本身。"① 因此,萨义德得出结论:"今天,在与知识生产或分配相关的任何领域工作的每个人,都是葛兰西所定义的知识分子。"② 其次,他非常重视葛兰西关于"有机的知识分子"的观点,并从自己的角度重新进行阐释。萨义德重申了葛兰西关于在社会中履行知识分子作用的人可以分为两类的观点:"第一类是传统的知识分子(traditional intellectual),例如老师、教士、行政官吏,这类人代代从事相同的工作;第二类是有机的知识分子(organic intellectual),在葛兰西眼中,这类人与阶级或企业直接相关,而这些阶级或企业运用知识分子来组织利益,赢得更多的权力,获取更多的控制。……葛兰西相信有机的知识分子主动参与社会,也就是说,他们一直努力去改变众人的心意、拓展市场;老师和教师似乎多多少少停留在原处,年复一年从事同样的工作,而有机的知识分子则一直在行动,在发展壮大。"③ 他认为,根据葛兰西的说法,今天设计各种技术来为某家清洁剂公司或航空公司赢取更多市场的广告或公关专家,都可以被视为"有机的知识分子",因为他们在民主社会中试着获取潜在顾客的首肯、赢得赞同、引导消费者或选民的意见。更为重要的是,萨义德认为:"葛兰西自己的生涯就示范了他所认定的知识分子的角色:他接受过历史语言学的专业训练,既是意大利工人阶级运动的组织者,而且在自己从事的新闻业中也是最具反省意识的社会分析家,他的目标不只要造成社会运动,而且要塑造与此运动相关的整个文化形成(cultural formation)。"④ 同样,我们认为萨义德自己的生涯也示范了他所认定的知识分子的角色。葛兰西关于知识分子的观点不仅启发萨义德对知识分子问题作进一步的理论思考,而且也促使他在实践中真正发挥了知识分子的作用。萨义德勇于挑战西方主流媒体与知识结构的作

---

① [美]爱德华·W. 萨义德:《知识分子论》,单德兴译,生活·读书·新知三联书店 2002 年版,第 15 页。
② 同上。
③ 同上,第 11—12 页。
④ 同上,第 11 页。

为，就带有葛兰西竞逐文化霸权的意味，而他投入挑战、扭转主流见解的行为，也具现了葛兰西所谓的"有机的知识分子"的特质。

三是高度重视葛兰西的空间与地理分析模式。萨义德自认为受益于葛兰西最多的并不是上述有关文化霸权或知识分子的观点，而是空间与地理的观念。在他看来，相对于马克思学派，尤其是黑格尔对于时间的重视，葛兰西的空间与地理观提出了另类的看法，让人得以重新省思一些重要的议题。萨义德对葛兰西空间与地理观念的高度重视在其主要著述中很容易看出，因为他曾多次表达自己的这一看法。1986年，他在访谈中回答道："但我所说的其实更接近于葛兰西的历史观，本质上是地理的和地域的，这种历史是由几个重叠的领域所构成，因此社会被视为众多活动在其中发生的领域。重复交叠，彼此竞争的领域这种看法对我来说比时间性的历史观更有趣，后者要回到先前的起源——一个奇迹式的、起源的一点。"[①] 特别是在《文化与帝国主义》一书中，萨义德又用了很大的篇幅来分析葛兰西的地理模式。他认为，葛兰西的文章《关于南方问题》[②] 提供了一个明显的地理模式，它涉及许多亟待讨论和采取行动的地理问题，包括关于如何看待、研究和规划南部意大利的分析。这些构成了集中论述社会生活的土地、空间和地理基础的《狱中札记》一书的前奏。萨义德由此认为，在葛兰西那里，社会历史与现实都是用地理名词来表述的——如"地带"、"地区"、"街区"和"区域"等词占了很大一部分。[③] 1993年萨义德在访谈中提到葛兰西时，明确指出："我非常感兴趣的——我认为这是我从葛兰西那里所得到的最重要的一件事——并不是霸权和有机的知识分子等等观念，而是下面这个观念：一切，包括一开始的公民社会，但其实整个世界都一样，都是根据地理所组织的。他以地理的方式来思考，而《狱中札记》就像是一种现代性的地图。它们不是现代性的历史，但他的札记真的

[①] [美]薇思瓦纳珊：《权力、政治与文化——萨义德访谈录》，单德兴译，生活·读书·新知三联书店2006年版，第80—81页。

[②] Antonio Gramsci, "Some Aspects of the Southern Question", in *Selections from Political Writings*, 1921—1926, London: Lawrence & Wishart, 1978.

[③] [美]爱德华·W. 萨义德：《文化与帝国主义》，李琨译，生活·读书·新知三联书店2003年版，第64—65页。

试图要把一切定位，就像军事地图一样；我的意思是说，总是进行着某种争夺领域的斗争。我认为那是他最有力的一个观念。"① 他认为，这种地理的或空间的架构与黑格尔传统的时间架构相比很不同，更物质化得多。同年，萨义德又在访谈中提及这种地理性的思考方式对他的吸引力和重要性。

萨义德是第一批在美国讲授葛兰西思想的人，他对葛兰西文化霸权思想中上述观点的借鉴与发展，为其后殖民文化理论注入了"一个特殊的思想风格"，即葛兰西的因素，这使他显得比福柯要乐观得多。

五、法侬的反殖民思想

与萨义德不同，出生于加勒比海马提尼克岛而投身于阿尔及利亚独立革命的弗朗兹·法侬（1925—1961），是一个地道的殖民地知识分子。正是这种本土的身份使其对萨义德而言极具吸引力。法侬在《黑皮肤，白面具》（*Black Skin, White Masks*）、《地球上不幸的人们》（*The Wretched of the Earth*）等著作中对于殖民话语的批评、民族主义的思考、文化解放的分析等等在很大程度上影响了萨义德对这些重要问题的思考。事实上，他对法侬的很多思想都是直接援用，足见萨义德对法侬反殖民主义理论的推崇。仔细考察萨义德的各种文本，我们发现他对法侬反殖民理论的援用几乎是全方位的。

首先，萨义德事实上接受了法侬关于政治与文化之间相互依赖关系的分析。② 法侬是对殖民主义话语霸权做出批判的一位重要的理论先驱，他批评西方殖民国家不仅把它的统治强加于殖民地国家，而且还歪曲和诋毁被压迫民族和国家的历史。法侬具体指出，殖民者总是一开始就设置一种生理的、文化的以及心理的暴力情境，并依据种族主义观念，将社会划分为"人"和"土著"，从而把土著塑造成一个非人的、兽性的形象。因此，

---

① ［美］薇思瓦纳珊:《权力、政治与文化——萨义德访谈录》，单德兴译，生活·读书·新知三联书店2006年版，第263—264页。

② 参见张跣:《赛义德后殖民理论研究》，复旦大学出版社2007年版，第68页。

在他看来，殖民主义不仅造成了被殖民国家经济的异化，而且更重要的是引起了殖民地人民心理和文化的异化。正是基于对殖民主义影响的这种深刻分析，法侬在《地球上不幸的人们》的重要一章《论民族文化》中，提出了一个非常重要的观点，即为争取解放的斗争其实是一个文化现象。他由此认为，建立和书写自己的民族文化史是反对殖民主义的一个至关重要的方面。法侬从语言、心理、文化角度对殖民主义的解读，以及对民族文化在民族解放斗争中作用的重视，无疑为文化的非殖民化提供了重要的分析工具，也为萨义德的后殖民文化理论提供了瓦解帝国主义权威话语的丰富资源。① 正如巴特·穆尔-吉尔伯特所看到的那样："法侬努力将对文化帝国主义的对抗结合于对文化的奋力保卫，以此作为民族性的抵抗策略和载体。由于文化是与语言和种族密切相关的，所以不论是帝国主义文化还是反帝国主义文化，都会在造就疆域版图之外还造就出头脑。因此，法侬早期的著作立足于激进的心理学与殖民评论两个层面的交接地带，而且他把心智上的混乱与帝国主义的统治关联起来，这是他对当今后殖民主义辩论的最重要的贡献之一。"② 对萨义德和法侬而言，政治和文化是必然相互联系在一起的。很明显，萨义德在《文化与帝国主义》一书中承继了法侬从文化角度解读殖民、重视民族文化作用这一重要分析模式。萨义德在介绍了法侬对于欧洲移民者把自己到达殖民地视为那个国家历史的发端的描述之后，鲜明地指出，"法侬敏锐地把殖民者对历史的征服与帝国主义对真理的垄断联系起来，而在这种垄断之上是西方文化的巨大的神话"③。这里法侬有关"帝国主义对真理的垄断"的陈述，无疑为政治和文化提供了某种关联。萨义德在《文化与帝国主义》一书中所使用的政治和文化相互依存的分析方法显然来自法侬的上述思想，只不过他又以福柯式的术语对其进行了系统、清晰的表述。他进而揭示出："法侬的全部工作是，试图

---

① 参见张其学：《后殖民主义语境中的东方社会》，中国社会科学出版社2008年版，第39—42页。
② [英]巴特·穆尔-吉尔伯特等：《后殖民批评》，杨乃乔译，北京大学出版社2001年版，第63页。
③ [美]爱德华·W.萨义德：《文化与帝国主义》，李琨译，生活·读书·新知三联书店2003年版，第383页。

以一种政治意志的行动来克服那些顽固的理论阐述，用那些阐述反过来驳斥它们的作者，用他借用西赛尔的话说，以便能够，创造出新的思考。……在法侬具有破坏力调子的作品中，一个有自觉意识的人故意并嘲讽地重复着他认为压迫了他的文化战术。"①

其次，法侬有关民族文化和民族主义的思考直接决定了萨义德的态度。早在20世纪50年代，法侬就已经对民族文化进行了超越时代水平的思考。他认为殖民者对殖民地所进行的不仅仅是军事占领和政治统治，而且还包括对殖民地本土文化的破坏和渗透。法侬进而指出，在这种情形下殖民地文化有两种反应：一种是西化；一种是民族主义。由于文化心态的问题，特别在殖民地初期，盛行着对于宗主国文化的模仿；而本土民族文化的兴起则是殖民主义文化导致的对立面。虽然民族文化在殖民反抗中具有诸多积极作用，但这其中还有很多东西需要做出具体分析。法侬认为：一方面，民族性并不意味着僵化和排外，坚守民族文化并不意味着死死抱住本土文化的古董不放，而是可以投入到战斗的现代民族文化中去；另一方面，如果本土文化一味地排斥外来文化而致力于回到民族的过去，也是一种过于简单的逻辑，因为在不断的斗争以后，传统的意义已经发生了很大变化，民族文化所强调的"民族性"往往已经成为一种惰性的东西。如果说民族主义在争取独立的革命斗争中尚有其重要价值，那么在殖民地国家独立建国后，它就值得引起人们的警觉了。因此，法侬甚至指出，从逻辑上看，民族主义与帝国主义是一致的，只不过方向相反而已。如若听任民族主义自由发展，独立后的帝国主义结构仍旧不能消除，只不过由本土人做首领而已。② 在这一点上，萨义德十分欣赏法侬。他在《文化与帝国主义》一书中援用了法侬的观点，指出："抵抗帝国主义运动的大部分是在民族主义的广阔背景下进行的。……然而……民族主义依然是个很成问题的事情。……法侬很不安地谈到，民族资产阶级及其各个领域中的精英们事实上容易将殖民主义力量代之以另一个以阶级为基础的，并且最终成

---

① [美] 爱德华·W. 萨义德：《文化与帝国主义》，李琨译，生活·读书·新知三联书店2003年版，第382—383页。

② 参见赵稀方：《后殖民理论》，北京大学出版社2009年版，前言第33—34页。

为有剥削性质的力量。这力量以新的名义重复旧的殖民主义结构。在整个前殖民地世界各地都有一些国家孕育了'力量的变态',艾克巴尔·阿赫玛德这样称呼它们。此外,民族主义的文化视野也可能致命地受到它所利用的殖民者与殖民地的共同历史的限制。帝国主义毕竟是一种合作的过程,其现代形式的一个突出的特点是,它是(或者声称是)一种教育运动。它十分有意识地表明要实行现代化、发展教育与文明。"① 萨义德进而认为法侬看到了民族主义与帝国主义的一脉相承的关系,这个帝国主义虽然似乎是把权威让给了民族资产阶级,但实际上是在扩张它的霸权,帝国主义造成的等级体制与分隔被恢复着,所不同的只是由阿尔及利亚人、塞内加尔人、印度人做首领而已。他明确指出:"法侬是第一个认识到正统的民族主义走着帝国主义铺设的道路的重要反帝理论家。"② 萨义德因此十分支持法侬提出的从"民族意识"到"社会意识"的转变,在书中把法侬的意思阐释为:"建立在身份主义(即民族主义意识)上面的各种需要必须被抛弃。新的、具普遍性的集体——非洲人的、阿拉伯人的、伊斯兰教的——应该优先于个别的,从而在被帝国主义分裂为各个自治的部族、话语和文化的人民之间建立起横向的、非话语的关系。……解放是对自我的意识,'不是关起沟通的大门',而是一个走向真正的民族自我解放、走向大同的'永无休止的发现和激励过程'。"③ 在法侬思想的影响下,萨义德认为民族主义二元对立的本质主义思维方式与殖民主义完全一致,因而在独立之后如果仍然坚持狭隘的民族主义,无异于重复殖民主义的结构。因此,萨义德仅仅在反抗殖民压迫这一点上肯定民族主义的积极意义。他认为没有必要将本土主义作为反殖民民族主义的唯一出路,事实上,坚持如"黑人性"、"伊斯兰至上"这样的本质主义概念,就是接受了帝国主义留给我们的殖民者/被殖民者、西方/东方对立的思维方式的遗产。萨义德继而认为,最优秀的反帝民族主义者都不惮于批评民族主义本身,并列举詹

---

① [美]爱德华·W. 萨义德:《文化与帝国主义》,李琨译,生活·读书·新知三联书店 2003 年版,第 317—318 页。
② 同上,第 390 页。
③ 同上。

姆士（C. L. R. James）、聂鲁达（Pabol Neruda）、泰戈尔（R. Tagore）、法侬、卡布拉尔（Amilcar Cabral）等人为例。他由此认为，对于民族文化的态度也应该具有阶段性的不同。这又与法侬关于民族文化发展的三阶段说——辨析地吸收西方文化、有所醒悟地探索自己的文化传统、彻底觉醒并投入民族解放运动——如出一辙。

再次，萨义德十分推崇法侬关于抵抗之后必须继之以解放的观点。在《文化与帝国主义》一书中，法侬主要是作为抵抗和解放哲学的代表出现的。萨义德说："我之所以时常引用法侬，是因为我认为他比任何人都更强烈、更坚决地表述了从民族主义地理领域到解放领域理论的巨大文化转变。"① 对于法侬所预见的独立后民族主义精英有可能会坠入欧洲人的叙述话语模式，从而蜕变为他们"帝国主义主人的应声虫"的情况，萨义德也给予了充分认可。他说："法侬在他《被毁灭的大地》一书中的'民族主义意识的陷阱'一章中预见了事态的这一变化。他的观点是，如果民族意识在其成功的时刻不以某种方式转变为社会意识，它的前途将不是解放，而是帝国主义的扩展。……必须把斗争提高到一个新的水平，一个由解放斗争为代表的综合体。"② 萨义德进而很肯定地指出，法侬这本最后著作（发表于1961年他死后不久几个月）的成就是，它表现了你死我活斗争中的殖民主义与民族主义，然后描述了一个独立运动的诞生，最后把这个运动变成一种超个人的、超民族的力量，强有力地解构了帝国主义文化及其民族主义敌人。③ 此外，萨义德在分析叶芝时，认为法侬也代表了与叶芝的民族主义话语相对立的解放话语。他指出："法侬和叶芝的区别是，法侬的关于反帝非殖民化理论的也许是形而上学的叙述，从头到尾充满了解放的音响和变奏：远远超出了殖民地被动的抵御。……法侬的话语是期待着胜利和解放的话语，标志着非殖民化第二种时刻的话语。"④

---

① ［美］爱德华·W. 萨义德：《文化与帝国主义》，李琨译，生活·读书·新知三联书店2003年版，第382页。
② 同上。
③ 同上，第384—385页。
④ 同上，第333—334页。

最后，法侬对于民族知识分子使命的分析也启发了萨义德的知识分子观。萨义德在《知识分子论》中讨论知识分子的民族性时，借鉴了法侬关于民族知识分子使命的观点。他认为，诚如法侬分析阿尔及利亚对抗法国的解放战争最激烈时期（1954—1962年）的情况时所指出的，民族知识分子"只是同声附和政党及领袖所体现的反殖民民族主义是不够的"①。根据法侬的说法，"当地知识分子的目标不能只是以当地警察取代白人警察，而是要创造新灵魂（the invention of new souls）……换言之，虽然在民族存亡的紧要关头，知识分子为了确保社群生存的所作所为具有无可估量的价值，但忠于团体的生存之战并不能因而使得知识分子失去其批判意识或减低批判意识的必要性，因为这些都该超越生存的问题，而达到政治解放的层次，批判领导阶级，提供另类选择（这些另类选择在身边的主要战事中，经常被视为无关而被边缘化或置于不顾）"②。萨义德所坚持的知识分子应该秉持独立判断及道德良知从而保持批判意识的观点与法侬的这种看法是一致的。可见，法侬的见解对于萨义德形成自己的知识分子观也起到了一定的作用。

由上可知，萨义德对法侬的反殖民理论是相当推崇的。尽管如此，他对法侬的看法也并不总是赞成性的，还存在些许不满。他认为法侬所称的由民族意识转化、转型为政治和社会意识的情形尚未发生，并指出那个未完成的计划正是他自己批评事业的起点。可见，萨义德有意继续努力，以促成法侬未竟之功。

---

① ［美］爱德华·W.萨义德：《知识分子论》，单德兴译，生活·读书·新知三联书店2002年版，第38页。
② 同上，第39页。

第三章　萨义德的"世俗批评"理论

　　萨义德后殖民文化理论的主要内容包括"世俗批评"理论、东西方文化关系理论和知识分子理论，其内在逻辑关系是："世俗批评"理论构成了分析基础，知识分子理论中所包含的对真理、正义、自由的热爱与追求是其真正的价值旨归，而作为核心内容的东西方文化关系理论，既是对"世俗批评"理论的大型演练，又是对知识分子理论的深刻践行。本章将着重阐述其"世俗批评"理论。萨义德"世俗批评"理论的主要价值在于，它对学术性的文本实践与权力关系之间紧密联系的揭示实际上构成了萨义德批判东方主义话语、揭示文化与帝国主义共谋关系、思辨知识分子社会责任的理论分析基础。

一、何谓"世俗批评"

　　"世俗批评"是萨义德后殖民文化理论中一个非常重要的概念。然而，究竟何谓萨义德所说的"世俗批评"？我们要想获得一个较为正确的理解，就必须首先对这一概念的提出加以考察。事实上，萨义德之所以明确提出"世俗批评"这一概念，主要是针对当代理论界特别是文学理论界存在的种种脱离现实世界的问题和现象的。他在《世界·文本·批评家》一书的绪论"世俗批评"中对其进行了严肃的批评。

萨义德首先批评了文学和人文学科的过度专业化分割倾向。他指出，当前所实行的文学批评，摘其要者有四种类型：一是实用批评（可见于图书评论和文学报章杂志）；二是学院式文学史（是继19世纪像经典研究、语文文献学和文化史这些专门研究之后产生的）；三是文学鉴赏与阐释（主要是学院式的，但与前两者不同的是，它并不局限于专业人士和常在报刊上发表文章的作者）；四是文学理论（一门比较新颖的学科）。然而现在，批评的普遍状况是：在这四种类型中，无论哪一种都代表着各自的专门化（specialization）和非常精确的智识劳动分工。加之人们普遍认为，文学和人文学科一般来说都存在于文化当中，而文化又由于它们受到尊崇并得到确认，于是出现了一种对专业专门技能的崇拜，而它产生的影响一般来说都是有害的。对于知识分子阶层来说，专门技能往往是为社会中央权威奉献或出售的某种服务。萨义德认为这就是朱利安·班达（Julian Banda）在20世纪20年代所说的文人的背叛。在萨义德看来，文学批评家和人文学者也是这样，所不同的是他们的专门技能以对维科堂而皇之地称为各民族的世界的"不干预"（noninterference）为基础。因此，萨义德对学生和广大普通读者说："即便是我们自己对于一切这些事物发生于其中的历史的和社会的世界表现出沉默（也许是无能为力），我们仍然为古典作品、人文教育的美德和文学的可贵愉悦进行辩护。"① 而他之所以批评文学和人文学科的过度专业化分割倾向，目的是为了指出："在由专业的人文学者和文学批评家所灌输的那种版本的文化中，获得许可的高雅文化（high culture）的实践，相对于严肃的社会政治关注来说却是处于边缘的。"②

萨义德进而谴责了当代美国批评中脱离历史的自足文本观。在《世俗批评》一文中，他愤然指出了当今美国学术实践中的如此情景："文学理论在很大程度上都把文本性从背景、事件和实体意义（physical senses）中分离出来，而这些又是从文本性作为人类活动的结果而成其为可能并使之

---

① [美]爱德华·W. 萨义德：《世界·文本·批评家》，李自修译，生活·读书·新知三联书店2009年版，第3页。
② 同上，第2页。

清晰起来的。"① 萨义德继而严厉指出："这样说也并不过分，即美国甚至是欧洲文学理论现在都毫不含糊地接受了不干预原则（the principle of non-interference），而且它（借用阿尔都塞的说法）挪用其论题的特殊方式，并不是挪用现世性的（worldly）、境况性的（circumstantial），或者是受到社会污染的（socially contaminated）任何东西。从某种程度上说，'文本性'就是文学理论的一种神秘的、洗净了的（disinfected）论题。"② 他由此认为，20世纪70年代末的美国文化理论已经从一个跨越专门化界线的大胆干预主义运动，又退回到了脱离历史的"文本性的迷宫"之中，公然接受了所谓的"不干预原则"，结果使文本性成了文学理论中某种神秘的、未被玷污的主要内容。因此，文本性就变成了可以称之为历史的对立（antithesis）和地位置换（displacement）了。文本性被认为是生发出来的，但出于同样的原因，它却不是生发于任何特定地点或时间的。它是被生产出来的，然而又不是由任何人，在任何时间把它生产出来的。它可以被阅读、被阐释，但阅读和阐释通常都被理解成是以误读和误解的形式进行的。在萨义德看来，无论是左翼的还是右翼的文学理论，都已经背离了文本的历史性和社会性。他认为当代美国批评"产生出了一种矫揉造作的套语"，这种套语令人生畏的错综复杂又模糊了社会现实，这尽管看起来十分奇怪，却助长了一种"优雅方式"的学术研究，一种在美国权力日渐衰落时代远离日常生活的学术研究③。萨义德认为更为严重的问题是："左翼文学研究，不但远远没有产生挑战或者修正主流价值、体制和界定的著述，而实际上却在肯定它们方面走得很远。"④

此外，萨义德还指出了当代批评与种族中心论的结盟及其结果。他认为，迷失在文本性"深不可测的"因素中的大部分当代批评，像当下所实行的以及他所论述的那样，是学院式的事物，是大半都远离了困扰着每天

---

① ［美］爱德华·W. 萨义德：《世界·文本·批评家》，李自修译，生活·读书·新知三联书店2009年版，第6页。
② 同上，第5—6页。
③ 同上，第7页。
④ 同上，第299页。

看报的读者的问题。但萨义德又令人吃惊地指出,以一种麻木不仁的方式成为无现世性的当代批评话语已经达到了这样一个阶段:"专门化和专业化(professionalization),由于与文化教条,与露骨地被理想化了的种族中心论和民族主义,以及一种匪夷所思的、坚持不懈的准宗教的无为主义(quietism)结成了同盟,将专业的和学院式的文学批评家——最令人瞩目的、训练有素的那种文化所生产出来的文本阐释者——统统放逐到另一个世界里去。那个相对来说杳无人迹的隐蔽世界,仿佛与充满事件和社团的世界没有了任何联系,事实上,这个世界又是现代历史、知识分子和批评家所建立起来的。"① 在他看来,当代批评甚至是一个公开肯定我们的、也就是欧洲的优势精英文化价值观的体制,并且是一个秘密引发对于被事先界定为无穷无尽的误释(misinterpretation)之误读领域进行无休止释义的体制。"其结果除了作为现代工业社会的这些权力所从事的事务:黩武主义霸权和一场新的冷战、公民的非政治化(depoliticization)、批评家所从属的知识分子阶级的全面顺从等等的装饰品以外,便是那种受到调节的批评的细枝末节,更不用说是有计划的细枝末节了。"②

由上可知,萨义德所谓的"世俗批评",是一种超越实用批评、文学史、文学鉴赏和诠释以及文学理论这四种在他看来在智性上不再能很有效地发挥作用的传统批评的形式。它所针对的主要是西方批评界盛行的自足文本观,即把文本与外界分离开来的各种理论。萨义德把这些理论统称为"宗教批评",而他的"世俗批评"则是与之相对立的一个概念。作为萨义德著述中的一个重要概念,"世俗批评"经常与现世性的(worldly)、在世的(to be in the world)、现世性(worldliness)和境况性(circumstantiality)等语词并用,认为应该在具体的政治历史情境中解读作品。同时,"世俗批评"作为一种独特的批评形式,其特点还在于它不仅强调批评与社会、政治和历史的联系以及批评家的批评意识,而且重视一种旨在挑战现状并激发社会变革的"对抗性"知识。因此,"世俗批评"也意味着"反对的

---

① [美]爱德华·W.萨义德:《世界·文本·批评家》,李自修译,生活·读书·新知三联书店2009年版,第40—41页。
② 同上,第41页。

批评",其任务是挑战并改变公认的观念、确立的体制、可以质疑的价值观。

二、文本的"现世性"与批评的"世俗性"

从萨义德的著述中我们能够清楚地认识到,他所谓的文本"现世性"指的是文本与世界之间"在构成上的相互作用",包括如下两个相辅相成的方面。

一是世界对文本的制约。在萨义德看来,文本总是处于一定的时空关系中,受到政治、法律、经济等社会内容的制约。早在《开始:意图与方法》一书中,他就指出,不仅文本的存在方式总是受到环境、时间、地点的约束,实际文本的形成也必然受到各种历史和意识形态氛围的影响,社会的文化政治宗教力量是文本难以逃脱的先在网络。萨义德认为,任何时代和具体环境中,都会有制约着本时代和环境的知识和认知方式的那些历史先在性,它们构成了决定着人们可以说什么和不可以说什么的结构关系,文本必须在这种结构关系中确定自己的位置,并且只有通过引起世界的注意才能成为自身的存在。他从不同的方面,以不同的作家作品为例,一再揭示文本的历史性以及与物质世界不可分割的联系。在《世界·文本·批评家》一文中,萨义德指出:"文本和世界之间或者文本和言语之间的对立是站不住脚的。即使文本仍然被视为一种被无声地印刷出来的客体,有它自己的无声的乐曲,但仍然有太多例外,太多历史的、意识形态的和形式的境况,在真实性上依然会对文本产生影响。"① 他通过对杰拉尔德·曼利·霍普金斯(Gerard Manley Hopkins)、奥斯卡·王尔德(Oscar Wilde)和约瑟夫·康拉德(Joseph Conrad)三位英国诗人、作家的批评和创作实践进行研究,发现文学作品尤其是小说都有其特殊的"境况性现实",而文本是一种"包括言说者和听众在内的话语情境所支持的";并认

---

① [美]爱德华·W. 萨义德:《世界·文本·批评家》,李自修译,生活·读书·新知三联书店2009年版,第80—81页。

为乔纳森·斯威夫特（Jonathan Swift）的作品是在一个特殊场合的激励下写成的，作品的写作、出版和传播都是事件，它们又导致其他事件的发生。萨义德由此更加相信，文本没有清晰可辨的外围界限，因而纯粹的文本性并不存在，于是便一再引入"情境"（situation）、"境况"（circumstance）和"现世性"（worldliness）等观念，重新建立文本与历史、社会和人类活动的关联。总之，他认为，一个文本，就其成为一个文本的实际过程而言，是世界中的一种存在物；也就是说，它具有物质的在场，一种文化和社会的历史，一种政治甚至经济的性质，同时与其他文本还有多种隐含的联系。萨义德也在著述中明确表达了自己的看法，即："文本是现世性的，从某种程度上说是事件，而且即便是在文本似乎否认这一点时，仍然是它们在其中被发现并得到释义的社会世态、人类生活和历史各阶段（moments）的一部分。"① "文本拥有存在的方式，即使以最精致化的形式出现，也总是羁绊于境况、时间、空间和社会之中——简言之，它们是在世的，因而是现世性的。不论文本是否保存或搁置了一段时间，不论它是否放在图书馆书架上，它是否被认为是危险的：这些问题都与文本是在世的有关。"②

二是文本对世界的建构。在充分肯定了世界对文本所起制约作用的基础上，萨义德反过来又进一步指出了文本的能动性，即文本的存在既是理论的，又是实践的，它作为物质存在参与了世界。文本一旦脱离作者成为实际的文本就会作为世界上的一个存在而对世界产生影响，并为世界利益而再生产。他指出："从本质上说，所有文本都排斥其他文本，或者更为经常地取代别的事物。正像尼采所敏锐观察到的那样，从根本上说，文本是权力的事实，不是民主交流的事实。"③ 因此，"语词和文本是如此地在世的，以至于它们的效果、在某些情况下它们的运用，也都是同所有权、权威、权力以及力量的强制有关的问题"④。萨义德由此认为："文本，不

---

① ［美］爱德华·W. 萨义德：《世界·文本·批评家》，李自修译，生活·读书·新知三联书店2009年版，第7页。
② 同上，第56页。
③ 同上，第73—74页。
④ 同上，第78页。

是一个沉默理想（ideality）的事实，而是一个生产（production）的事实，它借以形成并得到维系的诸力量的和谐，甚至驱散了修辞对立的对称关系。"① 在《世界·文本·批评家》一书中，他使用文化一词来指涉"一种环境、过程和霸权（hegemony）"，并认为"（处于其私人境况中的）个人及其著述就铭刻在其中，同时又在上方受到上层建筑，在基础上受到整整一个系列的方法论观点的监视"②。事实上，萨义德所谓的宏观文化结构，作为社会的、政治的和历史的意指系统的实体，正是由诸多微观个人及其具体文本所建构起来的，而这种文化反过来又制约着新的文本的生产。在他看来，首先，文化并不是仅仅用来标志一个人所从属的某种事物，而是他所拥有的某种事物，而在拥有的过程中，文化也指称一种边界（boundary），凭着这一边界，外在于或内在于文化的诸概念起到了强有力的作用；其次，文化作为占有所有物（possession）的这种观念，还具有更引人入胜的一种维度，那就是，文化还依靠它的崇高或优越地位而拥有赋予权威、主导、使之合法化、贬谪、限制并确认的权力。简言之，即文化充当它领地内外的强烈分化（differentiation）的施动者，抑或是主要中介的权力。③ 因此，"文化常常与有关国家、家园、共同体和归属的一种盛气凌人的含义相关联"④。正是从这样的文化观念出发，萨义德对19世纪的欧洲思想史提出了自己的看法，即："整个19世纪的欧洲思想史，都充满了这样一些在适合于我们的东西与适合于他们的东西之间的区隔，前者称为内部的、适得其所的、共有的、有所归属的，一句话，即高贵的（above），后者称为外部的、受排斥的、异常的、卑劣的，一句话，即低贱的（below）。而由文化赋予其霸权的这些区分，是任何人都无法从中摆脱出来的，即便是马克思也无法摆脱出来——读一读他的有关印度和东方的文

---

① ［美］爱德华·W.萨义德：《世界·文本·批评家》，李自修译，生活·读书·新知三联书店2009年版，第81页。
② 同上，第13页。
③ 同上，第14页。
④ 同上，第19页。

章,就会立刻揭示出这一点来。"① 他于是指出,事实上,在这个由媒体产生观点的时代,文化唤起人们注意到它自身就是优胜者这种意识形态上的坚持(insistence),已经让位于这样一种文化:它的准则和标准也从变为"自然的"、"客观的"和"真实的"的程度上说,让人无法察觉得到了②。

对文本的"现世性"理解决定了萨义德对批评的"世俗性"理解。文本与世界之间的相互作用关系也决定了批评与世界之间的相互作用关系。萨义德认为:"批评家不仅仅是炼丹术式的文本翻译者,仅仅把文本转变成境况性现实或者现世性;因为他们既受境况的制约,又是境况的创造者,无论批评家的方法拥有什么样的主体性(subjectivity),这些境况都能够让人们认识得到。"③ 在他看来,批评家的批评不仅要重申文本与现实世界的联系,而且还要意识到批评活动本身与它们在其中产生的社会、机构和生活的相互联系。因此,对文本"现世性"的两方面理解,决定了萨义德的"世俗批评"同样对批评家提出了两方面的要求。

一方面,"世界对文本的制约"要求"世俗批评"应当重视对文本与人类生活、政治、社会和事件之间存在真实(existential actualities)关联的重新肯定。他列举了雷蒙德·施瓦布(Raymond Schwab)、福柯、沃尔特·杰克森·贝特(Walter Jackson Bate)和哈罗德·布鲁姆(Harold Bloom)等人,来说明批评的这样一种应该得到认真对待的可能趋向,即对文本以一种更加情境性的(situated)、更加境况性的(显然是指"现世性的"和"历史性的"),但又同样在理论上是自觉的方式进行研究。因为文本是由人类在时间之内并在社会之中所生产出来的,人类本身又是他们实际历史的中介者,以及颇有几分独立性的历史参与者。萨义德通过分析指出,福柯、布鲁姆和贝特三人共同的地方,在于他们的著作是关于而且也的确就是文本的在世的情境。福柯的世界,自然是文化的世界,而且是他所说的"规训";布鲁姆和贝特的世界,则是艺术的世界。这几乎等

---

① [美] 爱德华·W. 萨义德:《世界·文本·批评家》,李自修译,生活·读书·新知三联书店2009年版,第21—22页。
② [美] 同上,第5页。
③ 同上,第56页。

于说，批评总是在世的，而且存在于无论什么世界①。

另一方面，"文本对世界的建构"要求"世俗批评"应当重视自身的创造性以反抗文本及其所建构的文化的体制性力量。然而，令萨义德担忧的是，"迷失在文本性'深不可测的'因素中的大部分当代批评，对于广泛地基于福柯意义上的文化规训这种权力的文本性那令人难忘的基本权威而言，似乎完全视而不见"②。因此，萨义德反对将批评说成是从过去开始的"过时"的事情，他认为，尽管从构成上说，批评后于它必须处理的文本和场合，似乎是从过去开始的，而不是由现在所启动的，但是，"如果我们反而假定，文本构成了福柯所谓的档案事实，而这种档案又被界定为文本在世界上社会话语的在场，那么，批评也就是现在（present）的另外一个方面了。换句话说，批评与其说是被无声的过去所界定，并由过去命令它在现在言说，毋宁说批评是其阐述过程中的现在，是其努力争取界定中的现在"③。萨义德更直率地指出，由于"文本是由占统治地位的文化，以牺牲它的种种构成成分的某些人类因素为代价，体制化了的力量体系"，批评家"在某种程度上应该清晰地发出那些被文本的文本性所主导和取代或者使之岑寂了的声音"，而且更加经常的则是，"批评家的态度还应该坦诚而富有创造力（inventive），即在维科卓有成效地使用创造性一词的传统修辞意义上的创造力。它指的是发现和揭示不然就会隐藏在虔诚、心不在焉或者常规程序下面的事物"④。

三、"世俗批评"之核心：批判意识

由于萨义德认为，世界上没有中性的或一尘不染的阅读，从某种程度上说，每个文本和每个读者都是一定理论立场的产物，即便这种立场是非

---

① [美]爱德华·W.萨义德：《世界·文本·批评家》，李自修译，生活·读书·新知三联书店2009年版，第271页。
② 同上，第397—398页。
③ 同上，第83页。
④ 同上，第86页。

常隐晦或无意识的。因此，批评同样是一个文本事件，是一个正在表述的现在，它更接近一个未完成的、无限趋于判断和评价的过程。他指出，批评家固然需要理论，但是更需要一种高于理论和驾驭理论的东西，那就是批判意识，即批评家必须在时空中把握文本，并从批评的角度认识到任何理论都无法"涵盖、阻隔、预言"本质上杂乱无章、无法驾驭的多元的历史情境，以免使理论落入意识形态的渊薮。更具体地说，萨义德所谓的批判意识是"一种空间的意义"，是"对于确定或定位理论之才能的一种量度"，是"对于诸情境间差异的认识"，也是"对于任何体系或理论都穷尽不了它源于斯用于斯的诸情境的一种认识"，而且最重要的还在于，"批判意识也是对于那种对理论的一种抵抗，对经由那些与之相冲突的具体经验，或者释义所引发的对它的各种反应的认识"。① 他更是清楚地表明自己的批判立场："思想史，且不用说政治运动，即犹过之而无不及地说明'批评面前团结一致'（solidarity before criticism）这一断言，就意味着批评的终结。我非常重视批评，从而相信即便是在某某人明白无误地站在一方反对某某人的论战中，也应该存在着批评，因为，如果存在着需要为之辩护的争端、问题、价值甚至于生命的话，就必须拥有一种批判意识。"② 从这样的角度出发，萨义德对批评家的责任也作出了深刻的总结："我甚至想说批评家的工作就是对理论提出抵抗，使它向着历史现实、向着人类需要和利益开放，彰显这些从释义领域之外或刚刚超出这领域的日常现实中汲取来的具体事例，而这一领域又必然由每一种理论事先标志出来，事后再由它确定界限的。"③

可见，居于"世俗批评"理论核心的批判意识并非一种自然存在物，而是一种自觉意识。因此，这里就有一个批判意识如何产生的问题，萨义德对此进行了非常深刻的分析。从他的表述中我们可以获得这样的认识，即批判意识的产生实际上与"处于敏感节点（nodal point）上的个体意识"

---

① ［美］爱德华·W. 萨义德：《世界·文本·批评家》，李自修译，生活·读书·新知三联书店2009年版，第423页。
② 同上，第46页。
③ 同上，第423—424页。

的存在和发挥作用密不可分。萨义德相信，虽然没有什么体系或理论能够穷尽它源于斯用于斯的各种情境中的一切，但个人的相对自由、行动意志始终存在。他指出："一方面，个体心智给人们留下了印象，充分意识到它自身所寓于其中的集体的整体、语境或情景。另一方面，也正是由于这种意识———一种现世性的自我定位，对于优势文化的一种敏感的回应——个体意识才并非仅只是那种文化之自然而然的、轻而易举的产物，而是在那种文化中的历史的和社会的参与者。而且，在由于原来仅有一致和归属的地方引进了境况和区分的那个方面，才产生了距离或者所谓的批评。"①在萨义德看来，批判意识就是实际社会领域以及这种意识寓于其内的本源实体的一部分，而绝不是对于或此或彼的逃避。为了说明批判意识怎样形成这个问题，他指出必须更加密切地关注位于批判意识中心的嫡属性和隶属性之间的合作，并由此引入了"嫡属性"（filiation）和"隶属性"（affiliation）两个概念。"如果说一种嫡属性关系是由天然纽带和天然权威形式——包括驯顺、惧怕、尊敬和天性冲突等等——维系在一起的话，这种新隶属性关系就把这些纽带转变成了看似超越个人的形式——诸如行会意识、共识、协调共治、职业礼让、阶级和优势文化霸权等等。嫡属性图式属于自然和'生命'领域，隶属性专一地属于文化和社会。"② 运用这两个概念，萨义德具体阐释了当代批判意识的产生。他所说的一切，都是从"嫡属性"和"隶属性"的语言共鸣所做的推断。从某种意义上，鉴于嫡属性通过由现代主义以复杂方式所产生的艺术和批评理论已经有所发展，嫡属性便产生出了隶属性。隶属性又变成了表征可在自然中见到的嫡属性过程的一种方式，虽然隶属性采取了得到确认的、非生物学的社会和文化的形式。于是，就有两种选择自荐给了当代批评家。第一个选择是："批评家能够而且也确实执行了使合法性从嫡属性向隶属性的转移；实际上身为产婆的批评家，是鼓励对于人文学科的尊崇，对于由这些人文学科所服侍的优势文化的尊崇的。这就保持了在对'我们'是天然的、相称的和合

---

① ［美］爱德华·W. 萨义德：《世界·文本·批评家》，李自修译，生活·读书·新知三联书店 2009 年版，第 24—25 页。
② 同上，第 32 页。

法的事物的狭小圈子里的关系，并因此排斥了非文学的、非欧洲维度，而最重要的是，排斥了在其中可以见到所有文学、所有文本的政治维度。"①第二个选择是："批评家应该认识到本能嫡属性和社会隶属性的区别，并表明隶属性怎样在某些时候再造出嫡属性，怎样在某些时候形成它自己的形式。"② 在萨义德看来，当代的批判意识，就处于由两个相互联系的吸引批评关注的权力所代表的诱惑之间。一个是批评家们（由于出生、民族、专业而）在嫡属性上与之紧密联系的文化；另一个是（由于社会的和政治的信念，经济的和历史的境况，自愿的努力和赋予意志的慎重而）在隶属性上所获得的一种方法或者体系③。因为他认为，处于文化和体系中间，就是接近于一个具体的现实，有关这一现实如果不仅仅是做出政治、道德和社会判断的话，就必须进行揭示和去神秘化（demystified）。④ 实际上，萨义德在这里已经清楚地回答了批评家在怎样的情形下才能获得批判意识的问题，即如果一个批评家并不完全被一种文化或体系同化的话，他就具有了对这种文化或体系进行评论或批评的可能性，也便获得了借以对社会进行思考的批评距离。

那么，这种批判意识的作用究竟何在呢？萨义德对此问题的看法同样借助于"嫡属性"和"隶属性"这两个概念。嫡属性联系在本质上指遗传关系，而隶属性联系则指一种文化上的认同过程。嫡属性联系的形式在传统社会中曾作为一种黏合的力量，而在当代复杂的社会文明中却越来越难维持，因而被隶属性联系这一形式所替代。萨义德认为，隶属性联系能使批评家摆脱一种狭隘的只关注嫡属性联系的文本观，使其不由自主地去探究文本产生的位置及其具体细节。因此，他具体地阐述了隶属性联系对于当代批评活动的重要性。首先，隶属性作为释义性原则，多多少少减轻了同构性和嫡属性的肤浅理论作用，这些理论创造了文本的同质性乌托邦式

---

① [美] 爱德华·W. 萨义德：《世界·文本·批评家》，李自修译，生活·读书·新知三联书店2009年版，第38页。
② 同上，第39页。
③ 同上，第39—40页。
④ 同上，第41—42页。

领地,这一领地仅只同其他文本连续地、天衣无缝地而且直接地关联着。相反,隶属性却是使文本能够维系其自身为文本的东西,而这又被一系列境况所涵纳,即:作者地位、历史阶段、出版条件、扩散和接受、所吸收的价值观、所假定的价值观、双方共同持有的不言而喻的假定的框架、推定的背景等等诸如此类的境况。其次,研究隶属性就是研究并再造文本和世界之间的联结,专门化和文学体制之间已经被完全抹去的联结。从某种程度上说,所有文本都是意志的行动,但没有进行深入研究的,则是文本在何种程度上得到了准许。因而,再造隶属性网络,就是使那些把文本系于社会、作者和文化的条索(strands)变成有形的并在实质上恢复它们。再次,隶属性把文本从它的孤立状态中释放出来,并使学者和批评家面对历史地再造和重构文本产生于其中的表现问题。这里,就是进行意向分析的所在,就是为了把一个文本置于与其他文本、阶级和体制处于同缘的、对话的或者对立的关系而做出努力的所在。① 萨义德关于隶属性对于当代批评活动重要性的上述说明实际上就是他对于批判意识作用的具体阐释。

---

① [美]爱德华·W.萨义德:《世界·文本·批评家》,李自修译,生活·读书·新知三联书店2009年版,第309页。

第四章 萨义德的东西方文化关系理论

萨义德对东西方文化关系问题的关注与研究，主要包括对东方学的批判与反思，对文化与帝国主义共谋关系的分析与揭示以及对文化抵抗模式的探讨与思考。我们把这些内容统称为东西方文化关系理论。

一、东方学批判

萨义德在《东方学》等著述中对作为文化力量一种具体运用的东方学①进行了系统的分析与批判，显示了西方文化霸权所具有的令人生畏的结构，对于我们理解西方文化的话语力量极其重要。因此，我们在这里将系统阐述他关于东方学研究的观点。

（一）东方学的含义：一种话语方式

萨义德主要赋予"东方学"（Orientalism）一词以下述三种含义。

---

① 在中国学界，"Orientalism"一词习惯上译为"东方主义"。而笔者较认同《东方学》中译本翻译者王宇根的看法，即认为由于该词三个方面的含义都是从作为学术研究学科的"东方学"中引申出来的，而汉语又无法用一个词囊括这三种含义，译文只能采取变通的方式。要么是将原文在学科意义上使用的"Orientalism"译为"东方学"，而将作为思维方式和话语方式的"Orientalism"译为"东方主义"；要么是对三者不加区分，将"Orientalism"通译为"东方学"或"东方主义"。这里采用的是后一种方式，将"Orientalism"通译为"东方学"。

第一，作为一种学术研究学科。萨义德说："最易于为人接受的是其作为学术研究的一个学科的含义；这一称谓的确仍然用于许多学术机构中。"① 在他看来，任何教授东方、书写东方或研究东方的人——不管是人类学家、社会学家、历史学家还是语言学家，无论面对的是具体的还是一般的问题——都是"东方学家"，他或她所从事的就是"东方学"。

第二，作为一种思维方式。萨义德认为："东方学是一种思维方式，在大部分时间里，'the Orient'（东方）是与'the Occident'（西方）相对而言的，东方学的思维方式即以二者之间这一本体论和认识论意义上的区分为基础。"② 在西方，有大量的作家，其中包括诗人、小说家、哲学家、政治理论家、经济学家以及帝国的行政官员，接受了这一东方/西方的区分，并将其作为建构与东方、东方的人民、习俗、"心性"（mind）和命运等有关的理论、诗歌、小说、社会分析和政治论说的出发点。这一意义层面上的东方学含义更加宽泛，可以容纳比如说埃斯库罗斯、雨果、但丁和马克思。

第三，作为一种权力话语方式。这一含义更多的是从历史和物质的角度进行界定的。萨义德指出："如果将18世纪晚期作为对其进行粗略界定的出发点，我们可以将东方学描述为通过做出与东方有关的陈述，对有关东方的观点进行权威裁断，对东方进行描述、教授、殖民、统治等方式来处理东方的一种机制：简言之，将东方学视为西方用以控制、重建和君临东方的一种方式。"③ 他运用福柯的话语理论来解释东方学，从而认为："如果不将东方学作为一种话语来考察的话，我们就不可能很好地理解这一具有庞大体系的学科，而在后启蒙（post-Enlightenment）时期，欧洲文化正是通过这一学科以政治的、社会学的、军事的、意识形态的、科学的以及想象的方式来处理——甚至创造——东方的。而且，由于东方学占据着如此权威的位置，我相信没有哪个书写、思考或实际影响东方的人可以

---

① ［美］爱德华·W. 萨义德：《东方学》，王宇根译，生活·读书·新知三联书店1999年版，第3页。
② 同上，第3—4页。
③ 同上，第4页。

不考虑东方学对其思想和行动的制约。简言之，正是由于东方学，东方过去不是（现在也不是）一个思想与行动的自由主体。"①

萨义德进一步指出，这三种意义上的东方学是相互联系在一起的。18世纪晚期以来，第一种和第二种意义上的东方学之间存在着明显的交合，并由此发展出来第三种意义上的东方学。东方学不管是作为一种思维方式，还是作为一种权力话语方式都是从作为一种学术研究学科的"东方学"中引申出来的。这种意义更多的是从历史和物质的角度进行界定的，将东方学理解为有关在西方建构下的东方的一套认知话语体系。很明显，作为西方关于东方的权力话语形式意义上的东方学才是萨义德真正所要关注的。所以他认为，"将东方学理解为一套具有限制或控制作用的观念比将其简单地理解为一种确实的学说要好"②。

（二）东方学的特征："东方化"东方

萨义德一再强调东方不是一个纯粹的、绝对的存在，东方是西方人的建构和"东方化"了的东方。他指出，"东方并非一种自然的存在。它不仅仅存在于自然之中，作为一个地理的和文化的实体，'东方'和'西方'这样的地方和地理区域都是人为建构起来的"③。"东方学不是欧洲对东方的纯粹虚构或奇想，而是一套被人为创造出来的理论和实践体系，蕴含着几个世代沉积下来的物质层面的内含。这一物质层面的积淀使作为与东方有关的知识体系的东方学成为一种得到普遍接受的过滤框架，东方即通过此框架进入西方的意识之中。"④ 东方学文本并未指出现实东方的真实性，东方学文本中的东方是"东方化"了的东方。因此，东方学的一个显著特征就是："东方化"东方。那么东方究竟是如何被西方"东方化"的？萨义德认为西方"东方化"东方是通过想象、表述、建构、妖魔化和类型化

---

① ［美］爱德华·W. 萨义德：《东方学》，王宇根译，生活·读书·新知三联书店1999年版，第4—5页。
② 同上，第52页。
③ 同上，第6页。
④ 同上，第9页。

而得以实现的。他说:"在与东方有关的知识体系中,东方与其说是一个地域空间,还不如说是一个被论说的主题,一组参照物,一个特征群,其来源似乎是一句引语,一个文本片段,或他人有关东方著作的一段引文,或以前的某种想象,或所有这些东西的结合。"① 具体而言,在哲学家、历史学家、百科全书编纂家和散文家的作品中,西方对东方的类型化主要表现为以生理—伦理分类形式出现的"作为命名的特征"的分类。比如,将人分成野蛮人和欧洲人,亚洲人,等等。生理和伦理特征或多或少地是呈对等分布的:美洲人是"红色的,易怒的,挺拔的",亚洲人是"黄色的,忧郁的,刻板的",非洲人是"黑色的,懒散的,马虎的"。② 总之,"东方化"把一些公式化的"东方"形象分离出来并使它们不再可信,如:万古不变的东方,性欲难填的阿拉伯人,"阴性的"异国情调,熙来攘往的集市,腐败的专制统治,不可思议的宗教狂热,等等。③

萨义德进而指出,"东方化"东方的过程还隐含着根深蒂固的种族优越和西方中心主义观念。在西方人眼中,东方人永远是被观看、被研究、被书写、被表述的对象,东方人无法也没有能力来表述自己,他们必须被别人表述,他们总是与欧洲等西方人相比处于绝对的劣势。④ 东方也被看做是欧洲物质文明与文化的一个内在组成部分。东方学作为一种话语方式在文化甚至意识形态的层面对此组成部分进行表述和表达,其在学术机制、词汇、意象、正统信念甚至殖民体制和殖民风格等方面都有着深厚的基础。东方学话语所用以表达的修辞方式或修辞策略虽然也将东方纳入同一个舞台之中,然而在展示东方的相异性时,这一舞台却是面向欧洲的,而且只面向欧洲,东方仅仅是西方的陪衬和配角。在欧洲人搭建的舞台上,东方人最多只能跑跑龙套。结果是,东方人被东方学话语典型地制作

---

① [美]爱德华·W. 萨义德:《东方学》,王宇根译,生活·读书·新知三联书店1999年版,第229页。
② 同上,第155页。
③ 参见[美]詹姆斯·克利福德:《论东方主义》,见罗钢、刘象愚主编:《后殖民主义文化理论》,中国社会科学出版社1999年版,第24页。
④ 参见张其学:《后殖民主义语境中的东方社会》,中国社会科学出版社2008年版,第86—90页。

成暴虐、淫荡、女性化、非理性、堕落、不文明、幼稚、不正常、没活力的形象。相反，欧洲人则被表现为民主、贞洁、男性化、有理性、上进、讲道德、成熟、正常、有活力的形象。① 在萨义德看来，之所以是西方人观看、建构和书写东方，东方人的世界之所以能为人所理解，并非由于东方人自身的努力，而正是因为西方有这么一整套有效的话语操作机制。西方人发现自己具有包容东方和"东方化"东方的能力。因此，东方在被"东方化"的过程中不仅成为了东方学家的领地，而且最为重要的是成为了西方的势力范围和利益领地。

（三）东方学的兴起：四个因素

萨义德在《东方学》中详细阐释了现代东方学兴起的四个因素：扩张，历史比较，内在认同，分类，并认为现代东方学特定的知识结构与体制结构即以18世纪欧洲文化中所出现的这些世俗化因素为基础。

第一个因素是扩张。萨义德认为现代东方极大地扩展到伊斯兰地域之外，"这一量的变化在很大程度上是欧洲在世界其他部分不断进行探索和扩张的结果"②。从1492年哥伦布发现新大陆开始，西方对东方的殖民扩张就没有停止过。正是这种扩张使西方强国在东方的势力范围不断扩大，同时也使西方人视阈中的东方疆界不断扩展。旅行文学、空想乌托邦、精神游记、科学报告日益扩大的影响使东方引起西方更广泛、更深入的关注。西方国家为了维护并扩大殖民扩张所带来的巨大利益的需要，使能够为帝国扩张辩护和服务的东方学的产生更加迫切。因此，东方学的兴起可以说就是西方在东方进行大规模扩张的必然结果。

第二个因素是历史比较。欧洲强国的扩张必然使欧洲接触其他社会，这种接触必然导致与其他历史的遭遇，其结果便出现了比较历史学。尽管18世纪的历史学家试图超越其文艺复兴时代的同行将东方执拗地视为敌人

---

① 参见［英］巴特·穆尔-吉尔伯特：《后殖民理论——语境 实践 政治》，陈仲丹译，南京大学出版社2001年版，第44页。
② ［美］爱德华·W. 萨义德：《东方学》，王宇根译，生活·读书·新知三联书店1999年版，第151页。

的看法，以某种不偏不倚的态度处理东方的特异性，并且试图直接处理东方的原始资料以帮助欧洲人更好地认识自己，但在与东方社会古老文明的比较中，欧洲国家和民族却发现了所谓的"欧洲经验"的有效性和优越性，这种对异国更具见识的态度不仅得到了旅行家和探险家们的支持，而且毫无疑问也得到了历史学家们的支持。

第三个因素是内在认同。萨义德说："通过内在认同（sympathetic identification）超越比较研究，超越其'从中国到秘鲁'式的全面洞察。这是18世纪所出现的为现代东方学铺平道路的第三方面的因素。……所有文化之间都存在着有机的、内在的联系，这些文化是被某种精神、天性、气氛或民族观念联结在一起的，局外人只有通过历史内在认同的方式才能进入某一特定文化。因此，赫尔德的《人类历史哲学论》全景式地展现了多种不同文化，每一文化对别的文化都充满敌意，要想进入这一文化，观察者必须放弃自己的偏见，而采取一种移情的方式。"① 他认为，正是深受赫尔德和其他历史学家平民论和多元论观念之影响，18世纪的西方人才可以穿破高耸于西方和伊斯兰世界之间的教条壁垒，发现东西方之间潜含的亲和性。也即意味着对于西方人来说，只有通过内在认同和情感认同才能窥得异邦文化之全貌。

第四个因素是分类。在萨义德看来，正是西方人对自然和人类进行分类的欲望为现代东方学建构铺平了道路。他发现在西方哲学家、历史学家、百科全书编纂家和散文家等的作品中，存在一种普遍的倾向，即夸大事物的总体特征、将大量庞杂的物体概约为易于处理、易于描述的少量类型。萨义德指出："当命名和派生的可能性得到进一步的改进，超出非犹太教的、神圣的民族这一范畴的界限之外时，对人所进行的分类得到系统的倍增；种族、肤色、来源、气质、性格和类型淹没了基督徒与非基督徒之间的区分。"② 当然，他并不认为这种世俗化的趋势就意味着从宗教角度对人类历史和命运所做的传统类型划分和那些"既存的范式"能够被简单

---

① ［美］爱德华·W. 萨义德：《东方学》，王宇根译，生活·读书·新知三联书店1999年版，第153页。
② 同上，第157页。

地抹除，事实上，现代东方学在被这些世俗化的框架重新建构的同时还保存着一种重构的宗教欲望。

（四）东方学的强化："文明冲突论"的出台

萨义德认为，东方学在当代仍然具有极强的"生命力"，并未随时代的变化而有所减弱。第二次世界大战特别是冷战结束以来，西方人对东方的妖魔化甚至呈愈演愈烈之势。他指出，由于英国和法国等欧洲国家在世界政治舞台上的强势地位已经为美国所取代，美国的东方学随之成为当代最有影响的东方学，然而其遵循的也是"帝国主义欧洲诸强的范例"。萨义德特别以哈佛大学教授塞缪尔·亨廷顿的"文明冲讨论"为例来说明东方学在当代的强化。

亨廷顿认为，全世界的文明（文化）可以化约为"八大文明"，即中华文明、日本文明、印度文明、伊斯兰文明、西方文明、斯拉夫—东正教文明、拉丁美洲文明和非洲文明。他的核心观点是：在冷战结束后的世界中，国家日益根据文明来确定自己的利益；他们同与自己具有共同根源或共同文化的国家合作或结盟，并常常同具有不同文化的国家发生冲突；冷战后主导人类冲突的主要根源不再是意识形态或经济因素，而是文化的差异。萨义德认为，亨廷顿的观点其实是一个根本无法使人信服的假说，因为所谓"文明的冲突"的前提是：西方文明、儒家文明和伊斯兰文明——其他文明也一样——就像一堵堵不透水的墙，其支持者们从天性上说会竭尽全力将所有与自己相异质的文明排斥在外。而这一前提在萨义德看来是荒谬的，因为现代文化理论的重大进展之一是普遍认识到文化是杂生的、多样的，各种文化和文明相互联系、相互依赖，任何对其进行一元化或简单化描述的企图都注定要落空。"任何试图将世界上的文化和民族强行分割成相互独立的血统或本质的做法，都不仅会歪曲随后对这些文化和民族的表述，而且会暴露出其试图将权力加入到理解之中以生产出像

'东方'或'西方'这类类型化的概念的用心。"① 这正是《东方学》所隐含的信息之一，它对亨廷顿的批评切中了"文明冲突论"的要害，这种对世界文明所做出的类型划分无疑沿袭了存在于西方人头脑中的根深蒂固的传统东方主义观念。而就其背后有美国推行霸权主义的政策意义而言，"文明冲突论"绝不是一种纯粹的学术性理论，它在诸多方面与东方主义的观点都是一脉相承的，具有极强的政治性和意识形态性，完全可以说是东方主义在当代的强化表现。②

（五）东方学的实质：一种霸权意识形态

在萨义德看来，作为一门学科的东方学只是表面现象，而作为一种霸权意识形态的东方学才是其内在本质，这首先从词源学的角度就能够体现出来。"Orientalism"的词尾是"-ism"而不是"-logy"，就使其与任何其他学科区别开来，表明东方学不仅仅是一门学科，它还具有"学科"之外的意识形态含义。③

萨义德认为，东方学话语所创造的有关东方的知识，有助于强化西方对东方的权力意志，从而建构一个受到西方支配并对西方唯命是从的"东方"以及"东方人"的形象。东方学的主要做法是，用二元对立的表述系统，对东西方各自的道德特征进行预先区分，然后再把这些特征打上本质化的标签，从而使东西方之间的差异根深蒂固。而二元对立的方法又是同西方中心主义的文化紧密联系在一起的。具体而言，在东方学话语中，东方被标以五花八门的消极特征：阴弱、专制、非理性、不道德、落后等等；相反，西方则总是被赋予积极的特征：阳刚、民主、理性、道德、进步等等。④ 因此他说："东方学归根到底是一种强加于东方之上的政治学

---

① ［美］爱德华·W. 萨义德：《东方学》，王宇根译，生活·读书·新知三联书店1999年版，第447页。
② 参见张其学：《后殖民主义语境中的东方社会》，中国社会科学出版社2008年版，第109—117页。
③ ［美］爱德华·W. 萨义德：《东方学》，王宇根译，生活·读书·新知三联书店1999年版，第63页。
④ 参见张跣：《赛义德后殖民理论研究》，复旦大学出版社2007年版，第64页。

说，因为与西方相比东方总处于弱势，于是人们就用其弱代替其异。"① 可见在东方学中，东方与西方从根本上而言是一种权力关系、支配与被支配的关系。这一点可以用东方学研究的兴起和帝国主义出现为例来进行最充分的解释。不仅东方学的产生与西方帝国主义殖民事业密切相关，而且也是西方的文化霸权赋予了东方学权力与生命力。

  在萨义德看来，东方学这种话语体系若不联系其背后的现实权力关系，就不能得到真实的理解。他反复申述的中心思想就是：话语的支配权力不是孤立的，而是与其他权力处于千丝万缕的联系中。萨义德由此揭示出，东方学不仅是一个文化的事实，而且是一个政治的事实。东方学有关东方的知识产生并存在于各种权力的交换之中，在一定程度上由政治权力、知识权力和道德权力的流通来决定。具体来说，东方学主要是与西方殖民主义和帝国主义紧密联系在一起的西方关于东方的话语形式，通过使东方成为西方属下的他者，从而达到西方对东方进行霸权统治的目的。也就是说，在东方学话语背后体现出来的东西方关系是一种权力关系，一种支配关系，一种不断变化的复杂的霸权关系。但是，萨义德并不认为东方学是帝国主义政治在学术中的露骨的直接反映，也不只是可恶的、统治东方的帝国主义的简单代表。为了说明这一点，萨义德引入了葛兰西的"文化霸权"概念。他指出，东方学就是这样一种"文化霸权"，它的影响并不透过暴力统治强加于人，而是透过葛兰西所谓的积极的"赞同"来实现的。② 萨义德指出："正是霸权，或者说文化霸权，赋予东方学以我一直在谈论的那种持久的耐力和力量。东方学与丹尼斯·赫依所说的欧洲观仅一纸之隔，这是一种将'我们'欧洲人与'那些'非欧洲人区分开来的集体观念；确实可以这么认为：欧洲文化的核心正是那种使这一文化在欧洲内和欧洲外都获得霸权地位的东西——认为欧洲民族和文化优越于所有非欧洲的民族和文化。此外，欧洲的东方观念本身也存在着霸权，这种观念不断重申欧洲比东方优越、比东方先进，这一霸权往往排除了更具独立意识

---

① ［美］爱德华·W. 萨义德：《东方学》，王宇根译，生活·读书·新知三联书店1999年版，第260页。
② 参见张跣：《赛义德后殖民理论研究》，复旦大学出版社2007年版，第66页。

和怀疑精神的思想家对此提出异议的可能性。"①

二、文化与帝国主义的共谋

揭示欧洲高雅文化与帝国主义事业本质上结成的"共谋"关系是萨义德后殖民文化理论的核心内容之一。他在《文化与帝国主义》等著作中，详细分析了文学作品特别是小说写作是如何参与到帝国主义事业中的。

(一) 共谋的二者："文化"与"帝国主义"

在着手具体分析"欧洲高雅文化"究竟是如何参与到帝国主义事业中来之前，萨义德首先解决了一个前提性问题，即对"文化"和"帝国主义"这两个基本概念进行自己角度的界定和交代。在《文化与帝国主义》一书中，我们可以看到，萨义德在全面吸收前人成果的基础上，赋予了二者新的含义。

何谓"文化"？萨义德主要是从人类学的角度来理解的。他在承认人类学关于文化是复杂生活整体的前提下，又对这个过于宽泛的定义做出了自己的限定。在《东方学》一书中，萨义德仅仅是比较笼统地强调了他所谓的"文化"的提法，而在《文化与帝国主义》一书的前言中，他明确指出："我所谓的文化，有两重意思。首先，它指的是描述、交流和表达的艺术等等活动。这些活动相对独立于经济、社会和政治领域。同时，它们通常以美学的形式而存在，主要目的之一是娱乐。当然，其中既有关于遥远的世界的传说，也有人种学、历史编纂学、哲学、社会学和文学史等等深奥学科的知识。……第二，如马修·阿诺德（Matthew Arnold）在19世纪60年代所说，文化这个概念很微妙地包含了一种使人美好、高尚的东西，每个社会中被认为是最优秀的因素。阿诺德认为，文化如果不能使一种现代的、具有侵害性、商业性和野蛮的城市生存状态消失的话，至少也

---

① ［美］爱德华·W. 萨义德：《东方学》，王宇根译，生活·读书·新知三联书店1999年版，第10页。

能使之减弱。一个人阅读莎士比亚和但丁,是为了获取人类优秀的遗产,也为了了解自己、同胞、社会和传统中最美好的东西。"① 第一重意思,即文化特指艺术的审美过程及艺术作品,可以解释萨义德在讨论文化与帝国主义的共谋关系时为什么会对小说、学术著作这些具体的文化形式格外关注;第二重意思,即文化作为一个社会的知识和思想精华的贮存库,萨义德认为,正是这种文化在作为民族同一性形成根源的同时,也造成了文化上的一定程度的排外主义,将"我们"的和"他们"的严格区分开来。他因此指出:"在第二种意义上来说,文化成为了一个舞台,各种政治的、意识形态的力量都在这个舞台上较量。文化不但不是一个文雅平静的领地,它甚至可以成为一个战场,各种力量在上面亮相,互相角逐。"② 文化一旦在某个时候被民族或国家利用,就不再温文尔雅,因为在一切以民族划分的文化中,都有一种想握有主权以实现统治或影响其他文化的愿望。萨义德举例说,美国、法国或印度的学生,在阅读其他经典著作之前要先阅读他们本民族的经典著作,因为人们期望他们能够在欣赏并不加批判地忠实于本民族与传统的同时,贬低其他的民族与传统,并与之斗争。

何谓"帝国主义"?萨义德明确指出:"'帝国主义'一词指的是统治遥远土地的宗主中心的实践、理论和态度。几乎永远伴随'帝国主义'而来的'殖民主义',意味着向边远土地上移民。如米歇尔·多伊尔(Michael Doyle)所说,'帝国是一种正式或非正式的关系。在这种关系中,一个国家控制另一个政治社会的有效的政治主权。这种控制可以通过强力、通过政治合作、通过经济、社会或文化依赖来取得。帝国主义不过是建立或保持帝国的政策和过程。'在我们这个时代,直接的控制已经基本结束;我们将要看到,帝国主义像过去一样,在具体的政治、意识形态、经济和社会活动中,也在一般的文化领域中继续存在。"③ 同时,在他看来,帝国主义和殖民主义都不是简单的积累和获得的行为,它们都为强烈的意识形

---

① [美]爱德华·W.萨义德:《文化与帝国主义》,李琨译,生活·读书·新知三联书店2003年版,前言第2—4页。
② 同上,前言第4页。
③ 同上,第9—10页。

态所支持和驱使。萨义德指出，这些意识形态的观念包括："某些领土和人民要求和需要被统治；还需要有与统治相关的知识形式：传统的19世纪帝国主义文化中存在着大量的诸如'劣等'或'臣属民族'、'臣民'、'依赖'、'扩张'和'权威'之类的字词和概念。"① 因此他认为，在巨大的西方帝国的扩张中，获利、再获利的希望显然是极其重要的，但除此以外帝国主义与殖民主义还有义务，一种不断循环与再循环的义务。"这种义务一方面要能使善良的男女接受遥远的领地及其人民应该被征服的观念，另一方面能补充宗主国的能量，以便使这些善良的人们认为，全面统治是统治附属的、低等的或不太先进的人的长期的、几乎是形而上的义务。"②

从对"文化"与"帝国主义"两个概念的界定和使用，我们可以看出，萨义德对帝国主义进行研究的着眼点既不仅仅是帝国建立和拓殖的历史，也不单是帝国主义的政治、经济方面，而主要是使帝国得以延续和巩固的与政治、经济纠缠不清的帝国主义的文化方面。同时，萨义德关注的也不仅仅是宗主国帝国主义者的单向行为，而是宗主国帝国主义者和殖民地，或前殖民地国家与人民的共同行为。③ 他说："帝国主义的一大功绩是把世界缩小了。虽然在这个过程中，把欧洲人和殖民地人民隔离是有欺骗性的，绝对不公正的，但是我们大多数人今天应该把帝国主义这一历史经验当做是属于大家的。因而，尽管这里充满了恐怖、流血和报复的痛苦，我们也应该把它看成与印度人和英国人、阿尔及利亚人和法国人、西方人和非洲人、亚洲人、拉丁美洲人以及澳大利亚人都有关。"④ 萨义德认为，帝国的持久性是由统治者与被统治者双方维持的。

---

① ［美］爱德华·W.萨义德：《文化与帝国主义》，李琨译，生活·读书·新知三联书店2003年版，第10页。
② 同上，第11页。
③ 参见张跣：《赛义德后殖民理论研究》，复旦大学出版社2007年版，第176页。
④ ［美］爱德华·W.萨义德：《文化与帝国主义》，李琨译，生活·读书·新知三联书店2003年版，前言第16页。

(二) 共谋的方式:"观念与参照结构"

文化究竟是以什么样的方式参与了欧洲在海外的扩张,支持、表现并巩固了帝国的实践,从而成为帝国主义的同谋的?萨义德特别引入了"观念与参照结构"(structure of attitude and reference)这个概念来说明文化与帝国主义实现共谋的过程。

萨义德的"观念与参照结构"借鉴了威廉姆斯的"感觉结构",因此要准确把握这一概念必须首先理解何为"感觉结构"。威廉姆斯用"感觉结构"来描述在英国或英语文化中的一定的社会团体、阶级、时代和时期不断变化的经验类型。尽管他承认感觉和结构的结合是矛盾的,却仍然认为,"感觉结构"更经常的是作为一种简单的个人情感性的经验类型,弥散于具体的生活当中并发挥作用的。因而,"感觉结构"是不能被简单地等同于诸如"世界观"和"意识形态"这样的系统化、理论化的东西的,但它们也是社会性的,是一种依然处于过程之中的社会经验。而通过赋予威廉姆斯的"感觉结构"以地缘和政治的维度,萨义德形成了他自己的"观念与参照结构"这一概念。他把"观念与参照结构"看做一种方式,通过这种方式,位置和地理指涉的结构出现在文学、历史或民族志的文化语言中,这一结构有时是无意暗含的,有时则是精心策划的,贯穿于既不相互联系,又不与帝国的官方意识形态相联系的个人作品之中。构成萨义德这一概念的两个要素是"经验"和"地理"。所谓的"观念与参照结构"显然也是一种经验类型,但不同于一般的经验类型,它是一种关于地理的指涉,具体地说就是关于帝国关系的特殊经验。作为一种经验类型,"观念与参照结构"是一种社会意识,是一种简单的、弥散于具体生活之中,并发挥作用的个人情感的经验类型。而作为一种关于帝国关系的特殊经验类型,"观念与参照结构"在一定程度上生产、复制,并进而扩展和加深了宗主国与殖民地之间的帝国关系。[①]

实际上,萨义德并未对"观念与参照结构"进行明确的界定,或做出

---

① 参见张跣:《赛义德后殖民理论研究》,复旦大学出版社2007年版,第178—180页。

一个理论性的解释。由于主要是以文学、尤其是小说这一世界性的具体的文化形式作为切入点来研究文化与帝国主义之间的共谋关系,萨义德便将这一概念放在它与19世纪英国小说的关系之中来加以说明。萨义德特别指出了这种缓慢而稳定的"观念与参照结构"在小说诠释中所产生的四种实际说明性后果。第一种,在文学史中,在通常被认为与帝国没有太大关系的早期的叙事和后来明显的关于帝国的那些叙事之间,通常可以看出一种有机的连续性。第二种,小说所参与的政治可以澄清、加强甚至偶尔促进对于英国和世界的认识的形成,在小说里,"远方的世界"一向都被看做只是附属的、被统治的,英国则被看做是起管理和规范作用的,小说代表并接受了力量上的差别。第三种,19世纪中叶的所有主要英国小说家都接受了全球化的世界观,小说家都把在国外拥有力量与特权和国内的类似活动串联在一起。第四种,必须坚持一个艺术作品的完整性,并且拒绝把单个作者的独特贡献压缩进一个普遍的主题思想,这时我们必须承认,把各个小说互相连接起来的结构,离开小说本身是不能存在的。① 这里"观念与参照结构"具体是指现代欧洲小说,尤其是英法美三国小说中大量存在描写地理空间、特别是海外世界的现象,而且小说家常把宗主国的发展、主人公的境遇变迁与海外或边缘某个地区联系在一起。萨义德认为,正是这种"观念与参照结构"把个别作品与官方的帝国主义意识形态联系了起来,同时也把个别作品结成一个整体。他指出,这些帝国空间的参照是与帝国态度(统治、占领、利益、强化、适者生存等)紧密联系在一起的,小说正是通过这一空间参照生产、传播帝国思想从而影响帝国历史的形成与发展的。因此可以说,"观念与参照结构"在小说中起了福柯意义上的话语的作用,从而将文化上的美学形式与帝国主义的权力紧密结合起来。

在萨义德看来,包括小说这种具体形式在内的文化正是通过生产和复制"观念与参照结构",以一种独特的潜移默化的方式,参与了帝国的实践,实现了与帝国主义的共谋。他指出,"观念与参照结构"是"以一切

---

① 参见[美]爱德华·W. 萨义德:《文化与帝国主义》,李琨译,生活·读书·新知三联书店2003年版,第102—105页。

方式、形式，在一切地方，甚至远在公认的帝国时代以前就普遍存在和发生影响的；它远非自在的和超然的，而是与历史中的世界紧密相连；它远非固定和纯粹的，而是混杂的；既充满了种族优越感，又充满了艺术的辉煌；既有技术上的权威，又有政治的权威；既把事情简单化，又有复杂的手法"①。因此，萨义德告诫我们：在当今时代，直接的控制已经基本结束，帝国主义像过去一样，在具体的政治、意识形态、经济和社会活动中，也在一般的文化领域中继续存在。殖民地反抗殖民主义的斗争从未间断，这迫使帝国主义不得不认识到，单凭大规模的军事入侵和赤裸裸的政治控制，已经很难达到其目的，只有通过文化刊物、旅行以及学术演讲等文化形式才能逐步赢得殖民地的人民，这也就使东西方的公开冲突转变为一种隐蔽的文化渗透与影响。

（三）共谋的实质："文化霸权主义"

萨义德既不满足于从霍布逊（J. A. Hobson）、罗莎·卢森堡（Rosa Luxemburg）和列宁这样的批评者在帝国主义最具侵略性的阶段所做的研究开始，将帝国主义主要归因于经济和界定不清的政治过程的一整套有系统的研究，也不欣赏约瑟夫·熊彼特（Joseph Schumpeter）这样比较激进的研究者。他明确指出，在帝国的扩张过程中，"文化起了很重要，甚至不可缺少的作用。在几十年的帝国扩张时期，欧洲文化中心有一种未被改变的欧洲中心主义。它积累了经验、领地、人民和历史；它研究它们，将它们分类并加以检验，如埃米尔·阿卜杜勒·卡德尔（Emir Abdel Kader）所说，它给予'欧洲商人'以'堂堂正正搞阴谋'的权力。但是，最重要的是，它使殖民地人民臣服了，其方式是，把他们排除在文化，甚至白种人的基督教欧洲观念之外，使他们失去自己的特征，只是作为低等生物而存在。必须把这种文化过程看做处在帝国物质中心的经济与政治机器的重要、有教益、有活力的伙伴。这种欧洲中心的文化无情地整理和观察非欧

---

① [美] 爱德华·W. 萨义德：《文化与帝国主义》，李琨译，生活·读书·新知三联书店2003年版，第156页。

洲的或边缘世界的每件事物，非常透彻、详细，几乎没有任何东西被它遗漏，也很少有文化没有被它研究，很少有人民和土地不被它占有"①。在萨义德看来，帝国主义毫无疑问受到了文化的支持和驱使，以致"关于文化的概念都是根据帝国主义的历史而得到澄清、加强、批评或摒弃的"②。他说："一切准备工作都是在文化中做的。反之，帝国主义又在文化中获得了一种协调一致，一套经验，还得到了统治者和被统治者。"③ 因此，"我们必须认真地、完整地看待那孕育了帝国的情绪、理论基础、尤其是想象力的文化。我们还必须努力弄清帝国思想意识的独霸性。至19世纪末，它已经完全嵌入了文化领域"④。可见，萨义德所揭示的文化与帝国主义的共谋，实质上就是"文化霸权主义"。

"文化霸权"概念来自于葛兰西。《狱中札记》提出，统治阶级主要通过两种方式进行统治，而葛兰西所谓的"文化霸权"主要是指以"同意"为特征的方式。萨义德之所以把自己学术研究的重心放在文化问题上，并对西方文化与帝国主义的共谋关系详加分析，事实上受到了葛兰西上述思想的影响和启发，并将其推广应用到对世界范围的东西方之间文化关系的思考中。萨义德自己也在《东方学》一书中充分肯定了葛兰西文化霸权观念对他的重要意义。依据葛兰西的文化霸权思想分析东西方关系，萨义德认为，欧洲文化的核心正是那种使这一文化在欧洲内和欧洲外都获得霸权地位的东西——认为欧洲民族和文化优越于所有非欧洲的民族和文化。萨义德进而提出了一个葛兰西式的问题，他说："我所关心的问题是，从欧洲推及全世界的这种走向帝国之举，尽管其最初的来源和动机或许晦涩不清，但它的想法与实践是怎样在19世纪后半叶，变成了一种持续、大规模的行为的？"⑤ 从文化的角度更明确地说，即英、法、美的民族文化怎样维持了对边缘地区的霸权；在它们的内部是怎样取得了一致，并为了对土著

---

① ［美］爱德华·W. 萨义德：《文化与帝国主义》，李琨译，生活·读书·新知三联书店2003年版，第315—316页。
② 同上，第10页。
③ 同上，第12页。
④ 同上，第14页。
⑤ 同上，第10页。

与遥远的领地的统治而不断将其巩固的。萨义德在《文化与帝国主义》一书中,主要以文学、尤其是小说这一世界性的具体的文化形式作为切入点进行分析并回答了这一问题。他认为小说作为文化的一种重要的美学形式,在帝国主义的霸权态度、霸权参照系以及霸权经验的形成中起着十分重要的作用。萨义德力图证明,"欧洲高雅文化"本质上一直与帝国主义事业结成一种如胶似漆的"共谋"关系。他指出:"文学时常表明,它以某种方式参与了欧洲在海外的扩张,因而制造出了威廉姆斯所说的'感觉结构'。这个'感觉结构'支持、表现和巩固了帝国的实践。"[1]

借助对小说这种文化的美学形式所进行的细致入微的分析,萨义德揭示出,文化与帝国主义的共谋关系实际上就是一种"文化霸权主义"。所谓"文化霸权主义",是指西方强势文化国家通过意识形态、生活方式、价值观念等的渗透,利用文化方式实现对东方弱势文化国家和民族的控制。它基于某种民族和种族优越感想当然地认为,世界上一切有意义、有价值的行动和生活源头都在西方,那些落后的、边远的国家和地区根本没有任何的历史、文化和生活可言,如果没有西方文化的引导和影响,它们所谓的独立和完整展现将是完全不可想象的,因为它们的心灵已经死亡,因此西方文化的代表可以随心所欲地把他们自己的奇特幻想和虚假仁慈强加到这些国家和民族及其民众身上。这种文化霸权不同于政治霸权、军事霸权和经济霸权之处就是其"非强制性",即它不以强夺他国领土或直接获得经济、政治利益为目的,而是以潜移默化的方式获取弱势方的头脑和灵魂,使之在不知不觉中自愿认同和接受强势方的一整套文化价值观念,自愿站在强势方的一边,并接受其统治和控制。萨义德通过剖析文化和帝国主义之间的关系所揭示出的这种文化霸权主义,引发了广大东西方学者的高度关注和热烈讨论。

---

[1] [美]爱德华·W. 萨义德:《文化与帝国主义》,李琨译,生活·读书·新知三联书店2003年版,第16页。

三、文化抵抗及其模式思考

萨义德深受福柯"哪里有权力,哪里就有抵抗"观点的影响,认为帝国主义的压迫和殖民地人民的抵抗斗争呈现一种辩证关系。事实上,对帝国主义的抵抗在帝国的范围内普遍存在。广大东方民族的非殖民化运动正是被西方殖民主义所唤醒和激励的,几乎在所有的亚洲、非洲等东方国家和地区,西方统治到头来都激起了某种形式的反抗,结果便是蔓延整个东方世界的、声势浩大的非殖民化运动。萨义德对此十分肯定,他说:"入侵的西方列强所到之处,迎接他们的决不是麻木不仁、任人宰割的原住民,而是以某种方式出现的此起彼伏的反抗,而且这种反抗在绝大多数情况下,无不以胜利告终。"① "我们在千差万别的后殖民世界里看到的是人们争先恐后地努力与西方世界进行平等的辩论。以此证明非欧洲世界的多样性和差异性,证明非欧洲世界的各种议程、首要任务和历史的真实性。证明这些的目的在于划定、重新解释和扩展与欧洲辩论的领域和斗争的层面。"②

如何才能彻底实现东方民族的非殖民化?萨义德诉诸于东方民族的文化抵抗,他把东方殖民地人民对西方殖民者的反抗分为两种:一种是"收复领土"的反抗,即"一线反抗";另一种是"意识形态反抗",即"二线反抗"。萨义德所关注的就是这后一种反抗,即文化抵抗。他认为,"收复疆域是非殖民化的核心所在;在收复地理疆域以前,须标明文化疆域,就像当时建立帝国时一样。""继'一线反抗',即实际反抗外来入侵时期以来,出现了二线反抗,即意识形态反抗时期,旨在努力重建一个'被粉碎的社会,挽救和恢复社会意识和社会存在,以抵制殖民制度的各种压力'。"③ 萨义德文化抵抗的目的就是要消解西方的话语霸权。由于西方人垄断了话语权,他们总是从自己的利益出发来看待一切,东方人必须展开

---

① 《赛义德自选集》,谢少波等译,中国社会科学出版社1999年版,第163页。
② 同上,第217页。
③ 同上,第267页。

一种旨在争夺这种话语权的文化抵抗斗争。① 萨义德在他的著述中为我们呈现出了三种相互联系的具体的文化抵抗模式:"混杂文化"模式、"对位解读"模式和"驶入的航程"模式。

(一)"混杂文化"模式

何谓"混杂文化"? 萨义德在《文化与帝国主义》一书中阐发了他自己关于"混杂文化"的观念。萨义德说:"用'传染'这个词似乎不太恰当。但是认为所有的文学,事实上所有的文化都是混杂的(用霍米·巴巴使用这个词的复杂含义),都是与未来成分的互相融合、交织和重叠——这种认识在我看来是对当前革命现实的最根本估计。在这个现实中,尘世的斗争内容激励着我们的阅读和写作。我们无法再把历史看做线性的或是黑格尔式的超然的;我们也不能再接受地理和领土上的前提,把大西洋看做中心,而把非西方地区看做天生的或有罪的边缘地区。如果关于'盎格鲁-撒克逊文学'或'世界文学'这样的定位有什么意义的话,那也是因为由于,它们的存在和现实状况正好可以证明它们作为文本和历史经验而产生的竞争和不断斗争的存在,还因为它们向以民族主义为基本的文学构成和研究理论发出了强大挑战;同时,也因为它们一向赋予西方宗主国文学的那种超然的地理和漠不关心的态度。""一旦我们承认了尽管存在着国家边界和强制性的国家自治,文学还是互相交叉、互相依赖的观点,历史和地理就被置于新的版图之上,流放再也不是那些不幸的、差不多被人遗忘的、没有人要的、被驱赶的人的命运了。相反,它成为了一种接近正常的状态,成为了越过边界,冲破传统标准的樊篱,去寻求新的疆域的行为,不管这种行为还伴随着多少失落和悲伤。新的不同的类型与旧的在互相碰撞。文学失去了永恒,接受了考证、修改和后殖民地时代的特征,如地下生活、奴隶的故事、妇女文学和监狱等。而文学的读者与作者也不再需要把自己绑在一个不变的,以民族来界定身份、阶级、性别和职

---

① 参见张其学:《后殖民主义语境中的东方社会》,中国社会科学出版社2008年版,第160—161页。

业的孤立的诗人或学者身上了。他们可以与巴勒斯坦或阿尔及利亚的热内、与伦敦的黑人塔义布·萨里赫（Tayib Salih）、与白人世界里的牙买加·金凯德（Jamaica Kincaid）和印度与英国的萨尔曼·拉什迪（Salman Rushdie）共同思想和体验。"①

　　从上述这段重要的阐释并结合萨义德在其他地方的论述来看，笔者认为他所谓的文化的"混杂性"主要包含具有因果关系的两层意思。作为原因的一层意思，是指文化与政治的复杂牵连和相互关系。从这个角度看，"混杂性"意味着文本的现世性，即文本与其所处历史时代的那些社会的和政治的因素相互交织在一起。萨义德说："文学是千变万化的。它们与环境和大大小小的政治联系在一起，这些都需要引起注意和评价。没有人能涉及所有的问题，正像没有一个理论能解释文本与社会之间的全部联系。然而阅读和写作文字从来不是中立的活动。不管一部作品只是如何具有美学价值，使人赏心悦目，它总是带出利益、权力、激情与欢愉的成分。媒体、政治经济和大众机构——总而言之，世俗的力量和国家的影响——都是我们所说的文学的一部分。"②他还强调说："我还是要不断地又简单又理想化地回到这样的观点上来：反对和减少强制性的统治，尝试着理性地、有分析地减轻现实的重负，将多种多样的文学作品放到互相关联中和历史的产物的地位来看待。"③作为结果的一层意思，是指世界范围内人类文化之间的杂交和相互依存。从这个角度看，"混杂性"意味着世界范围内不同文化图景之间通过互相影响、交换、合作、重组，甚至冲突互相交织在一起。一切文化都你中有我，我中有你，没有任何一种文化是孤立的和纯粹的，所有的文化都是杂交的，混成的，千差万别的。萨义德说："一切文化的历史都是文化借鉴的历史。文化不是不可渗透的。正像西方科学借鉴了阿拉伯人的科学一样，我们也借鉴了印度与希腊的科学。文化永远不只是拥有的问题、绝对的债务人与债权人之间的借与贷的问

---

① ［美］爱德华·W. 萨义德：《文化与帝国主义》，李琨译，生活·读书·新知三联书店2003年版，第451—452页。
② 同上，第452页。
③ 同上，第453—454页。

题，而且是不同文化间的共享、共同经验与相互依赖的问题。这是一个普遍的准则。"① "世界上的绝大部分令人震惊地互相依赖，在文化上、哲学上、人种上、甚至在想象中都没有被分清。"② 并且他认为，这部分地是由于帝国的关系造成的。这里可以看出，萨义德使用"混杂性"这个词主要是指在各个领域中殖民的和被殖民的文化之间的相互交错、重叠、扭结和纠缠。因此，"混杂性"也就必然包含着帝国的过去对异质性的影响，意味着对文化以及具体的文学作品同帝国的殖民历史的牵连关系的认识。③ 可见，萨义德所谓的文化"混杂性"的两层意思之间具有一定的因果关系。

萨义德关于"混杂文化"的观念决定了这种抵抗文化霸权的模式必然要超越民族主义。当然他所持有的并不是一种简单的反民族主义立场。萨义德首先很肯定地说："民族主义——恢复社区、辨明身份、新文化的出现——作为一种动员起来的力量激励起并推进非欧洲世界各地的反西方统治的斗争。这是历史的事实。反对这一事实就像否认牛顿发现引力一样徒劳。"④ 然后他明确地指出："但是，我的论点是，真正的民族主义反帝运动永远具备自我批评精神。"⑤ 在法侬思想的影响下，萨义德认为民族主义二元对立的本质主义思维方式与殖民主义完全一致，他说："抵抗帝国主义运动的大部分是在民族主义的广阔背景下进行的。'民族主义'这个词仍然包含着各种未加区分的东西，但是，它很适合我，帮助我辨认拥有共同历史、宗教和语言的人们反对外国占领的抵抗运动的动员力量。然而，尽管它获得了全部成功——而且正是由于它的成功——使许多领地摆脱了殖民主义老爷们，民族主义依然是个很成问题的事情。它能够使人民走上街头举行反对白人主人的游行；但民族主义又时常是部分地由构成殖民主

---

① [美]爱德华·W. 萨义德：《文化与帝国主义》，李琨译，生活·读书·新知三联书店 2003 年版，第 309 页。
② 同上，第 467 页。
③ 参见张跣：《赛义德后殖民理论研究》，复旦大学出版社 2007 年版，第 194—196 页。
④ [美]爱德华·W. 萨义德：《文化与帝国主义》，李琨译，生活·读书·新知三联书店 2003 年版，第 310 页。
⑤ 同上，第 312 页。

义国家并在某种程度上由殖民主义国家产生出来的律师、医生和作家所领导的。法侬很不安地谈到,民族资产阶级及其各个领域中的精英们事实上容易将殖民主义力量代之以另一个以阶级为基础的,并且最终成为有剥削性质的力量。这力量以新的名义重复旧的殖民主义结构。在整个前殖民地世界各地都有一些国家孕育了'力量的变态',艾克巴尔·阿赫玛德这样称呼它们。此外,民族主义的文化视野也可能致命地受到它所利用的殖民者与殖民地的共同历史的限制。帝国主义毕竟是一种合作的过程,其现代形式的一个突出的特点是,它是(或者声称是)一种教育运动。它十分有意识地表明要实行现代化、发展教育与文明。"① 可见萨义德认为,对于民族主义的态度应该具有阶段性的不同,民族主义只能是一个临时过渡的阶段,在独立之后如果仍然坚持狭隘的民族主义,无异于重复殖民主义的结构。他仅仅在反抗殖民压迫这一点上肯定民族主义的积极意义,并认为没有必要将本土主义作为反殖民民族主义的唯一出路,事实上坚持如"黑人性"、"伊斯兰至上"这样的本质主义概念,就是接受了帝国主义留给我们的殖民者/被殖民者、西方/东方对立的思维方式的遗产。② 萨义德十分支持法侬提出的从"民族意识"到"社会意识"的转变,他在书中把法侬的意思阐释为:"建立在身份主义(即民族主义意识)上面的各种需要必须被抛弃。新的、具有普遍性的集体——非洲人的、阿拉伯人的、伊斯兰教的——应该优先于个别的,从而在被帝国主义分裂为各个自治的部族、话语和文化的人民之间建立起横向的、非话语的关系。……解放是对自我的意识,'不是关起沟通的大门',而是一个走向真正的民族自我解放、走向大同的'永无休止的发现和激励过程'。"③

"混杂文化"观念及其超越民族主义的要求必然也与一种多元主义的文化观念联系在一起。在萨义德看来,多元文化既承认构成世界文化的各

---

① [美]爱德华·W. 萨义德:《文化与帝国主义》,李琨译,生活·读书·新知三联书店2003年版,第317—318页。
② Edward W. Said, *Culture and Imperialism*, Published by Vintage 1994, p.276.
③ [美]爱德华·W. 萨义德:《文化与帝国主义》,李琨译,生活·读书·新知三联书店2003年版,第390页。

文化间的相互影响，主张不同文化间的平等交流与合作，又反对对差异不加区分的笼统做法以及一切文化敌对与文化压制的行为。因此，他强调坚持文化的多元性、杂交性立场，并将其视为摆脱文化霸权的有效途径。萨义德主张打通东西方民族文化间的藩篱，实现东西方文化间的平等对话与和谐共生，他认为这一否定中心和权威的多元文化观可以起到消解西方文化霸权的作用。用萨义德自己的话说，这一多元文化景观不能依照交响乐的模式来构建，而应是"一个十二调式的结构"。

(二) "对位解读"模式

萨义德把他在《文化与帝国主义》一书中用来重新阐释19世纪和20世纪西方文学经典作品与帝国实践之间的方法称为"对位解读法"。对位解读的观念源于他对加拿大"鬼才"钢琴家格伦·古尔德（Glenn Gould）的敬慕，古尔德是一个展示对位表演艺术的典范人物。关于这一方法，萨义德在该书中有一系列比较详尽和明确的阐释，他说："当我们回顾文化遗产时，我们的重读不是单一的，而是对位的。我们同时既意识到这个遗产中所叙述的宗主国的历史，也意识到那些与占统治地位的话语抗衡（有时是合作）的其他历史。在西方古典音乐的多声部乐曲中，各个主题互相替代，只给予某一个主题以短暂的突出地位。在由此而产生的复调音乐中，有协奏与秩序，有组织的相互作用。它是一种来自主题，而不是来自作品之外的严格的旋律或形式上的原则。我认为，我们可以同样地阅读和解释英国小说。它们与西印度群岛或印度的关系（通常是大部分被压制了），是由殖民统治、抵抗，还有当地的民族主义的特殊历史所形成甚至决定的。在这种时候，不同的小说或叙述就出现了。而它们又成为体系之内的叙述方式了。"① "从实践的角度来讲，我所说的'对位法阅读'的意思是，例如，当一个作者说明，一个殖民者的甘蔗园对维持英国的一种特殊生活方式很重要时，意味着什么。对位法要弄懂这一点。此外，像一切

---

① ［美］爱德华·W. 萨义德：《文化与帝国主义》，李琨译，生活·读书·新知三联书店2003年版，第68页。

文化作品一样，这些作品不受它们正式的历史的开始与结束的限制。""我所强调的是，对位法阅读必须将两个过程都考虑到：帝国主义的和对它的抵抗。"①"在阅读一篇文字时，读者必须开放性地理解两种可能性：一个是写进文字的东西，另一个是被它的作者排除在外的东西。"②"把经验和文化结合起来当然就是将宗主国中心与边缘地带进行对位阅读，既不给'我们这一方'以'客观'的优待，也不给'他们那一方'以'主观'的压力。如解构主义学者所说，问题在于知道怎样阅读而不是使之与阅读什么相脱离：'文本本身不是结束。'如威廉姆斯曾经说过的，它们是注解与文化实践。文本，如博尔赫斯谈到卡夫卡时所说的那样，不仅创立了它们的先行者，而且还创造了它们的后继者。过去二百年丰富的帝国经验是全球性的、普遍的；它涉及地球的每一个角落，涉及殖民者与被殖民者。由于西方取得了世界统治权，由于它似乎已经带来了'历史的终结'，用弗朗西斯·福山（Francis Fukuyama）的说法，西方人认为他们的文化杰作、他们的学术、他们的话语世界是完整的、不可侵犯的；世界上其他的人站在我们的窗前祈求注意。可是，我认为，去掉文化与其背景的各种联系，把它从它争夺的土地上剥离，或者，依照西方文化中一个对立的观点，否定它的真正影响，就是对文化的极大的歪曲。"③

从上述阐述中我们可以看出，萨义德所谓的对位解读法就是将文本与其产生的社会语境作对等的阅读。具体来说，就是从被殖民者的角度来"逆读"（reading back），以便说明被掩盖的但却是至关重要的"帝国的在场"如何出现在经典文本之中。以对位的方法进行阅读可以使我们同时意识到宗主国的历史和与占统治地位的话语对抗的其他被臣服民族的被掩盖的历史。因此，对位解读模式被看做是公正地评价抵抗文学和说明西方作家的作品与帝国主义共谋的一种策略。根据萨义德的分析，"对位解读法"主要有两种基本类型。一是从横向组合的角度进行非本质化的解读。借助

---

① [美]爱德华·W. 萨义德：《文化与帝国主义》，李琨译，生活·读书·新知三联书店2003年版，第90页。
② 同上，第91页。
③ 同上，第369页。

这种解读方法，可以从宗主国中心和殖民地边缘同时研读文本，不仅能够在宗主国的文本中发现帝国的指涉物，而且能够发现已经被宗主国文化文本排除的殖民地的历史过程。二是从纵向组合的角度进行回溯式的解读。这种解读方法可以通过现在解读过去，即根据后来出现的非殖民化来对帝国主义的文本进行解读，充分认识到充斥于这些文本之中的错综复杂的权力关系，从而认识到这些文本与帝国主义的种种牵连。通过对《曼斯菲尔德庄园》、《黑暗的心》、《阿依达》等经典文本的"对位解读"，萨义德让我们认识到，文本不仅是已经完成的对象，也是某种注解和文化实践。帝国经验是一种全球性、普遍性的经验，殖民者和被殖民者是紧密联系在一起的。① 因此，他认为，对位解读法应当"将帝国主义的历史首先看做是一个互相依赖的历史和互相重叠的领域；其次是需要进行知识与政治的选择的历史。例如，假如把法国与阿尔及利亚或越南的历史、加勒比或非洲、印度与英国的历史分开来而不是在一起加以研究，那么，统治与被统治的经验就会人为地错误地处于分离的状态。把帝国主义统治与对它的抵抗看做涉及非殖民地化以及独立的一个双重过程"②。

　　对位解读法借用音乐学术语，以音乐中各旋律对位的关系，喻指西方帝国文化与前殖民地国家文化相互影响、相互依存的关系。在音乐学中，对位（counterpoint）指一种把两个或更多个旋律按照特定的音乐机理和审美标准结合起来的艺术，主要方式有模仿、轮唱和赋格。对位中众旋律各不相同，相互独立，但又彼此和谐互不冲突。从对位的概念可以看出，平等、和谐是其核心。萨义德之所以将这一词语用于文化批评，主要在于强调东西方文化，即帝国文化与前殖民地国家文化间平等对话的关系。因此，对位解读法不仅是一种解读西方经典参与帝国实践的阅读方法，更是一种关于如何看待和表现东西方异质文化的思维方式。东方落后国家如何抵抗西方国家的文化霸权？"对位解读"模式是一种回答，更是一种态度，西方文化与东方文化不是主导与被主导的关系，也不是对抗的关系，而是

---

① 参见张跣：《赛义德后殖民理论研究》，复旦大学出版社2007年版，第183—187页。
② [美] 爱德华·W. 萨义德：《文化与帝国主义》，李琨译，生活·读书·新知三联书店2003年版，第370页。

平等参与对话的双方。

(三)"驶入的航程"模式

萨义德以萨尔曼·拉什迪的小说《午夜的孩子》(*Midnight's Children*)为例对"驶入的航程"进行了自己的界定。他说:"在拉什迪的这部作品和初期的抵抗作品中,作者有意识地进入欧洲与西方的话语结构,和它打成一片,改变它,使它承认边缘化了的、受压制的,或被遗忘了的历史。这是有特殊意义的。有数十位学者、批评家和知识分子参与了这种边缘性的工作;我把这种工作称作驶入的航行。"① 萨义德对这些殖民地或边缘地区知识分子的著作给予了充分的肯定。他指出,虽然"这些知识分子以'帝国'的语言写作",但"他们感到自己是与反帝群众性抵抗运动有机地联系在一起的。他们为自己规定如下离经叛道的批判任务,即:使用一度单单为欧洲人所使用的学术与批评的技巧、话语和武器来面对宗主国文化。他们的作品,也是他们的长处,只是在表面上依赖于(绝不是寄生于)主流的西方话语。然而它的原创性却恰恰改变了那个话语下的原则。"② 同时,萨义德强调说,他并不认为只有殖民地作家才是殖民地脱离欧洲与西方的螺旋运动的一部分,而只是认为这个过程中最有成果的是边缘的、远离中心的地方,以后才逐渐进入西方并要求获得承认。因此,萨义德很赞成雷蒙·威廉姆斯的观点,即对前沿运动作出贡献的人主要是进入宗主国的外来人,他们不仅来自国内的边缘地区,也来自较弱小的民族的文化。他指出:"在帝国主义与反帝国主义的历史背景下,一些因素就会清晰起来。首先,移居到或正在访问宗主国的来自边缘地区的作家,他们所写的反帝知识性与学术性著作,通常是大规模群众运动向宗主国内部的延伸。这种表现的一个生动的例子发生在阿尔及利亚战争期间。当民族解放阵线把法国称为第七个省(其他六个省构成阿尔及利亚本土)的时候,争取非殖民地化的斗争从边缘地区移到中心。第二,这些渗入涉及了

---

① [美]爱德华·W. 萨义德:《文化与帝国主义》,李琨译,生活·读书·新知三联书店 2003 年版,第 308 页。
② 同上,第 346—347 页。

迄今为宗主国中心所独自支配的相同经验、文化、历史和传统。当法侬写书的时候,他打算从一名法国人的角度来谈论殖民主义经历,即:从一个迄今从未遭遇到侵犯,现在却受到持不同意见的土著渗透并批评的法国的角度来谈论。因此就有了重叠与相互依赖,而不能仅仅在理论上把它归为一个殖民地或土著人的身份诉求。最后,我认为,这'驶入的航程'代表着宗主国文化中一个仍未解决的矛盾或差别。这矛盾或差别,或通过合作、或淡化、或回避,有时承认,有时又排斥被解决的努力。"[1]

萨义德具体以 C. L. R. 詹姆士(C. L. R. James)的《黑人雅各宾派》(The Black Jacobins)、乔治·安东纽斯(George Antonius)的《觉醒的阿拉伯》(The Arab Awakening)、拉纳吉特·古哈(Ranajit Guha)的《孟加拉财产规则:永久性解决法案》(A Rule of Property for Bengal: an Essay on the Idea of Permanent Settlement)、S. H. 阿拉塔斯(S. H. Alatas)的《懒惰的土著之谜:16 世纪至 20 世纪马来人、菲律宾人和日本人的形象及其在殖民帝国主义中的作用研究》(The Myth of the Lazy Native: A Study of the Image of the Malays, Filipinos, and Javanese from the 16th to the 20th Century and its Function in the Ideology of Colonial Capitalism)四部著作作为例证,讨论了他所谓的"驶入的航程"及其意义。萨义德认为,在这些书里学术与政治更明显地连在一起,因为这些作家把自己看做派向西方的使者,代表着一种尚未实现的、受到阻挠、被推迟了的政治自由与成就。误解他们的观点、话语和参与,像科纳·克鲁斯·奥布莱恩(Conor Cruise O'Brien)那样说他们在嚎叫、祈求别人的同情,从而把他们贬低为狂热的积极分子和党派政客发出的情绪激动的、主观的、发自心灵的叫喊,就是小觑了他们的力量,错误地判断了他们的价值,否认他们对知识的巨大贡献。因此,他反对宗主国的读者将这些书和其他类似的书仅仅断定为"土著提供信息者"所写的土著文学,而不是对知识的贡献。萨义德进而指出:"甚至安东纽斯和詹姆士这样一些人的作品在西方的学术权威眼中都被视为边

---

[1] [美]爱德华·W. 萨义德:《文化与帝国主义》,李琨译,生活·读书·新知三联书店 2003 年版,第 348 页。

缘的。因为在他们看来,这些作品似乎是站在外人的立场上写的。也许这就是为什么一代人以后,古哈和阿拉塔斯选择集中精力在修辞、思想与语言上,而不是不惜一切代价地集中精力于历史的原因。他们宁愿分析词语中所代表的权力而不是它残忍的实践;分析它的过程与策略而不是它的来源;分析它的学术方法和技巧而不是它的道德性——肢解它而不是摧毁它。"①

萨义德由此认为,他所讨论过的四名学者的开创性工作,即他们"驶入的航程",对于正在建立中的边缘地带的反帝抵抗运动与欧洲和美国对立文学间的文化联合是十分重要的。他指出:"驶入的航程就构成了混合文化的一个特别有趣的种类。而它的存在这个事实则是不断延续的帝国结构时代走向国际化的另一种表现。可以说,理念不再只是出现在伦敦和巴黎了;历史也不再像黑格尔所认为的那样单方向地从东方走向西方,从南方走向北方。当历史前进时,它越来越成熟和发展,越来越脱离原始和落后。相反,批评的武器已经成为帝国历史遗产的一部分。这一遗产中'分而治之'的分离与排斥的理念被抹掉了,惊人的新定位出现了。"②

---

① [美]爱德华·W. 萨义德:《文化与帝国主义》,李琨译,生活·读书·新知三联书店2003年版,第368—369页。
② 同上,第348页。

第五章 萨义德的知识分子理论

萨义德心目中真正知识分子的形象应是：立足于世俗但又超越世俗，属于自己的民族但又能够超越民族界限，代表人类正义，保持内心的流亡状态，以业余的态度对抗专业化，坚定无畏，敢于对强权说出真理，为理想而奋斗的社会精英。这种对知识分子的定位，使我们能够进一步了解他进行后殖民文化批评的深层动机。正是因为对知识分子在当代所肩负的历史使命和社会责任的深刻理解，萨义德使作为文化霸权坚固堡垒的东方学在世俗批评者的理性审视中轰然坍塌。

一、知识分子的角色与功能定位

在以往有关知识分子汗牛充栋的研究成果中，定义知识分子的不胜枚举，但对于他们的形象、特征、实际的介入和表现的评量却不足，而萨义德认为这些结合起来才构成每位真正的知识分子的命脉。因此，他在《知识分子论》一书中并没有对知识分子进行明确的概念界定，而是将重点放在阐释知识分子在社会中究竟扮演什么样的角色，从而发挥什么样的功能上面。这也正是萨义德讨论关于知识分子的一系列问题的出发点和落脚点。

在萨义德看来，"知识分子是社会中具有特定公共角色的个人，不能只化约为面孔模糊的专业人士,只从事她/他那一行的能干成员。我认为,对我来说主要的事实是,知识分子是具有能力'向(to)'公众以及'为(for)'公众来代表、具现、表明讯息、观点、态度、哲学或意见的个人。而且这个角色也有尖锐的一面,在扮演这个角色时必须意识到其处境就是公开提出令人尴尬的问题,对抗(而不是制造)正统与教条,不能轻易被政府或集团收编,其存在的理由就是代表所有那些惯常被遗忘或弃置不顾的人们和议题。知识分子这么做时根据的是普遍的原则:在涉及自由和正义时,全人类都有权期望从世间权势或国家中获得正当的行为标准;必须勇敢地指证、对抗任何有意无意地违犯这些标准的行为。"① 萨义德接着以自己为例对这一点进行说明,他说:"身为知识分子,我在观众或诉求对象之前提出我的关切,但这并不只是关系着我如何发表它们,也关系着自己作为尝试促进自由、正义的理念的人士所代表的。我把这些形诸言词或笔墨,是因为经过再三省思后这些是我所相信的,而且我也要说服别人接受这个观点。"② 总之,萨义德认为,重要的是知识分子作为代表性的人物:在公开场合代表某种立场,不畏各种艰难险阻向他的公众作清楚有力的表述。他更明确地指出:"知识分子是以代表艺术(the art of representing)为业的个人,不管那是演说、写作、教学或上电视。而那个行业之重要在于那是大众认可的,而且涉及奉献与冒险,勇敢与易遭攻击。"③ 萨义德将萨特和罗素的作品作为典范,认为他们特殊的、个人的声音和风范对社会的重要性远超过他们的具体论点,从而指出知识分子应该为自己的信念而发言,即他们向社会宣扬的理念或观念,并不意味主要为了强化自我或颂扬地位,亦非有意服侍有权势的官僚机构和慷慨的雇主。他认为,知识分子最不应该的就是讨好阅听大众,而一定要令人尴尬,处于对立,甚至造成不快。

显然,若要进一步更深入地探讨这种对知识分子的角色与功能定位就

---

① [美]爱德华·W. 萨义德:《知识分子论》,单德兴译,生活·读书·新知三联书店2002年版,第16—17页。
② 同上,第17页。
③ 同上,第17—18页。

必然涉及个人世界与公共世界之间的关系。个人的历史、价值、写作、立场究竟如何进入社交世界（人们在其中辩论、决定有关战争、自由、正义之事）？萨义德认为，二者之间是一种很复杂的混合关系：一方面，纯属个人的知识分子（a private intellectual）是不存在的，因为一旦形诸文字并且发表，就已经进入了公共世界；另一方面，仅仅是公共的知识分子（a public intellectual）——个人知识作为某个理念、运动或立场的傀儡、发言人或象征——也是不存在的，总是存在着个人的变化和一己的感性，而这些使得知识分子所说或所写的具有意义。于是，他提出了知识分子的代表问题。根据美国社会学家 C. 莱特·米尔斯（C. Wright Mills）的大众与个人对立的观点，即大组织的势力（从政府到集团）以及相对的弱势（不只是个人，而且包括了从属阶级，弱势者，少数民族和国家，地位较低或势力较弱的文化和种族）二者之间天生就有落差。萨义德指出，"知识分子面对的主要选择是：要和胜利者与统治者的稳定结合在一起，还是选择更艰难的途径——认为那种稳定是一种危急状态，威胁着较不幸的人使其面临完全灭绝的危险，并考虑到屈从的经验（the experience of subordination）以及被遗忘的声音和人们的记忆"①。不过他并不赞同米尔斯认为独立的知识分子不是怀着沮丧的无力感面对边缘地位，就是选择加入体制、集团或政府的行列，成为为数不多的圈内人的观点，而是明确地回答道："在我心目中，知识分子无疑属于弱者、无人代表者的一边。"② 然而，萨义德也强调知识分子的角色并不那么简单，因此不能以太浪漫的理想主义就轻易打发掉。他说："根据我的定义，知识分子既不是调解者，也不是建立共识者，而是这样一个人：他或她全身投注于批评意识，不愿接受简单的处方、现成的陈腔滥调，或迎合讨好、与人方便地肯定权势者或传统者的说法或做法。不只是被动地不愿意，而是主动地愿意在公众场合这么说。"③ 当然，萨义德指出，这并不意味着知识分子总是要成为政府政策的批评

---

① ［美］爱德华·W. 萨义德：《知识分子论》，单德兴译，生活·读书·新知三联书店2002年版，第35页。
② 同上，第25页。
③ 同上。

者,而是把知识分子的职责想成是时时维持着警觉状态,永远不让似是而非的事物或约定俗成的观念带着走。他认为,这需要稳健的现实主义、斗士般的理性的活力以及复杂的奋斗,需要在一己的问题和在公共领域中发言二者之间保持平衡。

总之,在萨义德看来,真正的知识分子都是世俗之人,要发挥上述社会功能必须依赖一种意识,一种怀疑、投注、不断献身于理性探究和道德判断的意识。每位知识分子的职责都是宣扬、代表特定的看法、观念、意识形态,从而期望它们能在社会中发挥作用。宣称只是为了他或她自己、为了纯粹的学问、抽象的科学而写作的知识分子,不但不能相信,而且一定不可以相信。因为到处都是政治,任何人都无法遁入纯粹的艺术和思想的领域,也因而无法遁入超然无私的客观性(disinterested objectivity)或超验的理论(transcendental theory)领域。因此,被资讯或媒体工业所具体呈现的大众政治的代表簇拥同行的当代知识分子,只有借着驳斥媒体流通的愈来愈有力的那些形象、官方叙述、权威说法,借着提供米尔斯所谓的揭穿(unmaskings)或另类版本(alternative versions),竭尽一己之力尝试诉说真话,才能加以抵抗。萨义德据此认为,知识分子应该属于他们自己的时代,因而最该指责的就是知识分子的逃避。他说:"所谓逃避就是转离明知是正确的、困难的、有原则的立场,而决定不予采取。不愿意显得太过政治化;害怕看来具有争议性;需要老板或权威人物的允许;想要保有平衡、客观、温和的美誉;希望能被请教、咨询,成为有声望的委员会的一员,以留在负责可靠的主流之内;希望有朝一日能获颁荣誉学位、大奖,甚至担任驻外大使。""对知识分子而言,腐化的心态莫此为甚。如果有任何事能使人失去本性、中立化,终至戕害热情的知识分子的生命,那就是把这些习惯内化(internalization)。"①

---

① [美]爱德华·W.萨义德:《知识分子论》,单德兴译,生活·读书·新知三联书店2002年版,第84—85页。

二、知识分子的问题及处理尝试

实际上，萨义德对知识分子所进行的角色与功能的定位，是一种比较理想的状态。然而，世俗知识分子介入现实社会过程的情况，并不是登上高山或讲坛然后在高处慷慨陈词，而是要在最能被听到的地方发表自己的意见。因此，知识分子必然会被许多艰难和诱惑包围，面临诸多压力，其热情介入、冒险、公开露面、献身于原则、辩论和参与世俗事业都可能招致伤害。但是知识分子的活动又不可能完全脱离政治社会而永远局限于学院或实验室之内，它必然会受到显而易见的权力和利益的影响，从相当审慎地诠释问题转到有意义得多的社会改变和转型的问题上来。因此，真正的知识分子要想在心灵中保有一个空间，能够开放给怀疑以及部分的警觉、怀疑的反讽，就必须抵抗住这些诱惑和压力。萨义德认为，世界范围内知识分子所面临的主要问题是民族性的限制和专业化的压力，他在《知识分子论》一书中着重分析了这两方面的问题并提出了处理尝试。

（一）以"流亡"状态超越民族性

在萨义德看来，民族性（nationality）以及由此衍生的民族主义（nationalism）是今日知识分子的主要问题。他认为语言一向具有民族性，如希腊文、法文、阿拉伯文、英文、德文等，每位知识分子都诞生在一种语言环境中，而且大都一辈子就活在那个语言环境中，那个语言成为他知识活动的主要媒介。在近代，不管是像乔姆斯基或罗素那样的大人物，还是名声没有那么响亮的知识分子，没有一位是用世界语（Esperanto）写作的。知识分子使用一个民族的语言，不只是出于方便、熟悉这些明显的理由，也是因为个体的知识分子希望赋予那种语言一种特殊的声音、特别的腔调、一己的看法。然而，知识分子所面临的特殊问题就在于每个社会中的语言社群（language community）被已经存在的表现习惯所宰制，这些习惯的主要作用之一就是保持现状，并确保事情能够平稳、不变、不受挑战地进行。因此，萨义德说："语言具有超级市场背景音乐的效用，当语言冲洗人的意识，诱使它被动地接受未经检证的观念和情绪时，结果便是心灵的麻木与被动。"① "民族或其他种类的社群（如欧洲、非洲、西方、亚洲）具有共同的语言和一整套暗示及共有的特色、偏见、固定的思考习惯，我们似乎无从逃脱民族或社群在我们周围所设定的边界和藩篱。在公众的言词中，找不到比'英国人'、'阿拉伯人'、'美国人'、'非洲人'更普遍的用语了，其中每个用语暗示的不只是整个文化，而且是特定的心态。"② 然而悲哀的是，要重复集体的套语实在是再容易不过了，因为只要是使用一种国语，就会使人接纳手边最现成的事物，把人驱向有关"我们"和"他们"的那些陈腐用语和流行比喻，而这些都是维持民族认同（national identity）的一部分。

由于民族一向唯我独尊、一向处于权威的地位、一向要求忠诚与服从，知识分子便一直受到"忠诚"这个问题的困扰和挑战。知识分子毫无例外地都属于某个民族、宗教或族裔社群，都无法超越个人与家庭、社群、民族的有机关系，在黑暗时代，他们经常被同一民族的成员指望挺身而出，代表、陈诉、见证那个民族的苦难。例如，许多小说家、画家、诗人，像曼佐尼（Alessandro Manzoni, 1785—1873）、毕加索（Pablo Picasso, 1881—1973）、聂鲁达，都已经在美学作品中体现了他们人民的历史经验，而且这些美学作品也被认为是伟大的杰作。然而，萨义德认为，"知识分子的重大责任在于明确地把危机普遍化，从更宽广的人类范围来理解特定的种族或民族所蒙受的苦难，把那个经验连接上其他人的苦难"③。在他看来，只肯定一个民族被剥夺、迫害、屠杀、取消权利、否认政治存在，而不同时把那些惨状与其他人的相似苦难联系起来是不够的。这绝不意味着失去历史的特殊性（historical specificity），而是防止在一个地方所吸取的受迫害的教训，可能在另一个地方或时间被遗忘或违犯。知识分子正因为代表了可能也经历过的自己民族的苦难，所以在自己民族可能把类似罪行

---

① [美]爱德华·W. 萨义德：《知识分子论》，单德兴译，生活·读书·新知三联书店2002年版，第30页。
② 同上，第31—32页。
③ 同上，第41页。

施加到其他受害者身上时，也摆脱不了揭露的责任。但在现实中，知识分子却总是很容易，且经常落入辩解和自以为是的模式，而对以自己族裔或国家社群之名所犯下的罪行视而不见。

可见，民族性这个事实使得个体的知识分子因为团结、与生俱来的忠诚、爱国主义而顺从了集体判断。如何处理这个现象，的确已成为当代知识分子的主要问题之一。萨义德的回答即是，尝试以一种"流亡"状态超越知识分子的民族性。

流亡是萨义德后殖民文化理论中的一个重要概念，在其论文与专著中，他多次深入阐发了流亡知识分子的思想，并赋予"流亡"以崭新的、独特的文化政治含义。从《知识分子论》一书中，我们可以看出萨义德对知识分子流亡状态的诊断表现为两个层面。一是指肉体层面的流亡。这源于古代一种恐怖的刑罚——流放。萨义德说："流亡是最悲惨的命运之一。在古代，流放是特别恐怖的惩罚，因为不只意味着远离家庭和熟悉的地方，多年漫无目的的游荡，而且意味着成为永远的流浪人，永远离乡背井，一直与环境冲突，对于过去难以释怀，对于现在和未来满怀悲苦。人们总是把流亡的观念和身为麻风病患、社会及道德上的贱民这些可怕的事联想到一块。"① 这个层面的流亡在他看来是个真实的情境，与流离失所、迁徙不断的社会史和政治史有关。二是指精神层面的流亡。它指一种把知识分子设定为圈外人的理论模式。萨义德说："甚至一辈子完全是一个社会成员的知识分子都能分为所谓的圈内人（insiders）和圈外人（outsiders）：一边是完全属于那个社会的人，在其中飞黄腾达，而没有感受到强烈的不合或异议，这些人可称为诺诺之人（yea-sayers）；另一边则是谔谔之人（nay-sayers），这些个人与社会不合，因此就特权、权势、荣耀而言都是圈外人和流亡者。把知识分子设定为圈外人的模式，最能以流亡的情况加以解说——永远处于不能完全适应的状态，总是觉得仿佛处于当地人居住的亲切、熟悉的世界之外，倾向于避免、甚至厌恶适应和民族利益的

---

① ［美］爱德华·W. 萨义德：《知识分子论》，单德兴译，生活·读书·新知三联书店 2002 年版，第 44 页。

虚饰。对这个隐喻意义上的知识分子而言，流亡就是无休无止，东奔西走，一直未能定下来，而且也使其他人定不下来。无法回到某个更早、也许更稳定的安适自在的状态；而且，可悲的是，永远无法完全抵达，永远无法与新家或新情境合而为一。"① 这个层面的流亡在萨义德看来不只是个真实的情境，更是个隐喻的情境，意味着生存于一种中间状态，既非完全与新环境合一，也未完全与旧环境分离，而是处于若即若离之中；一方面怀乡而感伤，另一方面又是巧妙的模仿者或秘密的流浪人。因此，把知识分子的流亡视为被完全切断与故乡的联系、孤立无望地与原乡之地分离是一种完全错误的认定。事实上，对大多数流亡者来说，难处不只是在于被迫离开家乡，而是生活里的许多东西都在不断提醒：你是在流亡，你的家乡其实并非那么遥远，当代生活的正常交通使你对故乡一直可望而不可即。这就要求流亡知识分子必须精于生存之道，而防范过于安逸的状态。

　　萨义德进而分析了知识分子处于流亡状态的意义和价值。他说："作为流亡者的知识分子倾向于以不乐为荣，因而有一种近似消化不良的不满意，别别扭扭、难以相处，这种心态不但成为思考的方式，而且成为一种新的，也许是暂时的，安身立命的方式（我在表示这种看法时，甚至自己多少也吃了一惊）。"② 他甚至认为知识分子也许类似怒气冲冲、最会骂人的瑟赛蒂斯（Thersites，荷马史诗《伊利亚特》中一位丑陋的希腊士兵，在特洛伊战争中嘲笑阿喀琉斯被杀）。在萨义德看来，流亡这种状态虽然把知识分子刻画成拥有特权、权力、如归感这种安适自在之外的边缘人物，但也有必要强调那种状态带有某种报偿，甚至特权。他认为知识分子虽然并未获奖，也没被欢迎进入自吹自擂的精英联谊会（这些团体的惯例就是排除不守行规、令人尴尬的惹事生非者），却同时从流亡与边缘性中得到一些正面的事物。萨义德为我们具体揭示了知识分子流亡的三种意义和价值。第一，流亡可以使知识分子保有一种惊奇的乐趣，对任何事情都不视为理所当然，并能学习凑合着应付让大多数人迷惑或恐惧的不安稳状

---

　　① ［美］爱德华·W. 萨义德：《知识分子论》，单德兴译，生活·读书·新知三联书店 2002 年版，第 48 页。
　　② 同上，第 48—49 页。

况。知识分子基本上关切的是知识和自由,因此流亡"知识分子有如遭遇海难的人,学着如何与土地生活,而不是靠土地生活;不像鲁滨逊(Robinson Crusoe)那样把殖民自己所在的小岛当成目标,而像马可·波罗(Marco Polo,1254—1324)那样一直怀有惊奇感,一直是个旅行者、过客,而不是寄生者、征服者或掠夺者"①。第二,流亡可以使知识分子比较能不只看事物的现状,而能看出前因。"视情境为因偶发的机缘而生成的(contingent),而不是不可避免的;视情境为人们一连串历史选择的结果,是人类造成的社会事实,而不是自然的或神赋的(因而是不能改变的、永恒的、不可逆转的)。"②第三,流亡可以使知识分子拥有双重视角(double perspective),而不以孤立的方式看事情。任何真正的流亡者都会证实,一旦离开自己的家园,不管最后落脚何方,都无法只是单纯地接受人生,只是成为新地方的另一个公民。"正如里尔克(Rainer Maria Rilke,1875—1926,德国诗人)曾说的,你可以成为自己环境中的初学者,这让你有一个不合流俗的生活方式,尤其一个不同的、经常是很奇特的生涯。"③由于流亡者同时以抛在背后的事物以及此时此地的实况这种方式来看事情,新国度的一情一景引他联想到旧国度的一情一景。就知识而言,这意味着一种观念或经验总是对照着另一种观念或经验,因而使得二者有时以新颖、不可预测的方式出现,从这种并置中,流亡者能得到更好、甚至更普遍的有关如何思考的看法。

由此可见,就知识分子来说,流亡意味着从寻常生涯中解放出来,意味着其所作所为必须是自创的,不能跟随别人规定的路线。正如萨义德所言:"对于受到迁就适应、唯唯诺诺、安然定居的奖赏所诱惑甚至围困、压制的知识分子而言,流亡是一种模式。即使不是真正的移民或放逐,仍可能具有移民或放逐者的思维方式,面对阻碍却依然去想象、探索,总是能离开中央集权的权威,走向边缘——在边缘你可以看到一些事物,而这

---

① [美]爱德华·W. 萨义德:《知识分子论》,单德兴译,生活·读书·新知三联书店2002年版,第54页。
② 同上,第54—55页。
③ 同上,第55—56页。

些是足迹从未越过传统与舒适范围的心灵通常所失去的。"① "边缘的状态也许看起来不负责或轻率,却能使人解放出来,不再总是小心翼翼行事,害怕搅乱计划,担心使同一集团的成员不悦。"② 当然,萨义德似乎也意识到,其实没有人能完全摆脱牵绊和情感,因而所谓的独立自由的知识分子(free-floating intellectual)实际上很难存在。但他仍然怀抱着一份希冀写道:"知识分子若要像真正的流亡者那样具有边缘性,不被驯化,就得要有不同于寻常的回应:回应的对象是旅人过客,而不是有权有势者;是暂时的、有风险的事,而不是习以为常的事;是创新、实验,而不是以威权方式所赋予的现状。流亡的知识分子(exilic intellectual)回应的不是惯常的逻辑,而是大胆无畏;代表着改变、前进,而不是固步自封。"③

(二)以"业余"态度对抗专业化

萨义德所处的社会历史时代,知识分子的现实状况与先前相比已经发生了巨大的变化。特别是在19世纪,知识分子倾向于强调个性,经常像伊凡·谢尔盖耶维奇·屠格涅夫(Ivan Sergeyevich Turgenev)的巴扎洛夫(Bazarov)或詹姆斯·乔伊斯(James Joyce)的戴德勒斯(Dedalus)那样,成为完全无视社会定见,且根本不顺服社会的独立、孤高的反叛者。然而在20世纪,愈来愈多的人士属于所谓知识分子或知识阶层的团体(经理、教授、新闻从业人员、电脑或政府专家、游说者、权威人士、多家报刊同时刊载的专栏作家、以提供意见受薪的顾问),不由得使人怀疑作为独立声音的个体知识分子是否还能存在。萨义德所生活的美国社会中大量存在的所谓"专业知识分子团体"也使他深切意识到"专业化"这一社会新现象的重要性,因此他很肯定地说:"今天对于知识分子特别的威胁,不论在西方或非西方世界,都不是来自学院、郊区,也不是新闻业和出版业惊人的商业化,而是我所称的专业态度(professionalism,也可译为

---

① [美]爱德华·W.萨义德:《知识分子论》,单德兴译,生活·读书·新知三联书店2002年版,第56—57页。
② 同上,第57页。
③ 同上。

职业态度)。我所说的'专业'意指把自己身为知识分子的工作当成为稻粱谋,朝九晚五,一眼盯着时钟,一眼留意什么才是适当、专业的行径——不破坏团体,不逾越公认的范式或限制,促销自己,尤其是使自己有市场性,因而是没有争议的、不具政治性的、'客观的'。"① 结果,由于今天的社会常常认为真正的知识分子应该只是其领域中的专业人士,今天的知识分子就很有可能成为躲在象牙塔里的文学教授,有着安稳的收入,却没有兴趣与课堂外的世界打交道。正像罗素·贾克比(Russell Jacoby)所声称的,这些人的文笔深奥而又野蛮,但主要是为了学术的晋升,而不是促成社会的改变。

在《知识分子论》中,萨义德以敏锐的洞察力具体揭示出了当下专业化社会语境中挑战着知识分子机谋和意志的三重压力。第一,专门化(specialization)戕害了知识分子的人格培养。今天在教育体系中爬得愈高,愈受限于相当狭隘的知识领域。"专门化意味着昧于建构艺术或知识的原初努力;结果就是无法把知识和艺术视为抉择和决定、献身和联合,而只以冷漠的理论或方法论来看待。""专门化也戕害了兴奋感和发现感,而这两种感受都是知识分子性格中不可或缺的。""陷入专门化就是怠惰,到头来照别人的吩咐行事,因为听命于人终究成为你的专长。"② 第二,对专业知识和合格专家的崇拜,威胁到了知识分子在公共空间中活动的自由和民主。这是战后世界中更特殊的压力。知识分子"要成为专家就得有适当的权威证明为合格;这些权威指导你说正确的语言,引用正确的权威,局限于正确的领域,尤其在敏感、有利可图的知识领域受到威胁时更是如此"③。第三,伴随知识专业化的利益因素瓦解了知识分子的独立性。由于专业知识与社会生产和商业运作相融合,导致其追随者不仅以利益为导向,并且无可避免地流向权力和权威,流向权力的要求和特权,流向被权力直接雇佣。如此,知识分子便很容易失去其个性,并放弃他们的社会责

---

① [美]爱德华·W. 萨义德:《知识分子论》,单德兴译,生活·读书·新知三联书店2002年版,第65页。
② 同上,第67页。
③ 同上,第67—68页。

任，从而沦为权力机制和商业运作的产物。

由此萨义德认为，今日知识分子面临的问题之一就是尝试处理上面所讨论的现代专业化的冲击。在他看来，这是一个极重要的问题，必须以兼顾现实与理想的方式，而非犬儒的方式来探究。然而，"知识分子既不该是没有争议的、安全的角色，以致只是成为友善的技术人员，也不该试着成为专制的卡桑德拉（Cassandra，希腊神话中的女先知，虽能预言却不见信于人），不但正直得令人不悦，而且无人理睬。每个人都受到社会的约束——不管社会如何自由开放，不管个人如何放荡不羁。在任何情况下，知识分子都该为人所听闻，实际上应该激起辩论，可能的话更要挑起争议。完全的沉寂或完全的反叛都不可取"①。因此知识分子要应对现代专业化的冲击，应该是在承认其影响力存在的前提下，再现另一套不同的价值和特有的权利。萨义德把这些总结在业余性（amateurism）的名下，"而所谓的业余性就是，不为利益或奖赏所动，只是为了喜爱和不可抹杀的兴趣，而这些喜爱与兴趣在于更远大的景象，越过界线和障碍达成联系，拒绝被某个专长所束缚，不顾一个行业的限制而喜好众多的观念和价值"②。可见，这类行为的动力来自关切和喜爱，而不是利益和自私、狭隘的专门化。

每个知识分子都有阅听大众和诉求对象。而问题在于，是要去满足阅听大众，使他们像客户般高兴；还是去挑战他们，因而激起直接的对立，或动员他们更民主地参与社会。但这两个情况都无法回避权威和权力，也无法回避知识分子与权威、权力的关系。萨义德不禁发问："知识分子如何向权威发言：是作为专业性的恳求者，还是作为不受奖赏的、业余的良心？"③ 他以自己为例作出了回答：要维持知识分子的相对独立性，就态度而言业余者比专业人士更好。萨义德认为，业余态度意味着选择公共空间（public sphere）中的风险和不确定的结果，而不是由专家和职业人士所控

---

① [美]爱德华·W. 萨义德：《知识分子论》，单德兴译，生活·读书·新知三联书店2002年版，第62页。
② 同上，第67页。
③ 同上，第72页。

制的内行人的空间。他说:"打动我的是我能真正选择支持的理念与观念,因为它们符合我所相信的价值和原则。因此,我认为自己并不受限于文学方面的专业训练,并不因为只有教授现代欧洲文学和美国文学的正式资格而把自己排除于公共政策之外。我所说、所写的是更广泛的事物,因为身为十足的业余者,我受到各式各样的献身的激励,要跨越自己狭隘的职业生涯。当然,我有意努力为这些观点争取新的、更多的听众,而这些观点是我在课堂上从不呈现的。"① 所以萨义德坚持认为:"今天的知识分子应该是个业余者,认为身为社会中思想和关切的一员,有权对于甚至最具技术性、专业化行动的核心提出道德的议题,因为这个行动涉及他或她的国家、国家的权力、国家与其公民和其他社会互动的模式。此外,身为业余者的知识分子精神可以进入并转换我们大多数人所经历的仅仅为专业的例行作法,使其活泼、激进得多;不再做被认为是该做的事,而是能问为什么做这件事,谁从中获利,这件事如何能重新连接上个人的计划和原创性的思想。"②

---

① [美]爱德华·W. 萨义德:《知识分子论》,单德兴译,生活·读书·新知三联书店 2002年版,第 76 页。
② 同上,第 71 页。

第六章 萨义德后殖民文化理论的重要价值

全面系统的梳理使我们认识到,萨义德后殖民文化理论的重要价值在于:它正确把握了殖民主义的当代形态——文化殖民主义;深刻阐释了文化抵抗的基本原则——广泛的人文主义;充分彰显了知识分子的本真状态——普遍的批判意识。这些方面对于当代人类文化和中国文化的健康发展具有重要的指导意义。

一、正确把握了殖民主义的当代形态:文化殖民主义

(一) 文化的政治性与意识形态性[①]

萨义德所谓的文化,有两重意思。"首先,它指的是描述、交流和表达的艺术等等活动。这些活动相对独立于经济、社会和政治领域。同时,它们通常以美学的形式而存在,主要目的之一是娱乐。当然,其中既有关于遥远的世界的传说,也有人种学、历史编纂学、哲学、社会学和文学史等等深奥学科的知识。……第二,如马修·阿诺德(Matthew Arnold)在

---

① 参见张其学:《后殖民主义语境中的东方社会》,中国社会科学出版社2008年版,第134—157页。

19世纪60年代所说,文化这个概念很微妙地包含了一种使人美好、高尚的东西,每个社会中被认为是最优秀的因素。……自己、同胞、社会和传统中最美好的东西。"① 第一重意思,即文化特指艺术的审美过程及艺术作品,可以解释萨义德在讨论文化与帝国主义的共谋关系时为什么会对小说、学术著作这些具体的文化形式格外关注;第二重意思,即文化作为一个社会的知识和思想精华的贮存库,萨义德认为,正是这个意义上的文化在作为民族同一性形成根源的同时,也造成了文化上的排外主义,将"我们"的和"他们"的严格区分开来,从而使文化成为了一个各种力量争相亮相的舞台,甚至是相互角逐的战场。更简明地说,他对文化的界定实际上是从形式和内容两个不同层面进行的:形式层面的界定是为了说明文化的存在方式多种多样,其中包括学术著作和小说等等;内容层面的界定是为了指明文化所具有的政治性与意识形态性。萨义德之所以从这两个层面对文化作出界定,无疑服务于其理论和现实分析的需要。事实上,他正是通过对东方学这一文化形式的分析和批判来揭示文化的政治性和意识形态性的;反过来又将文化具有政治性和意识形态性运用于分析帝国的小说这种重要的文化形式,从而揭露文化是如何为帝国的殖民扩张服务的。

显然,东方学作为一种权力话语方式体现了文化的政治性与意识形态性。然而在西方,某些人文学者、东方学家却极力回避,甚至否认东方学这一文化形式的政治属性。针对这一现象,萨义德在《东方学》一书中通过阐释东方学的含义、描述东方学的兴起与发展、剖析东方学的实质,向人们揭示出了东方学与现实政治的密切相关性。他在阐释东方学的三种含义时明确指出:"将东方学理解为一套具有限制或控制作用的观念比将其简单地理解为一种确实的学说要好。"② 很明显,萨义德主要是将东方学理解为在西方建构下的有关东方的一套认知话语体系,而这种作为权力话语形式意义上的东方学,才是他真正所要关注的。萨义德认为,由东方学话

---

① [美] 爱德华·W. 萨义德:《文化与帝国主义》,李琨译,生活·读书·新知三联书店2003年版,前言第2—4页。
② [美] 爱德华·W. 萨义德:《东方学》,王宇根译,生活·读书·新知三联书店1999年版,第52页。

语创造并在其内部得到体现的有关东方的知识有助于强化西方对东方的权力意志,从而建构一个受到西方支配并对西方唯命是从的"东方"以及"东方人"的形象。东方学的主要做法是,用二元对立的表述系统,对东西方各自的道德特征进行预先分别,然后再把这些特征打上本质化的标签,从而使东西方之间的差异根深蒂固。而二元对立的方法又是同西方中心主义的文化紧密联系在一起的。具体而言,在东方学话语中,东方被标以五花八门的消极特征:阴弱、专制、非理性、不道德、落后等等;相反,西方则总是被赋予积极的特征:阳刚、民主、理性、道德、进步等等。可见在东方学中,东方与西方从根本上而言是一种权力关系、支配与被支配的关系。这一点可以用东方学研究的兴起和帝国主义出现为例来加以最充分的解释。不仅东方学的产生与西方帝国主义殖民事业密切相关,而且也正是西方的文化霸权赋予了东方学权力与生命力。东方学这种话语体系若不联系其背后的现实权力关系,就不能得到认真的理解。萨义德反复申述的中心思想就是:话语的支配权力不是孤立的,而是与其他权力处于千丝万缕的联系中。他由此揭示出,东方学不仅是一个文化的事实,而且是一个政治的事实。东方学有关东方的知识产生并存在于各种权力的交换之中,在一定程度上由政治权力、知识权力和道德权力的流通来决定。具体来说,东方学主要是与西方殖民主义和帝国主义紧密联系在一起的西方关于东方的话语形式,通过使东方成为西方属下的他者,东方学服务于西方对东方的霸权统治。也就是说,在东方学话语背后体现出来的东西方关系是一种权力关系,一种支配关系,一种不断变化的复杂的霸权关系。因此,在萨义德看来,作为一门学科的东方学只是表面现象,而作为一种霸权意识形态的东方学才是其内在本质。

　　文化本身所具有的政治性和意识形态性,决定了其必然会参与帝国主义的殖民扩张事业。由于认为小说对于形成帝国主义态度、参照系和生活经验极其重要,萨义德特别关注这一具体的文化形态。《文化与帝国主义》一书,正是通过分析小说这种文化的美学形式如何形成"观念与参照结构"参与了欧洲在海外的扩张,支持、表现并巩固了帝国的实践,从而证明西方文化本质上一直与帝国主义事业结成一种不可分离的"共谋"关系。在他看来,文化与帝国主义是相互交织在一起的。一方面,帝国主义离不开文化,帝国的一切准备工作都是在文化中做的。他援引威廉·布莱克(William Blake)的话认为:"帝国的基础是艺术与科学。忽略它们或者贬低它们,帝国即不复存在。帝国追随艺术,而不是如英国人所认为的那样相反。"① 另一方面,文化也离不开帝国主义,文化的主题是帝国主义,文化中蕴含着深深的帝国主义情结,而且文化只有依赖于帝国主义才能长久存在。因此,我们在认真而完整地看待那孕育了帝国的情绪、理论基础、尤其是想象力的文化的同时,还应当努力弄清帝国思想意识的独霸性,因为至19世纪末,它已经完全嵌入了文化领域。然而,萨义德又指出,文化与帝国主义都不是静止不动的,它们之间的历史联系是能动的、复杂的,要对其进行揭示并非十分容易的事情。因此他提出了"对位解读"法来揭示隐藏在小说文本中的帝国主义主题。正是采用这种方法,萨义德详细分析了小说等文化形式中的帝国态度、指涉与经验,并且特别将考察的重点放在小说这一具体文化形式上。他认为当代现实主义小说的原型《鲁滨逊漂流记》并非偶然地讲述了一个欧洲人在一块遥远的、非欧洲的岛屿上建立了一个自己的封地。通过仔细考察,萨义德发现,帝国意识在19世纪和20世纪初期的英、法文化中几乎无所不在,这种对帝国存在事实的暗示在英国小说中尤为常见和频繁。比如,查尔斯·狄更斯(Charles Dickens)的《远大前程》(Great Expectations)、本杰明·迪斯累利(Benjamin Disraeli)的《坦克雷德》(Tancred)、简·奥斯汀(Jane Austen)的《曼斯菲尔德庄园》(Mansfield Park)与《简·爱》(Jane Egre)、金斯利(Charles Kingsley)的《向西方!》(Westward ho!)、乔治·艾略特(George Eliot)的《丹尼尔·德罗达》(Daniel Deronda)、萨克雷(William Makepeace Thackeray)的《名利场》(Vanity Fair)、亨利·詹姆斯(Henry James)的《一个女人的画像》(The Portrait of a Lady)等小说中都隐含着一丝帝国情结。此外,在康拉德(Conrad)、吉卜林

---

① [美]爱德华·W.萨义德:《文化与帝国主义》,李琨译,生活·读书·新知三联书店2003年版,第14—15页。

(Joseph Rudyard Kipling)、哈加德（Rider Haggard）、R. L. 斯蒂文森（R. L. Stevenson）、柯南道尔（Conan Doyle）、乔治·奥威尔（George Orwell）、乔伊斯·卡里（Joyce Cary）、T. E. 劳伦斯（T. E. Lawrence）以及 E. M. 福斯特（E. M. Forster）的作品中，我们也会发现，帝国作为一个主要背景的确无处不在。萨义德据此认为，小说都是现实的写照，19世纪英国小说所表露出的那种越来越普遍和大胆的情绪，反映的正是英帝国主义的持续存在，英帝国主义在整个19世纪政策的持续性被小说主动地伴随着，小说事实上作为其中的一部分参与了大英帝国的殖民扩张活动。

（二）"文化研究范式"引入的意义①

由于身处文化作用日益彰显、文化差异日益突出、文化矛盾日益激化的时代，萨义德不满足于前辈们主要从政治、经济角度对殖民主义所进行的分析，而注重从文化角度加以批判。这就将发端于20世纪50年代后期英国"文化研究"学派的分析范式引入对殖民主义的解读中来。萨义德从"文化研究"那里受到启发，主张走出封闭的象牙塔，注意与现实社会保持联系，注意到历史复杂性和各种社会细节，尤其关注文化中蕴含的权力关系及运作机制，他正是通过分析文化的政治性和意识形态性、文化与权力的结合来揭示西方对东方的殖民和霸权关系的。萨义德重新解读了作为文化载体的各式各样的文本，包括西方宗主国的政府公文、考察报告、历史档案，理论家的学术著作，探险家的日记、小说、诗歌等等，从而发现了隐藏在这些文本背后的根深蒂固的欧洲（西方）中心主义观念，发现了西方对东方文化身份的"虚构"和"扭曲"以及西方对东方的文化霸权策略。同时萨义德认为，西方对东方的文化殖民与其政治、经济殖民相比，作用更大、效果更好、影响更深，因为它能深入人的"骨髓"，捕获人的灵魂，在潜移默化中同化人的世界观和价值观、改变人的思维方式和生活方式。这一"文化研究范式"的引入和运用具有重要的理论价值和现实

---

① 参见杨耕、张其学：《后殖民主义：实质、特征及其局限》，载《社会科学战线》2005年第2期，第255—264页；张其学：《后殖民主义语境中的东方社会》，中国社会科学出版社2008年版，第67—68、231—239页。

意义。

第一，深化了马克思主义对殖民主义的分析和批判。马克思、恩格斯以及列宁所处的时代是政治、经济殖民占主导地位的时代，囿于当时的社会历史条件，他们主要是从经济、政治的角度来批判殖民主义，着重分析了西方资本主义政治、经济霸权产生的原因，并揭露了其对殖民地所造成的诸种社会后果，同时探讨了殖民地人民的反抗斗争。而萨义德所处的时代是文化因素在国际关系中日益凸显的时代，其后殖民文化理论的独特之处就在于它抓住了这一时代特征从而开启了从文化角度对殖民主义的解读。通过批判东方学，萨义德详细论证了文化的政治性与意识形态性，从而揭示了文化与帝国主义的"共谋"关系，他还探究了文化霸权主义在殖民主义各个时期的演变和调整，考察了西方实施文化霸权主义行径的各种手段、策略。由此，萨义德将马克思主义主要从政治、经济角度来批判殖民主义转向了主要从文化和意识形态角度进行分析，对西方文化霸权主义进行了深刻的批判，这就在当代新的社会历史条件下深化了马克思主义对殖民主义的原有批判。从这个意义上说，萨义德后殖民文化理论对东方学的批判以及对文化霸权主义的分析，可以说是对马克思主义殖民批判理论的当代发展。

第二，有助于把握当代西方文化殖民主义的新特征。大体上说，西方资本主义国家在从早期资本主义工业化国家发展到今天的资本主义发达国家的过程中，对第三世界的政策可以概括为早期殖民主义、新殖民主义和当代殖民主义三个不同阶段。萨义德对文化霸权主义在殖民主义各个时期的演变与调整的探究使我们认识到，文化殖民并非当代西方对东方殖民的新形式，事实上它伴随着西方殖民主义的全过程。但当代西方的文化殖民主义与以往相比在规模、目的、手段及其在整个殖民体系当中的地位等方面都呈现出了一些新的特征。首先，在当代西方的殖民实践中文化殖民主义居于主导地位。早期殖民主义和新殖民主义的推行当然不可避免地伴随着文化的入侵和扩张，虽然这种赤裸裸的文化侵略和扩张也是整个殖民主义体系的有机组成部分，但仅仅是作为政治、经济、军事等殖民手段的一种补充形式发挥着有限的作用。然而，在文化作用日益彰显的当代，文化殖民已经取代政治、经济殖民成为西方殖民主义的主导方式，其规模与作用的发挥与过去不可同日而语。其次，当代西方所推行的文化殖民主义在目的上有了质的变化。如果说早期殖民主义阶段的文化侵略主要是服务于对物的掠夺，新殖民主义阶段的文化扩张主要是服务于对人的劳动的掠夺的话，那么，当代西方的文化殖民主义则主要可以归结为对精神的彻底改造——彻底摧毁第三世界人民的民族独立、国家主权的意识和历史创造主动精神，实现灵魂的奴隶化和附庸化，以便永久地内在地臣服于西方的经济政治模式和价值观[①]。再次，当代西方推行文化殖民主义的手段更加隐蔽。早期殖民主义阶段和新殖民主义阶段西方的文化扩张常常依附于其对东方国家所进行的军事入侵、政治统治和经济掠夺；而当代的文化殖民主义大都通过科技手段、话语体系等把文化产品巧妙地包装起来，并依托合法的外衣推销其文化观念与生活方式，通过精神和道德诉求影响、诱惑和说服别人认同某些行为准则、价值观念和制度安排，从而达到文化殖民的目的。

第三，有助于全面认识全球化背景下的东西方文化关系。一方面，全球化并不必然导致西方发达国家对东方落后国家的文化殖民。首先，从全球文化发展的客观趋向上来看，全球化的文化内涵应是共性与个性、统一性与多样性、普遍性与特殊性、世界性与民族性的统一。几百年来，西方文化没有也不可能完全"吞并"东方文化，使之湮没无闻，以致"全盘西化"。经济全球化条件下，世界各国、各民族文化发展的主流趋势，是民族性和世界性在更高层次上的互动与融合，即在民族性中反映出世界性的走向，在世界性中体现出民族性的特点。从现状来看，虽然文化多元的现象从来就存在，但它的突出和被提出本身却是全球化趋势发展的必然结果。表面看来，全球文化发展的统一性和多样性似乎很难两全，但实际上，如果没有全球化，全球范围内有关文化多元化的提出和讨论也是不大可能的。统一性与多样性的相互作用，其结果并不是趋同化，而是在新的

---

① 参见文熙：《殖民主义—新殖民主义—后殖民主义—西方资本主义国家对第三世界国家政策的演变》，载《党史文汇》1996年第5期，第2—8页。

统一的基础上又产生出新的不同。其次，从民族文化发展的主观诉求上来看，尽管以美国为代表的西方文化在全球化进程中成为一种主流趋势，但同时不容忽视的是：作为回应，一种有意识的、以保护民族文化独特性为目的的多元文化发展趋势正在世界范围内呈现，并在一定程度上构成了对西方文化扩张、渗透态势的抵抗。但另一方面，不可否认的是，全球化的确有利于西方对东方推行文化殖民主义。西方发达资本主义国家和第三世界发展中国家的地位是不平等的，前者把自己在经济、政治、军事、科技以及传媒等方面的强势扩展到文化方面，这就形成了全球化背景下强势文化与弱势文化的差异。在全球化发展过程中，西方国家尤其是美国，凭借其超强的经济实力和科技优势，高举"世界主义"、"普遍主义"的大旗，在全球范围内广泛推销其文化产品和文化价值观念，妄想在"普遍性"的口号下消解文化多样性的价值，力图同化其他国家的文化，将弱势民族及其文化整合到一个由强势国家和民族及其文化所控制的同质的人类文化之中，从而使全球文化朝着单质化的趋向发展。从这个角度看，当前中心国家与周边国家在文化上的支配与被支配的不平等关系，乃至文化殖民主义的凸显，都与全球化进程有很大的相关性。西方强势国家和民族有意识地推行文化殖民主义，把西方文化作为具有普世价值的文化动力内化于全球化发展的进程之中，这就使全球化进程在一定程度上被异化为西方文化的扩张进程。

二、深刻阐释了文化抵抗的基本原则：广泛的人文主义

在经过认真细致的把脉之后，萨义德诊断出了当代人类文化发展的上述病症，接着又为我们开出了一剂药方。如何抵抗当代人类文化发展中的这种不平等状况及其肆无忌惮地持续推进？萨义德的回答是：必须坚持广泛的人文主义原则，构建不同文化共同生存的领域，而不是战场。他说："人文主义是我们反抗种种扭曲人类历史的非人性行径和不公正现象的唯

一武器,我甚至要说它是最后的反抗武器。"① 事实上,人文主义思想是贯穿萨义德后殖民文化理论的主线,同时也是他所有批评的终极旨归。因此,我们要想准确地把握萨义德所谓"广泛的人文主义"的基本构想,并弄清其本质要求和深刻的文化意蕴,就必须将他的几部主要著作《东方学》、《世界·文本·批评家》、《文化与帝国主义》、《人文主义与民主批评》联系起来进行考察。

(一)"广泛的人文主义"之基本构想

我们首先必须认识到这一点,即萨义德对人文主义的讨论是有针对性的,并非为了展示一部人文主义的历史,也不是要探究其可能包含的所有内容。实际上,他所深刻阐释、努力践行并始终坚持的"广泛的人文主义"原则,是在批判、反思美国人文主义实践的基础上对西方传统人文主义所进行的本质修正和重新阐释。

萨义德之所以集中讨论美国的人文主义及其实践,主要出于以下两方面的原因:一是因为美国是他最了解的世界,他成年以来的大部分时间都生活在那里;二是美国作为世界上少数超级大国之一,作为一个移民社会对人文主义者提出了特殊的挑战和要求。当然,萨义德也认为他的很多论述同样适用于别的地方。反思美国人文主义的现实状况,萨义德对西方传统人文主义提出了三个方面的批评。一是批评了传统人文主义的精英化倾向。萨义德指出,人文主义曾经是一种特殊的才能,它要求修习或阅读某些艰深的文本,在此过程中不得不放弃某些东西,比如娱乐、快感、适应现世环境等等,因而它通常被认为是一个受到相当限制的、需要付出努力的领域,或令人为难的东西。换言之,人文主义是一种具有强烈精英意识的建构,好比一个非常严格的俱乐部,它的规则会把大多数人排除在外。这种精英化倾向不仅使人文主义变成了崇拜和压抑的手段,而且也使人文学科被故意设想或教导成为与当代历史、政治和经济这个"肮脏的世界"

---

① [美]爱德华·W.萨义德:《东方学》,王宇根译,生活·读书·新知三联书店1999年版,序言第16页。

不甚相关的东西。结果，文学和人文主义所尊崇的不是创造和改变历史的过程，而是近乎神圣的、田园牧歌般的过去。就像罗伯特·奥曼（Robert Aumann）所证成的那样，人文主义和人文学科转变成了一种专业的编码，其态度也轻松地凝固成了例行公事的满足，其追求则是对于真理不带感情的研究，不偏不倚、无牵无挂。二是批评了传统人文主义的本质化倾向。萨义德借用福柯、德里达等人的后结构主义思想，对西方人文主义思想中的本质主义传统采取了彻底批判的态度。在他看来，各种各样的中心主义都是本质主义的具体体现，因此，他说："我一向反对任何的中心（centricity）——中心与怪异（eccentricity）恰好相反——不管是非洲中心、欧洲中心、美国中心或什么中心。"① 萨义德指出，"我们"一直知道和感受到的东西，即那些不加辨别、天经地义的东西，恰恰隐藏着本质主义。他认为，人文主义不能被当成是一种用来巩固和确认"我们"一直知道和感受到的东西的方式，而应当被建构成一种质问、颠覆和重新塑造的途径，这就需要在认识论的基础上对至今仍存留在人文主义核心的本质主义予以深刻的抨击。三是批评了传统人文主义的排他性倾向。作为一位巴勒斯坦裔的人文主义者，萨义德对于西方人文主义传统中排斥非西方的那种固执的倾向特别敏感。他指的是那种可以避免的狭隘的视野，它只是用一种自我吹嘘的叙述回顾过去，却故意遗漏了其他群体的成就，甚至在某种意义上对他们富有成果的存在也视而不见。萨义德看到在西方的人文主义传统中存在一种狭隘的观念，如"我们代表一种仁慈的文化，他们则代表暴力和仇恨。我们文明，他们野蛮"②。在这种"我们 vs. 他们"的对立思维框架中，固守"我们"西方经典和价值标准的人文主义，就是对非西方的他者的排斥。他还特别批评了西方人文主义对印度、中国、非洲和日本的传统的忽视，并认为这种忽视的最终结果永远是枯竭和狭隘的视野。

通过反思美国人文主义，萨义德揭示出了西方传统人文主义的上述三

---

① ［美］爱德华·W. 萨义德：《知识分子论》，单德兴译，生活·读书·新知三联书店2002年版，第124页。

② ［美］爱德华·W. 萨义德：《人文主义与民主批评》，朱生坚译，新星出版社2006年版，第9页。

方面缺陷，这使我们深刻地认识到，真正享有传统人文主义所强调的诸如平等、自由等个体权利的只是一小部分人。从本质上讲，西方传统人文主义是一种以文化等级观念为基础的学术话语，具有强烈的精英主义、本质主义和排他主义倾向，蕴含着典型的欧洲中心主义观念。然而，萨义德对传统人文主义的上述严厉批评并不妨碍他依然相信：有可能在人文主义的名义下，对人文主义保持批判性。在他看来，对人文主义的滥用，损害的只是人文主义实践者的名誉，而非人文主义本身的名誉。关于最近几年时间里，美国出版、发表的大量传言或蓄谋反人文主义的书籍和文章，萨义德的看法是：在大多数情况下，它们是针对人文主义在很多关于非欧洲人和移民的政治和公共政策中的误用，作出了通常是理想主义的批评，甚或是强烈的过度反应。但他认为，抨击对某种东西的滥用，并不等同于不予理会或完全毁坏那种东西，因此，人们绝不应该像反人文主义者那样完全撒手放弃人文学科或人文主义。可见，萨义德对西方传统人文主义并没有完全否定。传统意义上的人文主义始于文艺复兴，最初是指对待源自古希腊和古罗马的古典学问的态度和信念，在后来的发展过程中逐渐演变成一种强调诸如平等、自由等个体权利的文化潮流。我们看到，事实上萨义德对传统人文主义尊重个体权利的核心理念依然极有兴趣，所以他仍然觉得，对自由和知识的人文主义理想依然给不幸的人们提供能量，如果没有"它所承载的令人讨厌的凯旋者的负重"的话，西方传统的人文主义仍然是"很值得保留的"，因为它能够向知识分子提供表达和捍卫前殖民地人民的人权和政治权利的手段。①

由于萨义德相信，即使在以欧洲中心主义和帝国的经验对人文主义的滥用中接受教育的人，依然能够塑造另一种人文主义。针对西方传统人文主义及其实践中存在的三个方面的缺陷，他建构了一种新型的人文主义——"广泛的人文主义"，其基本构想是要从两个层面上修正西方传统的人文主义。第一个层面是指，在研究上将人文主义与社会政治、历史等

---

① Wicke & Sprinker, "Interview with Edward Said", in Michael Sprinker, ed., *Edward Said: A Critical Reader*, Oxford and Cambridge, Mass. Blackwell, 1992, p. 230.

领域相联系，强调人文主义所具有的世俗性。在我们这个世界中，没有什么是与世隔绝的，也没有什么纯然不受外界的影响，每一领域必然会与其他领域相关联。萨义德说："人文主义的核心是那种世俗观念，那就是，历史的世界是男人和女人、而不是上帝创造的。"① 他意指人文主义不能脱离具体的社会政治历史环境，还必须随着政治历史环境的变化而变化，面对现实进行反思，修正那些因历史局限而造成的偏狭与不公，而不是固守某种已经成为过去的传统。因此萨义德强调，人文主义者必须以某种方式面对变化了的环境，既包括西方世界中由于非西方人口的加入而带来的文化格局的变化，也包括东西方国家之间新的政治经济关系。他说："任何一个人文主义的重大成就，无不与那个阶段的新事物，或者是艺术、思想或文化中最近出现的真实的和激动人心的东西，有着重要的结合、关联或接受。"② 总之，萨义德认为，人文研究需要一种有创意的理论来指导，学者可以公开地介入政治和当前的利害关系，用那些既不从某一个学科的封地或集团的生存出发，也不从如"印度"或"美国"这样欺骗人的身份出发，而是从改进或自愿加强一个社会、从试图在其他社会中生存的人高尚的价值观出发。第二个层面是指，在应用上将人文主义价值扩展到全世界所有民族，从而使人文主义具有开放性。萨义德指出，真正的人文主义应该是开放的、尊重各种不同的文化特性的人文主义。他说："人文主义的本质，就是把人类历史理解为不断的自我理解和自我实现的过程，这不仅是对于我们，作为白种人、男人、欧洲人、美国人，而且是对于每一个人而言的；要是看不到这一点，那也就是根本什么都没看到。在这个世界上，有别的学术传统，有别的文化，有别的精神特征。"③ 这种人文主义是世界主义的，它将一切民族和国家都囊括进来，特别是边缘的、落后的地方也得到关注。上述两个层面便是萨义德"广泛的人文主义"不同于西方传统人文主义之基本构想。

---

① ［美］爱德华·W. 萨义德：《人文主义与民主批评》，朱生坚译，新星出版社2006年版，第13页。
② 同上，第27页。
③ 同上，第31页。

(二)"广泛的人文主义"之本质要求

从萨义德的"人文主义作为一种进行中的实践"、"人文主义活动"、"一种行动的人文主义"等表述中,我们不难看出,他所谓"广泛的人文主义"关注的实际上主要是具体的实践意义上的人文主义,而非抽象的理论意义上的人文主义。这样的人文主义告诉人们,在今天这个动荡不安的、充满了各种恐怖主义的世界里,作为知识分子或者人文学科的学者和教师应该做些什么。因此,它是知识分子直接面对各种具体实践时应当具有的一种态度和倾向,也是知识分子所应承担的社会责任。关于人文主义,萨义德有过一段较为明确的阐述,他说:"人文主义是努力运用一个人的语言才能,以便理解、重新解释、掌握我们历史上的语言文字成果,乃至其他语言和其他历史上的成果。以我对于它在今天的适用性的理解,人文主义不是一种用来巩固和确认'我们'一直知道和感受到的东西的方式,而毋宁是一种质问、颠覆和重新塑形的途径,针对那些作为商品化的、包装了的、未经争辩的、不加辨别地予以合法化的确定的事实呈现给我们的那么多东西,包括在'经典作品'的大红标题下聚集起来的那些名著中所包含的东西。"① 因此,他认为要从根本上认识人文主义,就应"把它理解成民主的,对所有阶级和背景的人开放的,并且是一个永无止境的揭露、发现、自我批评和解放的进程"②。萨义德甚至更进一步指出:"人文主义就是批评,针对大学(它当然不是那些吹毛求疵、目光狭隘、自视为精英组织的人文主义所占有的位置)内外的各种事件的态势,并且,它以其民主的、世俗的、开放的特性,凝聚它的力量和适用性。"③ 可见,对于萨义德而言,"广泛的人文主义"之本质要求乃是一种民主批评实践,即以一种开放的民主的姿态对身边的各种具体事物展开批评。

作为一种民主批评实践,"广泛的人文主义"在一定程度上是对习见

---

① [美]爱德华·W. 萨义德:《人文主义与民主批评》,朱生坚译,新星出版社2006年版,第33页。
② 同上,第26页。
③ 同上。

的反抗，它反对任何形式的陈词滥调和不经思索的语言。它实际上是对立双方的对话，一方面是那些环境，另一方面是个人的人文主义者，这种对话关乎最深切的利益，而不是顺从或身份认同。其目的是让更多的东西可用于批判性的审查，没有什么误解绝不可能得到修正、改进或颠覆，没有什么不公正的、见不得人的秘密或者残酷的集体惩罚或者明显的帝国统治计划绝不可能揭露、解释和批评。这便给人文主义者设定了如下的阅读和阐释目标，即要在艺术作品中，在哲学家、知识分子和公共人物所作的陈述中，区分出普通的和不普通的、平常的和不平常的。因此，人文主义者必须提供其他的选择，必须凿破沉默，开放记忆中的世界，关注那些被排除在视线之外的弱势人群、边缘地区和落后国家。用萨义德的话来说，即"人文主义者的任务不只是占据一个位置或空间，也不只是简单地属于某个地方，而同时成为某些通行的观念和价值的局中人和局外人，无论它们是我们的社会，别人的社会，还是他者的社会中的问题"①。事实上，萨义德在《东方学》和《文化与帝国主义》两本巨著中进行的正是"广泛的人文主义"在本质上所要求的民主批评实践。

　　《东方学》是萨义德将自己的人文主义理想付诸批评实践的第一次大型尝试。在《东方学》2003 年版序言中，他明确指出："我在《东方学》中的想法，乃是以人文主义批评去开拓斗争领域，引入一种长期而连续的思考和分析，以之取代那些短小的随兴之辩，后者禁锢思想、意气用事，使我们带着标签陷于势不两立的争论之中，这种争论不以理解与知识交流为目的，倒是意在达成一种好斗的集体身份。"②《东方学》主要践行了萨义德所谓"广泛的人文主义"的第一层构想，即将对人文学科的研究与世俗政治联系起来，从而使被人文学科排除在外的东方学重新纳入人文研究的范畴。萨义德的假设是，作为一门人文学科的东方学，是以欧洲中心主义观念为基础的意识形态建构。为了证明这种假设，他考察了"几乎被东

---

① ［美］爱德华·W. 萨义德：《人文主义与民主批评》，朱生坚译，新星出版社 2006 年版，第 89 页。
② ［美］爱德华·W. 萨义德：《东方学》，王宇根译，生活·读书·新知三联书店 1999 年版，序言第 9 页。

方学的范围、经验和结构所彻底消除的那些人文价值"①,阐述了欧洲的人文学者是如何以不同方式在不同程度上屈从于东方学观念的内在支配的。在萨义德看来,由于人文主义者"有意识地选择一种经过伪装的、赤裸裸的、系统过滤过的表现模式,而不选择那种有争议的模式"②,导致欧洲传统的人文主义没有能够清楚地认识到文化的政治性和意识形态性,看不到文化与权力之间的密切关系,不仅无力抵抗帝国主义,反而参与了帝国的扩张活动,或者说至少没有干预东方学话语的建构。因此,在对东方学的系统批判过程中,萨义德揭示了传统欧洲人文话语在东方学建构中的重要作用,指出东方学就其本质而言是传统欧洲人文主义的派生物,反过来,传统的欧洲人文主义之中已经深深嵌入了东方学思维。他在《东方学》中的这种分析正彰显了"广泛的人文主义"的世俗性特征。

《文化与帝国主义》是对"广泛的人文主义"原则的又一次大型实践。在关于"广泛的人文主义"的访谈中,萨义德明确指出:"我一直在写一本大书,书名叫《文化与帝国主义》,研究的就是广泛的人文主义原则,我所受的教育、觉得很自在的西方原则,总是受限于国界。"③ 可见,作为《东方学》的续集,《文化与帝国主义》主要践行了萨义德所谓"广泛的人文主义"的第二层构想,即将人文主义价值运用到全世界所有民族。这是他在《东方学》中没有做的,在那里他只是从欧洲的一面来讨论,而在《文化与帝国主义》中则将拉丁美洲、非洲、亚洲等非欧洲的任何其他地方都纳入了讨论。通过对非欧洲世界人民反对与抗拒欧洲白人世界的分析,萨义德尝试着显示了非欧洲的另一面。为了拓展人文主义讨论和应用的领域,萨义德提出了三种践行民主批评的模式,即"混杂文化"模式、"对位解读"模式和"驶入的航程"模式。"混杂文化"模式除了要求关注文化与政治的复杂牵连和相互关系之外,更重视世界范围内人类文化之

---

① [美]爱德华·W. 萨义德:《东方学》,王宇根译,生活·读书·新知三联书店1999年版,第144页。

② [美]爱德华·W. 萨义德:《文化与帝国主义》,李琨译,生活·读书·新知三联书店2003年版,第76页。

③ [美]爱德华·W. 萨义德:《知识分子论》,单德兴译,生活·读书·新知三联书店2002年版,第131页。

间的杂交和相互依存关系;"对位解读"模式要求将西方文化中帝国文化与前殖民地国家文化相互联系起来;"驶入的航程"模式要求非西方作者主动地有意识地进入欧洲与西方的话语结构,和它打成一片,从而使它承认边缘化了的、受压制的或被遗忘了的历史。萨义德在《文化与帝国主义》中的这些建构正彰显了"广泛的人文主义"的开放性特征。

(三)"广泛的人文主义"之文化寓意

萨义德后殖民文化理论的核心问题是对东方与西方、他者与我者文化关系的考量,其在本质上是对人类不同文化之间相互交往关系的考量。因此,他所谓"广泛的人文主义"原则呼吁将人文主义价值运用到全世界所有民族,蕴含着深刻的文化寓意。正如萨义德所言:"我们需要的不是那种被制造出来的文明的冲突,而是聚精会神于相互交叠的文化间的慢慢合作,这些文化以远为有趣的方式彼此借鉴、共同生存,绝非任何删繁就简的虚假理解方式所能预想。"①"广泛的人文主义"所追求的人类文化发展目标是实现不同文化的和谐共生,而且它同时指明了人类不同文化和谐共生的必要性、可能性及实现途径等问题。

人类不同文化的和谐共生何以可能?"广泛的人文主义"所提出的人文主义的世俗性特征,彰显了人类不同文化之间的相互依存关系。"世俗性"是萨义德后殖民文化理论中的一个关键词,他总是用这个概念来表示任何人、任何文本、任何事物都不能从真实的历史环境中分离出来,甚至在理论层面也不能。那么,世界上的各种群体及其文化也不可能脱离实际存在的环境,事实上,每种文化的存在都以其他各种群体及其文化的客观存在为其现实环境。可见,在人类文化的发展过程中,没有任何一种文化是孤立存在的,任何一种文化的发展和维护都离不开与其相异质甚至相竞争的其他文化的存在。正像萨义德所认为的那样,一切文化都你中有我,我中有你,相互交织在一起,世界上各种文化令人震惊地互相依赖,甚至

---

① [美]爱德华·W. 萨义德:《东方学》,王宇根译,生活·读书·新知三联书店 1999 年版,序言第 15 页。

在想象中都没有被分清，一切文化的历史都是文化借鉴的历史，人类不同文化之间的相互依存是一个普遍的准则。特别是随着经济全球化的迅猛发展，人类作为一个整体所面临的许多共性问题日益凸显，迫使人们开始从人类整体来考虑问题，承认人类文化的某些共性，从而加强合作，更彰显了人类不同文化之间的紧密关系。萨义德从在约翰内斯堡举行的联合国世界首脑会议看到了这一趋势，并认为它所展现的诸多全球共同关注的领域和问题，如环境、饥荒、发达国家与发展中国家的差距、健康、人权等等，表明一种令人欣慰的新集体共识已经出现，为"大同世界"这一通常"信口说出"的概念带来了新的迫切性。从当前来看，与市场经济模式相适应的文化理念和价值认同、以民主和自由等为核心的政治价值、追求富裕和文明的生活理念以及在全球范围内勃兴的绿色文明等符合人类共同利益的价值追求，正在走向全球。这些共同的价值追求使我们看到了人类不同文化和谐共生的可能性；同时也使我们认识到，只有实现不同文化的和谐共生，加强合作，才能推动形成越来越多的共同的文化与价值观念，才能使人类更好地解决其所面临的生态破坏、资源短缺、人口膨胀、毒品泛滥、艾滋病传染等共同的问题。从理论和现实两方面来看，"广泛的人文主义"所追求的人类不同文化的和谐共生既是可能的，又是十分迫切的。

  人类不同文化的和谐共生如何实现？"广泛的人文主义"所彰显的人文主义的开放性特征，要求不同文化都应当排斥一种本质性的身份建构。正如萨义德所观察到的那样，世界变得比以往更为一体化，人口也混杂得多：来自非洲北部、库尔德、土耳其的穆斯林，来自中东和东、西印度的阿拉伯人以及来自一些非洲国家的男男女女，已经永久地改变了英国、瑞典、法国、德国、意大利、西班牙和其他一些欧洲国家的整体面貌；民族、种族和信仰的惊人的混杂，形成了拉丁美洲国家各不相同的历史；印度、马来西亚、斯里兰卡、新加坡以及其他一些亚洲国家同样有着极具多样性的语言和文化。因此，民族身份的整个概念必须加以修正，对那种统一的、清晰的、同质的民族身份观念现在必须进行反思。在萨义德看来，在全球普遍联系的时代，任何希望建构一种所谓永恒民族性、文化性（如西方性、东方性、欧洲性、亚洲性、美国性、中华性）的努力都是危险的，其往往会走向民族文化沙文主义，最终导致不同文化的封闭与对立。虽然萨义德更侧重于揭示人类文化交往中的不对称现象，但由于一切文化交往都是一个双向的过程，所以实际上"广泛的人文主义"之文化追求需要双方的共同努力，只有这样才能构建不同文化共同发展的领域，而非战场。

一方面，西方世界应当摒弃传统人文主义的欧洲中心主义观念。欧洲中心主义的普遍主义的狭隘性，它对西方文明未经检验的假设，它的东方学，以及它试图推行一种方向一致的进步理论等等，都是与"广泛的人文主义"所倡导的真诚的世界主义或国际主义背道而驰的。然而，如今我们处在一个紧密联系而又变动不居的世界中，任何一个民族或国家的历史和文化认同都无法限定于一个传统、一个种族或一种信仰，西方世界如果继续忽视印度、中国、非洲和日本等国家和地方的传统，不仅无助于自身的文化发展，也会对整个人类的文化进步形成阻碍。高唱美国或西方优越论而嘲笑、贬低或者鄙视其他文化的做法已经站不住脚了，炮制出诸如"我们代表一种仁慈的文化，他们则代表暴力和仇恨"，"我们文明，他们野蛮"等论调更是可笑。显然，如果说一种欧洲中心主义的人文主义在过去足以使用，那么它现在已经不合时宜。另一方面，东方世界应当超越狭隘的文化民族主义观念。正如萨义德所言，狭隘的民族主义强调不同文化和文明之间的强烈差异，并试图以这种差异作为解释所有问题的万灵药方是极端错误的。其所引发的全盘拒绝主义不仅无助于东方国家的文化进步，也不利于整个人类的文化发展。因此，萨义德"广泛的人文主义"原则要求东方世界在利用民族主义成功地争得民族独立之后，要避免陷入一种过度仇外的不容异己的极端状态。东方民族即便面对西方的文化殖民，也不能简单地采取"以牙还牙，以眼还眼"的报复手段，而应当理性地抵制自身文化中这种潜在的倾向。因为这种简单的仇视与报复行为只是在重复对方的错误，其结果毫无疑问只会加深彼此的对立情绪。

总之，"广泛的人文主义"原则抵制不同文化在相互交往中寻求某些带本质性的东西，去恢复它，或把它放到无可辩驳的崇高地位。相反，它表现出一种宏阔的视野，要求每一个民族和国家都应该看到，"在这个世界上,有别的学术传统,有别的文化,有别的精神特征"①。"广泛的人文主义"认为,使得一种文化和文明让人感兴趣的东西不是它们的本质或纯粹,而是它们的结合和差异,它们所具有的与其他文明之间形成引人注目的对话的方式。于是萨义德断言,不可能有一种真正的人文主义,其范围局限于以爱国热忱赞颂自己的文化、自己的语言、自己的典范中的种种优点。他所谓"广泛的人文主义"要求任何文化都不能疏远和敌视其他不同的文化,而必须积极地为一种外来的他者文化创造一个场所。萨义德说:"我绝不承认,某个东西在人文主义看来、在本质上是毫无趣味的,仅仅是因为它不是我们的东西,或者因为它属于不同的传统,来自不同的观点或经验,是不同的工作程序的结果。"② 可见,依照"广泛的人文主义"原则,人类文化应该以一种"世间的、综合的(区别于疏离的或局部的)模式"来抵抗我们这个时代大量还原论的和庸俗化的"我们 vs. 他们"的思维范式。"广泛的人文主义"必然要求进入差异,进入另一种传统,实现"大规模综合",但又绝不是要抹杀其组成部分的个体性和历史的具体性。因为"广泛的人文主义"研究,尽管对几个世纪以来一直被认为是无法逾越的东西方之间所存在的文化鸿沟进行了重新思考,但其目的并非是要消除差异本身,而是要对"差异意味着敌对、意味着对立永远无法消除"这类观念以及从中产生出的一整套对立性认识提出挑战。事实上,没有谁能否认不同民族和文化差异在人类交往过程中所起的积极作用,因此,我们没有必要担心"广泛的人文主义"所追求的人类文化的和谐共生会使人类文化的多样性消失。

三、充分彰显了知识分子的本真状态:普遍的批判意识

萨义德在《东方学》绪论里写道:"在漫长的过程中,我一直力图运用我的教育幸运地给予我的那些历史、人文和文化的研究工具尽我所能地

---

① [美]爱德华·W. 萨义德:《人文主义与民主批评》,朱生坚译,新星出版社2006年版,第31页。
② 同上,第32页。

保持一种严肃而理性的批判意识。"① 他十分担心在当代这个基本上是被管理的社会和西方的民主政治中，批判意识正被逐渐淹没。因此，他的世俗批评理论的关键就是探讨知识分子的批判意识有何作用、如何形成，而他对知识分子的角色与功能定位强调的核心也是如何坚持一种质疑、对反的批判立场。除去这些直接的理论探讨和强调，萨义德后殖民文化理论本身便充分彰显了知识分子的这样一种本真状态，即要保持一种普遍的批判意识。萨义德在"广泛的人文主义"原则下对前人理论的批判、对社会现实的批判及其始终保持的自我批判意识，与马克思主义以人文关怀为底蕴的批判精神具有高度的一致性。法国哲学家雅克·德里达（Jacques Derrida）在《马克思的幽灵》（*Specters of Marx*）中曾经说过："地球上所有的人，不管他们愿意与否、知道与否，今天在某种程度上都是马克思和社会主义的继承人。"② 德里达所强调的正是后人继承马克思主义批判精神的必要性，他的这种看法未必适合任何人，但用在萨义德身上却是极为恰当的。

（一）对前人理论的批判

萨义德的后殖民文化理论主要受到了马克思、福柯、葛兰西、法侬、维科等诸多理论家和批评家的影响。然而，他并不只是一味地吸收这些人的思想，其敏锐的批判意识绝不会在此缺席，他们也不可避免地成为萨义德批判的对象。我们在这里主要是为了说明萨义德所具有的普遍的批判意识，至于他对这些理论家的批评中肯与否暂且存而不论。

萨义德对马克思主义的批判。萨义德在其名著《东方学》和《文化与帝国主义》中多次批判马克思的东方学视野。他把马克思在《路易·波拿巴的雾月十八日》中的话"他们不能表述自己；他们必须被别人表述"③作为《东方学》一书的开篇，从而把马克思和帝国主义、种族主义等相提并论。他接着又集中论述了马克思 1853 年在《纽约每日论坛报》上发表

---

① ［美］爱德华·W. 萨义德：《东方学》，王宇根译，生活·读书·新知三联书店 1999 年版，第 34 页。
② ［法］雅克·德里达：《马克思的幽灵》，何一译，人民大学出版社 1999 年版，第 129 页。
③ 《马克思恩格斯选集》第 1 卷，人民出版社 1995 年版，第 678 页。

的两篇论英国在印度统治的文章，认为马克思把英国对亚洲的摧毁看成是一场真正的社会革命的观点表明马克思受到了流行于那一时期的东方学者叙述的支配，理由是马克思在分析印度问题时使用了"不自觉的工具"的概念。此外，萨义德对于经典马克思主义将殖民主义主要归因于经济和界定不清的政治过程极为不满，他十分反对将马克思主义教条化，因而非常欣赏卢卡奇和葛兰西"在某些方面以创意的方式离开、反对跟随马克思对阶级斗争的所有那些说法"①，从而在新的历史条件下重新解读西方殖民主义，他认为："文化起了很重要，甚至不可缺少的作用。"②

萨义德对福柯的批判。萨义德虽然在理论上十分倚重福柯有关知识与权力关系的阐述与分析，但从一开始就已经意识到了后者的理论缺陷，于是对福柯进行了持续性的批评。早在1974年的《语言伦理学》（"An Ethics of Language"）一文中，萨义德就开始怀疑福柯考古学观念是否有助于非西方文化抵抗统治。1978年的《东方学》一书中，他似乎已经因为福柯理论中抵抗的缺乏而感到不安了，在谈到福柯对作为有用的或者必需的分析概念的个人主体、作品和作者的扬弃时，他鲜明地指出："福柯认为，从一般的意义上说，单个文本或作家无关紧要；但根据我自己的经验，我发现对东方学（也许仅仅限于东方学）而言情况并非如此。"③ 在1982年发表的《理论旅行》的结尾部分，萨义德对福柯的话语理论进行了更加深入的批评，认为"福柯所说的历史最终是文本的，或者说文本化的"，"无法设想福柯会对那些针锋相对的政治问题进行持续的分析"④。在1985年刊登于纽约《楔子》（*Wedge*）的访谈中，萨义德将福柯与法侬和乔姆斯基作比较，进一步批评了福柯的在抵抗方面的"退缩"。在1986年刊登于纽约《批评文本》（*Critical Text*）的访谈中，他再次批评了福柯"相信对于

---

① [美]薇思瓦纳珊：《权力、政治与文化——萨义德访谈录》，单德兴译，生活·读书·新知三联书店2006年版，第220页。
② [美]爱德华·W. 萨义德：《文化与帝国主义》，李琨译，生活·读书·新知三联书店2003年版，第315页。
③ [美]爱德华·W. 萨义德：《东方学》，王宇根译，生活·读书·新知三联书店1999年版，第31页。
④ 《赛义德自选集》，谢少波等译，中国社会科学出版社1999年版，第158页。

规训性的或监禁性的社会的控制,到头来几乎是无法抵抗的"① 观点。1987年在收录于伦敦出版的专书《社会中的批评》中,萨义德更是把福柯的立场比作犬儒主义,认为他直到晚年也根本没兴趣直接介入任何政治。1993年,在关于扩展人文主义的访谈中,萨义德明确指出:"福柯似乎一直把自己和权力结盟。他像是一种不可抗拒的、不可规避的权力的抄写员。"② 在《文化与帝国主义》一书中,萨义德更是指责"福柯的著作却越来越少地认真考虑社会整体,相反,却把注意力集中在难以抗拒、正在不可避免推进的微型权力中的个人上面",从而把福柯与权力的结盟更进一步地说成是"似乎实际上代表了一种不可抗拒的殖民化运动"③。

　　萨义德对葛兰西的批判。萨义德关于知识分子的观点明显受到葛兰西的影响,但他也指出了葛兰西知识分子观点的部分问题,即在于葛兰西有关有机的和传统的知识分子这两个类别很不清楚,而且很难弄清楚。他认为那些类别根本不是稳定的类别,并以阿诺德为例加以说明。"有时你可以说阿诺德是有机的知识分子。1869年他写《文化与无政府状态》时,附属于一个特定的阶级。但到了19世纪末,他变成了传统的知识分子,人们把他的书读成是为文化辩护,除了教会之外,与其他任何事情毫不相干。"④ 因此,萨义德坚持主张知识分子是社会中具有特定公共角色的个人,不能只化约为葛兰西所描述的面孔模糊的专业人士,只从事她/他那一行的能干成员。他认为,对他来说主要的事实是:"知识分子是具有能力'向(to)'公众以及'为(for)'公众来代表、具现、表明讯息、观点、态度、哲学或意见的个人。而且这个角色也有尖锐的一面,在扮演这个角色时必须意识到其处境就是公开提出令人尴尬的问题,对抗(而不是

---

① [美]薇思瓦纳珊:《权力、政治与文化——萨义德访谈录》,单德兴译,生活·读书·新知三联书店2006年版,第74页。
② [美]爱德华·W. 萨义德:《知识分子论》,单德兴译,生活·读书·新知三联书店2002年版,第126页。
③ [美]爱德华·W. 萨义德:《文化与帝国主义》,李琨译,生活·读书·新知三联书店2003年版,第396页。
④ [美]薇思瓦纳珊:《权力、政治与文化——萨义德访谈录》,单德兴译,生活·读书·新知三联书店2006年版,第300页。

制造）正统与教条,不能轻易被政府或者集团收编,其存在的理由就是代表所有那些惯常被遗忘或弃置不顾的人们和议题。知识分子这么做时根据的是普遍的原则：在涉及自由和正义时,全人类都有权期望从世间权势或国家中获得正当的行为标准；必须勇敢地指证、对抗任何有意无意地违反这些标准的行为。"[1]

萨义德对法侬的批判。尽管萨义德相当推崇法侬的反殖民理论,但他对法侬的看法也并不总是赞成的。比如讨论法侬在殖民情景中对黑格尔的主奴辩证关系再度阐释时,萨义德把它描述为"抵抗运动的部分悲剧之所在",因为它势必要借助殖民者的理论。他在《文化与帝国主义》一书中说："具有讽刺意味的是,黑格尔的辩证法说到底是黑格尔的：是他首先提出了这个论点,正像先有了马克思主义关于主体与客体的理论然后才有法侬的《受苦的人》利用它来说明殖民者与被殖民者之间的斗争一样。这就是抵抗运动的部分悲剧所在。它必须在某种程度上恢复帝国文化已经确立的,或者至少影响过或渗透过的形式。"[2] 由此,萨义德找到了法侬之所以不能在《地球上的不幸者》结尾把这种反叙事的"复杂性和反认同性"阐述清楚的原因。他在该书后面部分指出："当你阅读《被毁灭的大地》的最后几页时,你会得到这样一种印象,就是：法侬在投身于以具有强大破坏力量的反叙述对帝国主义与正统民族主义两者进行的斗争以后,却不能把反叙述的复杂性与非属性的力量阐述清楚。"[3] 此外,早在1986年的访谈中,萨义德还谈到了现实中所出现的法侬没有预料到的激进分子阶级被收编的情况。他说："法侬作品中所暗示的团结是和一个新近冒现的阶级（an emergent class）、新近冒现的运动保持团结,而不是和早已存在的阶级或运动保持团结。我对这点的感受就是,如果法侬能多活几年,亲眼目睹阿尔及利亚独立建国的最初几年的话,他的立场会是很复杂的,我认

---

[1] ［美］爱德华·W.萨义德：《知识分子论》,单德兴译,生活·读书·新知三联书店2002年版,第16—17页。
[2] ［美］爱德华·W.萨义德：《文化与帝国主义》,李琨译,生活·读书·新知三联书店2003年版,第299页。
[3] 同上,第390—391页。

为他未必会继续待下去,可能会搬到另一个地区。因为许多新兴国家中所发生的状况就是,激进分子变成了国家系统里的执行人员,而这个国家系统大都没有演化出保有批判距离的知识分子阶级。有关团结最令人困扰的事情之一,就是你受限于自己对团结的说法的程度,以及你可能轻易就被收编到权力的论述里。这是无法避免的事。法侬来自激进分子的阶级,这些人后来变成了国家力量的主宰和工具。"① 萨义德对法侬反殖民理论存有某些不满,他认为法侬所称的由民族意识转化、转型为政治和社会意识的情形尚未发生,并指出那个未完成的计划正是他自己批评事业的起点。

(二) 对社会现实的批判

通过对东方学的分析和批判、对西方文化和帝国主义共谋关系的揭露,萨义德揭示出了文化所具有的政治性和意识形态性,并证明了其在帝国扩张历史中的一贯在场。然而这种理论和历史的分析并非萨义德的最终目的所在,他的出发点和落脚点显然是对当代西方文化殖民主义现实的批判。随着英、法在世界历史上霸主地位的丧失,"二战"后尤其是冷战结束以后,美国愈来愈处于强势地位并逐渐成为世界上唯一的超级大国。当代西方的文化殖民主义②主要是由美国所推行的,因此萨义德在《东方学》、《文化与帝国主义》和《报道伊斯兰》等重要著作中都将美国文化作为一个重要的文化霸权现象来讨论。

在《东方学》最后一章中,萨义德详细讨论了作为东方学最近发展阶段的美国东方学。他首先概括描述了传统欧洲东方学在美国新语境中所发

---

① [美] 薇思瓦纳珊:《权力、政治与文化——萨义德访谈录》,单德兴译,生活·读书·新知三联书店 2006 年版,第 74—75 页。
② 萨义德谈到美国在世界范围内的文化扩张和文化控制时,主要使用了"霸权"这个词,很显然他是在葛兰西的意义上援用的,即认为霸权不是一个强加于人的、存在于美国当代文化话语和美国在臣属的非西方世界的政策中统一的权力,而是一个由压力和限制构成的体系,整个文化根据这个体系而保持住它基本的帝国主义规律、完整性和一定时期内的可预见性。可见,在萨义德那里,"文化霸权主义"与我国学者所使用的"文化帝国主义"、"文化殖民主义"是相通的。我国学术界绝大多数学者把"文化霸权主义"、"文化帝国主义"、"文化殖民主义"放在同等意义上使用,本书同意这种用法,但主张在中文语境中使用"文化殖民主义"一词,因为"霸权"一词在中西方文化中的含义是不同的。

生的变化，即东方学已经从一个以语言学为基础、旨在对东方进行模糊的概况表现的学科转变成了社会科学的一个专业。因此东方学家不再试图首先掌握东方神秘莫测的语言，而是以一个受到良好训练的社会科学家的身份开始他的研究，并且试图将他的学科"应用"于东方或任何其他地方。美国东方学家从社会科学角度出发关注东方的一个显著特征是将文学完全排除在外，并认为对于区域研究专家来说，更为重要的似乎是"事实"，而文学文本也许只会分散其对事实的注意力。此外，萨义德显然对美国的中东研究十分敏感，他注意到1946年5月中东研究所在华盛顿的成立，事实上是联邦政府为了更好地理解中东那些正在与美国的观念相抗衡，并且妨碍其传播的力量而授意的。而在中东研究所的带动下，美国相继出现了各种各样的研究计划和活动，比如：中东研究会，福特基金会和其他基金会强有力的支持，联邦政府对大学研究项目的各种资助，联邦政府各种各样的研究计划，国防部、兰德公司、哈得逊研究所这样的具体职能部门的研究计划，以及银行、石油公司、跨国公司等的咨询和游说活动。可见，美国东方学实质上体现了其针对东方世界的文化关系政策。由上可知美国东方学的确出现了一些不同于传统欧洲东方学的因素，然而萨义德更想强调的却是：就其一般功能与具体功能的总体情况而言，美国东方学仍然保留了传统欧洲东方学的框架。他认为，美国的东方研究遵循的还是帝国主义欧洲诸强的范例：东方研究的框架是政治性的，而不仅仅是学术性的。尽管美国学界采取的是一种高度精细化的社会科学技巧，其大部分学者、研究机构、话语风格和研究走向与欧洲传统的态度仍具有内在一致性。萨义德进而概括出了今天仍然存在于美国东方研究中的最纯粹的东方学信条："其一是理性、发达、人道、高级的西方，与离经叛道、不发达、低级的东方之间绝对的、系统的差异。另一信条是，对东方的抽象概括，特别是那些以代表着'古典'东方文明的文本为基础的概括，总是比来自现代东方社会的直接经验更有效。第三个信条是，东方永恒如一，始终不变，没有能力界定自己；因此人们假定，一套从西方的角度描述东方的高度概括和系统的词汇必不可少甚至有着科学的'客观性'。第四个信条是，归根到底，东方要么是给西方带来威胁（黄祸，蒙古游民，棕色危险），要么是为西方所控制（绥靖，研究和开发，可能时直接占领）。"①

在《文化与帝国主义》一书的第四章中，萨义德深入剖析了美国在崛起过程中从欧洲历史地继承下来的文化与帝国主义的共谋关系。他首先列举了几位在知识界颇有影响的人物的著述和观点来反映当代美国文化所呈现出的帝国意识。诺姆·乔姆斯基的观点认为：我们今天生活在一个美国正在日益上升的时代，因而需要继续巩固美国在思想意识和文化方面的支配地位；罗纳德·斯蒂尔（Ronald Steele）所著的《李普曼与美国世纪》记述了体现在这位本世纪声望最高、最强有力的美国记者职业生涯中的一种崛起心态，即认为他作为博学者的任务是帮助人们适应美国在全世界范围内拥有无与伦比的力量之现实；乔治·凯南（George Kennan）的文章指出：只有欧洲和美国有资格领导世界，美国作为西方文明的捍卫者，像"青少年"一样正在担负起一度由英国担当的角色，美国的这种地位在非欧洲世界意味着，不要去努力使美国受人欢迎，而要依赖于纯粹力量的概念。然而，萨义德也注意到，美国的当权者并不想让美国成为它所追随的其他帝国主义大国，而是喜欢把它的所作所为解释为所谓"对全球的责任"。"全球责任论"使一般美国人觉得，凡是他们所想要的都正是全人类所想要的，美国的海外干涉都是在保护人类利益、维持秩序、以正义对付非正义和不正当行为，因此美国对第三世界的干涉是出于历史使命、道德复兴、自由的扩大之需要。而这种情况尤为令人吃惊之处，不在于美国仅仅进行了尝试，而在于它将之付诸了实践，而且是通过在一个为了直接代表它和解释它而确立的文化领域中没有异议地一致而完成的。萨义德认为，政府、决策者、军方、思想库、新闻媒体和学术界在制造这种共识过程中，共同起了作用，但他更强调新闻媒体的特殊作用。在萨义德看来，美国文化扩张的范围之所以突飞猛进，主要是由于传播与控制信息工具的空前发展，新闻媒体比所有过去的西方技术都表现出更大的渗入目标文化的能力，特别是国际传媒，时常在使人不知不觉的情况下疯狂地广泛地介

---

① [美]爱德华·W. 萨义德：《东方学》，王宇根译，生活·读书·新知三联书店1999年版，第385—386页。

人。他指出:"没有任何人否认过,掌握这一结构中的最强大力量者是美国,不论是因为一小撮美国跨国公司控制着世界上多数国家所依赖的新闻的制作、传播、尤其是选择(甚至萨达姆·侯赛因,也似乎依靠有线电视新闻 CNN 供给消息),还是因为来自美国的各种形式的文化控制有效无阻地扩张,造成了一种合并与依赖的新机制。这个机制不仅可以用来臣服与胁迫美国自己的人民,而且还有较弱小的文化。"① 萨义德认为,公众对媒体运作的有限影响,加上几乎是无懈可击的政府政策与左右新闻报道和选择的意识形态的配合,使得美国对非西方世界的帝国主义态度保持了连贯性。美国政策由此得到了一个不反对它的基本宗旨的主流文化的支持:支持专制的不受欢迎的政权,支持对抵抗美国盟国的殖民地反抗力量的暴力行为施加不成比例的更大的暴力,支持对合理的民族主义不变的敌对态度。他认为:"这种观念和媒体所宣传的世界观是相当一致的。其他文化的历史是不存在的,除非它出来与美国对峙;对外国社会的报道被压缩成三十秒的新闻,声音讯号,变成了亲美或反美、支持或反对自由、支持或反对资本主义和民主问题。……就像媒体所规定的那样,专业解释人员或专家在解释'另类'人时面对的选择是,告诉公众所发生的事件是否有利于美国——好像什么是有利可以在十五秒的声音讯号中得到反映——然后提出一项行动的建议。"② 因此萨义德说:"低估美国电子媒介对非西方世界的报道,和它对文字文化的取代给予美国人民对非西方世界的态度,以及它对这个世界外交政策的影响,这是不负责任的。"③ 通过对新闻媒体所发挥的巨大作用的揭示,萨义德使我们看到,美国事实上已经垄断了世界文化话语,例如美国出现的关于发展与现代化的话语,一整套惊人的概念——经济阶段理论、社会类型、传统社会、制度转变、绥靖、社会动员等等——在全世界都在运用。他还指出,尽管文化话语中被内化了的规范、发表观点时要遵循的格局、相对于非官方历史的"官方"历史这些当然是

---

① [美]爱德华·W. 萨义德:《文化与帝国主义》,李琨译,生活·读书·新知三联书店 2003 年版,第 416—417 页。
② 同上,第 459 页。
③ 同上,第 458—459 页。

所有的社会用来限制公众讨论的方法，但不同的是，美国在世界上的强大力量和与之相应的强大的国内共识力量。萨义德甚至沮丧地说："这种由媒体制造出的共识力量是前所未有的。反对这个共识从来没有这样困难；而无意识地屈从于它从来没有这样容易和符合逻辑。"① 总之，萨义德的论述和分析毫无疑问使我们认识到，尽管美国扩张主义主要是经济性质的，但与它同步的是不断公开说明的、关于美国自身的文化观念和意识形态。他的结论是："世界历史中从未有过像今天这样，一种文化对另一种文化实行如此大规模力量与思想上的干预，像美国对世界的干预一样。"②

在《报道伊斯兰》中，萨义德主要解析了美国的媒体文化。他在这部专门讨论新闻媒体的著作中，以政府、媒体与学界的共谋为对象，辅以福柯对于知识与权力的洞见，加上诠释与认知的效应，针对若干具体的事例剖析美国媒体有关中东资讯的传播以及相关的知识生产与流通，一方面进行实例式的诠解与分析，另一方面进行理论性的反思与批判，两方面相辅相成，互为表里。在此基础上，萨义德更深刻地剖析了美国媒体制造共识的能力和机理。他指出，这种共识塑造出新闻、决定什么是新闻以及如何让它成为新闻，并且这种新闻和舆论是"依据规则、局限于框架、运用传统做法"逐渐形成的，然而一旦形成便很难改变，更由于不是强制性的规定，所以不容易让人感觉到它的存在。依据萨义德的分析，这种共识并不是源于严格的法律，也不是阴谋或独裁，而是源出于文化，或者更恰当地说，它就是文化本身。③

（三）自我批判意识

马克思主义认为，批判与自我批判是相辅相成的，批判只有与自我批判相结合，才能成为发现、诠释并进而发展真理的一个有机的、能动的环

---

① ［美］爱德华·W. 萨义德：《文化与帝国主义》，李琨译，生活·读书·新知三联书店2003年版，第459—460页。
② 同上，第454页。
③ 参见［美］爱德华·W. 萨义德：《报道伊斯兰》，阎纪宇译，上海译文出版社2009年版，第1—32页。

节。马克思、恩格斯一以贯之的自我批判精神,主要表现在他们对自己研究成果的科学态度上,他们曾在许多场合谈到了自己理论的过时问题。萨义德的自我批判意识显然没有马克思、恩格斯彻底和深刻,但也足以彰显出知识分子的本真状态。

一方面,萨义德的自我批判意识表现为,他对自己研究成果所采取的科学态度,即不只是去辩护和发挥它们,更重要的是指出它们的限制,并在原先产生这些想法之外的其他脉络之中探索发展它们的可能。其中最突出的就是他对让自己跃登国际舞台的《东方学》所做的反思和发展。首先,萨义德在一系列访谈中不断地检视《东方学》中的观点。他十分重视访谈这种能够通过互动产生知识的方式,并在他所接受的一系列访谈中一再地把批判的凝视转向自己先前的作品,从而使访谈充分发挥了自我检视的作用。萨义德在1985年访谈中就毫不避讳地承认了《东方学》在某些方面来说是一本负面的书。他在1991年访谈中更加明确地说:"我认为《东方学》的大缺点之一就是它可能传达了一种印象:没有替代的方式,只能束手无策。"① 同时,他还认为《东方学》所产生的许多很有意思的作品显然已经超越了它。在1993年的访谈中,萨义德又看到:"《东方学》其实根本没有涵盖亚洲。"② 其次,萨义德写作《东方主义再思考》一文反思《东方学》中的观点。除了重申在《东方学》一书中提出的基本主张以回应那些针对《东方学》所提出的形形色色的批评外,萨义德充分肯定了《东方学》所引出的大量评论的积极的和建设性的作用,尝试更深入地解释并发展在《东方学》中没有解释得很好的一些观念,并以一种更为开阔的眼界对自己早期的思想作了一些修正和补充。例如他更多地注意到与殖民话语对峙的反话语的存在,也更明确地承认早期的反殖民主义思想家如法侬、赛萨尔等人思想遗产的价值,从而指出:"我们需要进一步跨越界限,在跨学科行为中有更多的干涉主义,还要有强烈的环境意识——政治的、方法论的、社会的、历史的——在其中脑力和文化工作得以开展。对

---

① [美]薇思瓦纳珊:《权力、政治与文化——萨义德访谈录》,单德兴译,生活·读书·新知三联书店2006年版,第158页。
② 同上,第248页。

摧毁统治体系要给予一个清楚的承诺,因为它们是被共同维护的,转用葛兰西的话来说,就是必须靠共同的围攻——演习战和阵地战与之全体作斗争。"① 最后,萨义德在《文化与帝国主义》中从两个方面发展了《东方学》的观点。一是将《东方学》中仅限于中东地区的讨论和分析扩展到了非洲、印度、远东部分地区、澳大利亚和加勒比海地区,对现代西方宗主国与它在海外的领地的关系作出了世界范围内的更具普遍性的描述。二是关注并分析了《东方学》中所没有谈到的历史上对帝国主义的反抗,即以遍布第三世界的声势浩大的非殖民化运动为顶峰的对西方的控制的反应,与19世纪发生在阿尔及利亚、爱尔兰、印度尼西亚这样不同地区的武装斗争遥相呼应的,还有各地的文化抵抗运动和对民族属性的诉求。萨义德写道:"没有一处,西方入侵者所遇到的是麻木不仁的非西方的当地人,相反,他们总是遭遇到某种形式的反抗;而且,在大多数情况下,总是以反抗一方的胜利而告终。"②

另一方面,萨义德的自我批判意识也表现为,他要求别人对他的研究成果采取质疑态度。他质疑别人毫不批判地就吸纳他的作品。这特别表现在他拒绝开山收徒,而致力于培养具有批判意识的人。萨义德认为,现在的大学生中只有少数人能真正发展出那种批判能力,大多数人其实只感兴趣于适应体制,而不是去改变体制。因此,"教育的目的不在于积累事实,或者记住'正确'的答案,而在于学会自己独立地用批评的眼光去思考"③。他在访谈中一再强调:"我对开山收徒不感兴趣,我不要别人像我一样,我感兴趣的是不同的人。给人小小的工具箱,里面装着一些陈腔滥调和方法,能让他们拿去用,我对这种事情没有兴趣。"④ "主要目标是在你的学生中创造出一种批判意识。我最不感兴趣的事就

---

① 罗钢、刘象愚:《后殖民主义文化理论》,中国社会科学出版社1999年版,第21页。
② [美]爱德华·W.萨义德:《文化与帝国主义》,李琨译,生活·读书·新知三联书店2003年版,前言第2页。
③ [美]古兹利米安:《在音乐与社会中探寻:巴伦博依姆、萨义德谈话录》,杨冀译,生活·读书·新知三联书店2005年版,第112页。
④ [美]薇思瓦纳珊:《权力、政治与文化——萨义德访谈录》,单德兴译,生活·读书·新知三联书店2006年版,第87页。

是门徒。我最不想要做的事就是明显地传播任何种类的讯息或方法。在那方面,当老师是很难的,因为就某个意义来说你总是应该削弱自己。你所教导的、所表现的、所做的那些事是学生能从中学习的,但同时你又劝阻他们,说'不要试图做这个'。你在告诉他们去做什么、不做什么。"① 可见,萨义德对大学中门徒制度的态度是相当明确的:"首先我不愿意被想成是某个人门下的人,其次,我不要任何人成为我门下的人。"② 他认为教育应该是逐渐对学生灌输一种批判意识,以一种严酷、苛求、质疑的态度来面对眼前的每一件事,但那绝对不意味着要到头来不做任何判断。萨义德经常试着探讨教育问题:如何发展批判意识,教育如何成为一种反抗的形式,来反抗无所不在的电视、事先包装的新闻和其他侵入人们心灵的东西。那么具体而言,教师应当如何培养学生的批判意识?回顾自己30多年的从教生涯和经验,萨义德有着自己鲜明的看法:第一,老师的首要任务是为学生提供资讯与知识,让其可以接触到一些他们以前所不知道的事情;第二,老师应教导学生怎样批判性地阅读,也就是不只把一本书当成一本书来读,而是把它放入脉络,以理解它是怎样产生的,因为没有任何书是凭空迸出来的,写作是一种选择行为,其中牵涉一系列的选择,由作者与社会互动而形成;第三老师应尝试向学生显示,任何书都是一个由理解、资讯与知识构成的网络的一部分,知识与阅读都是永无止境的,需要无休止地探问、发现与挑战。③ 事实上,萨义德一生都在做这种努力,正如他自己所言:"就算我没做成过任何事,我至少已经把不满意和无尽探问的种子植在学生心中,与此同时又没有减损他们学习的乐趣。这是我的教学所致力的核心。"④ 此外,他每年总有一部分时间待在某个阿拉伯国家,到当地的大学与学生互动,试着激发某种讨论和辩论,并尝试着扫除环境——比方说,电视、

---

① [美]薇思瓦纳珊:《权力、政治与文化——萨义德访谈录》,单德兴译,生活·读书·新知三联书店2006年版,第124页。
② 同上,第251页。
③ [美]爱德华·萨义德、戴维·巴萨米安:《文化与抵抗——萨义德访谈录》,梁永安译,上海译文出版社2009年版,第71—72页。
④ 同上,第72页。

政府、政治的修辞——所加诸的那种集体的自我认同，而以一对一的方式来面对学生，结果总是能够激发出一股强烈的好奇、渴望以及纯粹的知性能量。萨义德发现这种互动对于培养大学生的批判意识极有价值。

第七章　萨义德后殖民文化理论的主要局限

　　萨义德后殖民文化理论从文化角度解读西方的殖民主义，使人们窥见了西方中心主义意识形态和西方文化霸权的微观机制与具体运作方式，促进了人们对西方关于东方的描述的质疑、反思与重写，其"广泛的人文主义"理念强调了东方民族文化的多元价值，也唤起了东方民众对西方文化殖民的社会历史层面的警惕和个人心理层面的微观抵抗，具有开创性的理论贡献。然而，由于萨义德侧重于文化分析，忽视了对西方文化殖民主义作资本主义生产方式的考察，没有揭示出文化殖民现象的经济根源，从而导致他既没有看到抵抗文化殖民的阶级力量，也没有提出抵抗文化殖民的有效途径。

一、侧重文化分析，未揭示文化殖民现象的经济根源

　　在关于人类社会历史发展诸种现象及其本质的探究中，有两种明显的错误论调是我们必须坚决予以抵制的。一种是经济决定论。其错误在于把经济因素看做阐释一切历史现象的绝对因素，而将其他因素完全排除在外，从而认为人类社会历史发展的道路呈现为单向性、单线性和必然性。另一种是文化决定论。其错误在于认为精神、意识、价值等文化因素是历史发展的决定因素，从而认为人类社会历史发展的道路具有多向性、多线

性和偶然性。而马克思主义的辩证唯物史观则超越了上述两种观点的片面性和绝对性，将经济的决定作用和文化的相对独立性辩证地统一起来：一方面，强调经济基础对文化发展所起的决定性作用，认为物质资料的生产方式是文化产生、存在和发展的基本的、初始的条件；另一方面，亦指出文化系统具有相对独立性，表现为文化的发展与物质生产的发展具有不完全同步性、不平衡性，以及其对经济、政治的反作用。这才是我们在解释和分析人类社会历史发展过程中的各种现象时应当坚持的正确方法和根本观点。[①] 具体到考察西方的殖民扩张历史，正确的做法必然是从经济、政治和文化诸方面进行综合分析。然而，萨义德后殖民文化理论在对西方殖民主义进行文化解析的同时，却忽视了对经济因素的深入考察，因而没有能够揭示出西方文化殖民主义现象产生的深刻的经济根源。

当然，笼统而简单地给萨义德扣上"文化决定论"、"文化至上主义"的帽子也有点不负责任。实际上，萨义德对西方文化殖民主义的批判并没有将经济因素和政治因素完全排除在外。他对文化背后的"建制性的支持"以及文化"在平凡的现实中的根源"也是相当关注的。这点可以在他对文本"现世性"与批评"世俗性"的理论阐释中得到明证。然而，我们也能发现，萨义德世俗批评所揭示的主要是文化背后的政治权力，他着力阐释的是文化的政治性和意识形态性，"权力和权威的现实"、"政治的权力"、"世俗政治"、"文化和政治的现实"等表述，在他的文本当中极其常见，而像"经济的力量"、"文本的物质性"这样的表述则屈指可数。但不管怎么样，萨义德并没有完全忽略经济因素的作用，他对巴勒斯坦人在经济上变得越来越依赖于以色列人的状况的觉察使他认识到巴以和解并不会真正发生，而他对经济全球化的考察也使他得出如此结论："市场真的是被控制住。然而其实所产生的是一套确定的情况，也就是说，市场总是有利于拥有资本和权力的人，这些人能自由进出，牺牲的都是那些经济上

[①] 参见刘莉：《马克思主义与后殖民理论视域——以葛兰西为切入点的考察》，华南师范大学博士学位论文，2005年。

处于劣势的人、本地人、工人阶级、农民等等，那些真正没办法的人。"①而且，萨义德在阐释他所谓的文化的两重内涵时，明确地指出，描述、交流和表达的艺术等等文化活动是"相对独立于经济、社会和政治领域"的。因此，我们认为萨义德的后殖民文化理论并不是像有些学者所批判的那样完全背离了马克思主义的唯物史观，事实上他只是不满足于仅仅从经济的角度批判西方的殖民主义，正如他在1985年的访谈中所指出的那样，他"所批判的对象不只是作为资本主义经济的帝国主义，还包括了以文化形式出现的帝国主义"②。由于萨义德看到像考茨基、希尔弗丁、卢森堡、霍布逊、列宁这些权威理论家辩论的主要是政治与经济问题，而很少注意到文化在现代帝国扩张历史中的特殊作用，他便借鉴文化研究学派的方法从文化角度对西方殖民扩张进行分析，试图证明文化在整个帝国扩张时期都起了很重要甚至是不可缺少的作用。尽管萨义德认为经济是更直接的经验，而文化却是某种更为反思的东西，但他在访谈中提到美国的扩张主义时，仍然指出其主要是经济性质的。事实上，萨义德只是想说明帝国的经济扩张一直依靠着一种与它同步的文化观念和意识形态来不断地证明其合法性。因此，我们并不能因为萨义德开启了一种主要从文化角度批判西方殖民主义的研究模式而认为他犯了文化决定论和文化至上主义的错误。这正如我们不能因为马克思主要是从经济角度批判西方殖民主义便将其视为经济决定论一样。萨义德曾经说过，将马克思看成是完全的经济主义，那是对马克思的严重误解，至少是对马克思思想里黑格尔式遗绪的严重误解。萨义德的真正问题在于他揭示出文化与帝国主义的共谋关系之后，没有进一步对这种反思的东西进行再反思，因而没有指出文化殖民现象产生的深刻的经济根源。

依据马克思主义的唯物史观，在影响社会历史发展的各种要素中，起决定性作用的是物质资料的生产方式，因而整个社会历史变迁的终极原因，"不应当到人们的头脑中，到人们对永恒的真理和正义的日益增进的

---

① ［美］薇思瓦纳珊：《权力、政治与文化——萨义德访谈录》，单德兴译，生活·读书·新知三联书店2006年版，第366—367页。
② 同上，第71—72页。

认识中去寻找,而应当到生产方式和交换方式的变更中去寻找;不应当到有关时代的哲学中去寻找,而应当到有关时代的经济中去寻找"①。马克思说:"物质生活的生产方式制约着整个社会生活、政治生活和精神生活的过程。"② 恩格斯指出:"在历史上出现的一切社会关系和国家关系,一切宗教制度和法律制度,一切理论观点,只有理解了每一个与之相应的时代的物质生活条件,并且从这些物质条件中被引申出来的时候,才能理解。"③ 恩格斯这里讲的"物质条件"主要指的就是物质生活资料的生产方式。因此,我们要想把握文化殖民这种社会历史现象和东西方文化关系的实质、揭示其产生根源并理解其发展变化过程,就必须追究其背后的物质根源。从物质生产方式方面来考察西方的文化殖民,可以看出,由资本的扩张本性所驱动的资本主义生产方式的全球扩张活动,正是西方推行文化殖民主义的经济根源。因为资本主义生产方式要想顺利进行全球扩张,就必须使自己成为一种普遍化、世界性的生产方式。这种要求世界采取单一的资本主义生产方式的设想必然会产生相应的文化要求,即实行普遍的"大一统"的资本主义文化,所以说资本主义生产方式的普遍化本质上需要消灭其他类型和民族的文化,这就是西方文化殖民主义的实质和根源。④ 而且,文化殖民在整个西方殖民活动中的地位及所采取的形式和手段的历史变化,也正是由于资本主义生产方式发生的历史变化所引起的。

正如德里克所言:"文化霸权统治不能成为其本身的理由。要理解欧洲中心主义和当代对它的种种挑战,不参照严格意义上的文化因素之外的因素是不行的。"⑤ 萨义德后殖民文化理论的主要局限就在于,它仅仅突出了西方文化在帝国殖民扩张和经济全球化时代政治扩张中的作用,而没有

---

① 《马克思恩格斯文集》第9卷,人民出版社2009年版,第284页。
② 《马克思恩格斯文集》第2卷,人民出版社2009年版,第591页。
③ 同上,第597页。
④ 参见刘莉:《马克思主义视阈中的后殖民理论》,载《教学与研究》2007年第8期,第70—76页;罗钢:《资本逻辑与历史差异——关于后殖民主义与马克思主义的一些思考》,载《外国文学评论》2002年第4期,第118—127页。
⑤ [美]阿里夫·德里克:《后革命氛围》,王宁等译,中国社会科学出版社1999年版,第166页。

从资本主义生产方式的角度去解释西方的文化殖民主义。因而萨义德没能洞悉西方文化殖民背后是资本的力量，资本的扩张是西方文化殖民的根本原因，正是资本主义在全球范围的扩张，才使资本主义的文化价值观念能够渗透扩散到全球。正因为没有从物质生产方式的角度进行考察，他就无法回答这样一些问题：在人类历史上资本主义帝国的殖民扩张和文化殖民与奴隶制帝国、封建制帝国的扩张有什么区别；为什么是西方对东方推行文化殖民主义而不是相反；欧洲中心主义与其他种族中心主义相比有什么不同，等等。特别是萨义德似乎无法真正理解作为一种历史现象的欧洲中心主义，因此也不会获得像德里克那样深刻的认识："欧洲中心主义能得以全球化，并不是由于欧美价值观本身有什么内在的力量，而是因为那些价值观被铭印在不同种类的活动上，这些活动巧妙迂回地潜入现存的运作中（例如贸易），渐渐证明能被一些非欧美社会的集团欣然接受，偶或遇到来自对方的抗拒，就借助武力强加于世界。换句话说，如果没有从资本主义、帝国主义和文化霸权统治获得的活力，欧洲中心主义的全球化和普遍化是不可想象的。"① 同时，由于萨义德没有对物质生产方式进行考察，也当然不会看到资本扩张的程度、形式和手段的变化所引起的西方文化殖民的变化，而把西方发达资本主义国家几百年来的文化殖民的历史均匀同质，不考察其前后在规模、形式、手段、地位、特征等方面的各种变化。当然，更严重的后果则是，由于没有揭示文化殖民主义的经济根源，萨义德无法找到抵抗西方文化殖民主义的真正力量，也无法提出抵抗西方文化殖民主义的有效途径。

二、囿于民族视野，未看到抵抗文化殖民的阶级力量

萨义德的后殖民文化理论主要着眼于民族视野，把文化殖民的基本格局用"西方"和"东方"这样的两分法简单固定下来，将文化殖民简单地

---

① ［美］阿里夫·德里克：《后革命氛围》，王宁等译，中国社会科学出版社1999年版，第166页。

视为西方国家和民族对东方国家和民族的霸权行为,因而主张东方社会主要依赖于民族主义力量,对西方进行以"广泛的人文主义"为基本原则的文化抵抗。这种理论分析视野所具有的开创性意义是我们应该承认的,但其局限性也是我们必须指出的。事实上,萨义德没有看到,国家和民族间的文化霸权是和阶级间的文化霸权纠结在一起的;他也没有认识到,表现为民族间问题的文化殖民主义现象实质上是阶级问题,当然也就看不到文化抵抗的阶级力量了。这种对马克思主义阶级分析方法的忽视使他所主张的"广泛的人文主义"文化抵抗原则在一定程度上成为一种虚妄和天真的构想。萨义德后殖民文化理论的这种缺憾,是阿赫默德在批评后殖民主义理论时早就指出过的。在他看来,后殖民主义理论拒绝接受马克思主义的一个明显后果,就是较少地从阶级的视角,而较多地从民族、国家和种族的视角,看待由殖民地和宗主国构成的世界,不把帝国主义视为全球资本主义下具有阶级结构的一种制度,而是视为富国与穷国之间、西方与非西方之间的一种支配关系,由于这种观念没有反映文化本身的物质生活条件,没有考虑到底"哪些阶级在掌权",因而只是寄希望于以民族主义的力量与帝国主义搏斗。[①]

萨义德后殖民文化理论的这一局限性,主要是由两方面原因造成的。一是萨义德缺乏对资本主义生产方式的考察。这导致他没有具体分析资本主义社会的生产关系,包括生产资料所有制关系、人们在生产中的地位和相互关系、产品分配关系等等。这样他也就更不可能去考察作为资本主义生产关系和交换关系产物的资产阶级和无产阶级了。当然萨义德也就认识不到,资产阶级对无产阶级的压迫和剥削不仅存在于经济领域,而且也会反映在政治和文化领域。而当西方资产阶级将自己的爪牙伸向东方民族时,萨义德更受限于民族视野,仅仅指出了西方国家宣扬"维护自由和秩序"的人类普遍性利益的虚伪,却不能更进一步看到所谓"普遍性"的幌子下保护的实际上只是西方资产阶级的利益,而非所有西方人的利益,也

---

① 参见[英]巴特·穆尔-吉尔伯特等编撰:《后殖民批评》,杨乃乔等译,北京大学出版社2001年版,第353页。

就无法揭示出西方文化殖民的实质,其实是为扩张的资产阶级的经济政治利益服务的。① 而在讨论东方民族的文化抵抗时,他也同样没有看到,深受西方世界文化压迫的主要是下层民众,从而也就未能指出,这些人才是真正的抵抗力量。总之,由于萨义德没有揭示出文化殖民主义的经济根源是资本主义生产方式的全球扩张,因而也就更不可能考察文化殖民主义的阶级因素。二是受萨义德自身的阶级身份所限。尽管萨义德主观上不愿着根于统治阶级,并努力想在一定程度上成为多少漂浮不定的人物,他在1987年访谈中说:"其实一直存在着另一个选择,就是去做生意,那是我的家庭背景,但对我来说那从来不是一个真正的选择,因为在中东做生意真正的社会和政治背景总是具有一种统治阶级的形式,而我多少已经离开了那个阶级。"② 但遗憾的是,他在客观上却不得不仍然在很大程度上附着于他所抵触的上层社会。一方面,萨义德的家庭属于东方社会的上层阶级。他的父亲是中东著名的文具商,母亲雅好文学与艺术。由于家境富裕,萨义德从小过的就是一种十分优越的上流社会的生活。他所接受的教育也是一种贵族式的教育,开罗的吉西拉预备学校、美国子弟学校、维多利亚学院都是当时当地著名的学校。这种上层阶级的出身,是萨义德永远也无法改变的,他因此能够受到良好的教育,但也因此而无法真正代表东方社会的下层阶级。另一方面,萨义德加入的是西方社会的上层阶级。1951年,他被父母送到美国马萨诸塞州著名的赫蒙山寄宿学校就读,尔后分别就读于世界一流学府普林斯顿大学和哈佛大学,并于1957、1960和1964年分别获得普林斯顿大学文学学士、哈佛大学文学硕士和哈佛大学文学博士学位。1963年起他又任教于常春藤名校哥伦比亚大学,讲授英美文学和比较文学。1992年,他获该校级别最高的教授职位——"大学教授",成为获此殊荣的八位哥伦比亚大学教授之一。这种学习经历和工作状况表

---

① 参见刘莉:《马克思主义视阈中的后殖民理论》,载《教学与研究》2007年第8期,第70—76页;罗钢:《资本逻辑与历史差异——关于后殖民主义与马克思主义的一些思考》,载《外国文学评论》2002年第4期,第118—127页。

② [美]薇思瓦纳珊:《权力、政治与文化——萨义德访谈录》,单德兴译,生活·读书·新知三联书店2006年版,第98页。

明，萨义德在美国显然处于上层社会。因此，阿赫默德所指出的后殖民理论家的普遍情形也同样适用于萨义德，他说："那些作为研究生而来，随后加盟教师队伍——尤其是人文学科和社会学科的教师队伍的人，更主要是来自他们祖国的上层阶级。当他们重新定位在新移居的国家中的位置的过程中，他们需要一种证明他们受到压迫的证据，那些与阶级压迫有关的文本对他们没多少用，因为他们既非来自工人阶级也不想在新移入的国家里加入工人阶级。"① 可见，由于依然身处西方学术权威结构的边缘地带，这些后殖民理论家所要寻找的只是他们遭受种族压迫的证据，而致力于揭露阶级剥削和压迫的马克思主义，显然对他们没有多少用处，甚至还会导致对他们的上层阶级身份的质疑和否定，因而也就理所当然地被他们摒弃了。这也正是萨义德忽视马克思主义阶级分析方法的重要原因。

然而，马克思主义的阶级分析方法仍然是我们正确认识当代资本主义社会现象和社会问题的一种行之有效的基本方法。正如拉尔夫·米利本德（Ralph Miley Bender）所指出的那样，尽管存在各种批评和责难，马克思主义的一些重要主张依然有效，比如把资本主义社会从根本上划分为两大阶级，一个是占有生产资料、强制性国家等各种统治工具的统治阶级，另一个是缺乏上述各种统治工具的从属阶级。这种阶级分析方法在反对西方对东方的政治、经济和文化霸权的斗争时，仍然具有重要价值。② 马克思主义阶级分析理论与方法的深刻性在于，它能够在纷繁复杂的社会现象中抓住人们对生产资料的占有关系这一根本问题，并进而揭示出阶级社会中人际关系的实质。当然，我们也决不能因此就用一个统一的模式随意地到处套用，还必须做到具体问题具体分析，只有这样才能对帝国扩张时期的全球阶级关系进行正确的分析。事实上，无论是西方的政治霸权、经济霸权，还是文化霸权，其真正的推行者都不是西方社会的所有属民，而仅仅是西方社会的统治阶级。马克思、恩格斯在批判西方对东方社会的殖民侵略和殖民扩张时，揭露的就是西方资产阶级为着本阶级的利益向广大东方

---

① Aijaz Ahmad, *In Theory: Classes, Nations, Literatures*, Verso, London, 1992, p. 196.
② 参见［英］拉尔夫·米利本德：《资本主义文化霸权与反霸权斗争》，王列译，载《当代世界与社会主义》1996年第2期，第18—20页。

社会所实施的政治经济霸权。而且,马克思、恩格斯在《德意志意识形态》里指出:"统治阶级的思想在每一时代都是占统治地位的思想。这就是说,一个阶级是社会上占统治地位的物质力量,同时也是社会上占统治地位的精神力量。支配着物质生产资料的阶级,同时也支配着精神生产资料。"① 这实际上已经点明了资本主义国家内部文化霸权的阶级实质。他们还指出,统治阶级"为了达到自己的目的不得不把自己的利益说成是社会全体成员的共同利益","赋予自己的思想以普遍性的形式,把它们描绘成唯一合乎理性的、有普遍意义的思想"。② 而为了将本阶级的思想普遍化,在统治阶级内部,"一部分人是作为该阶级的思想家出现的,他们是这一阶级的积极的、有概括能力的意识形态家,他们把编造这一阶级关于自身的幻想当做主要的谋生之道"③。尽管马克思、恩格斯并没有进一步直接分析西方社会对东方社会所进行的扭曲的文化生产、传播和渗透,但透过他们所揭示的资本主义国家内部的文化意识形态生产、传播和渗透的秘密,我们完全能够清晰地分析出萨义德视野中西方文化霸权的知识生产、传播的资产阶级因素。

事实上,萨义德着眼于民族视野对西方文化殖民主义所进行的分析与批判,既没有注意到西方国家内部的阶级结构,也没有分析东方国家内部的阶级关系。一方面,萨义德认识不到,文化殖民的实质是为扩张的西方社会的资产阶级的利益服务的。由于忽视阶级分析方法,没有考虑哪些阶级是掌权的统治阶级,萨义德在批判西方文化殖民主义时,无法揭示出西方发达资本主义国家的资产阶级,是如何将本阶级的利益虚伪地装扮成"整个国家的利益",并运用国家的文化网络向殖民地国家和第三世界国家推行其文化意识、价值观念、思维模式和生活方式的。因而他没能指出,西方国家的资产阶级不仅拥有以本国下层阶级为对象的对内文化霸权,而且拥有以东方民族为对象的对外文化霸权,也就无法将西方文化殖民进一步限定为西方发达资本主义国家的资产阶级的对外文化殖民。另一方面,

---

① 《马克思恩格斯文集》第 1 卷,人民出版社 2009 年版,第 550 页。
② 同上,第 552 页。
③ 同上,第 551 页。

萨义德看不到，备受西方文化压迫的主要是东方社会的下层阶级。由于阶级分析视角的缺乏，萨义德没有具体分析东方国家民族力量的阶级构成，没有看到民族主义的领导权掌握在上层阶级的手中，因而也就无法解释正统的民族主义为什么会与帝国主义有着一脉相承的关系，而这正是因为帝国主义其实和民族主义有着共同的压迫对象，即东方社会的下层阶级。①从这两方面来看，萨义德既没有指出推行文化殖民的真正主体，也没有看到抵抗文化殖民的真正力量。因此，他就不会得出阿赫默德所阐述的那种更为深刻的观点，即当今世界既不是西方和东方或北方和南方之间的斗争，甚至也不是前宗主国强权帝国和新独立国家之间的斗争，而是全球结盟阶级之间的斗争，在这样的形势下，全世界劳动者必须在反对全球分布的资产阶级和国际资本流动的共同斗争中团结一致。② 因此，萨义德显然也是不会重视马克思曾经提出的"全世界无产者联合起来"、"共产主义是世界性的事业"等观点的。

三、依赖话语反抗，未提出抵抗文化殖民的有效途径

由于没有揭示出西方文化殖民主义的经济根源，也没有看到抵抗文化殖民的阶级力量，萨义德必然也就提不出抵抗文化殖民的有效途径。他以为通过文化抵抗、诉诸话语反抗就可以达到颠覆西方文化殖民主义之目的，因此提出了"混杂文化"、"对位解读"、"驶入的航程"等具体的文化抵抗模式，主张从新的视角重写帝国主义的经典作品，重写东方的历史和文化，恢复关于东方的真实的话语，强调东方要有意识地、主动地争夺话语权。萨义德还在《理论旅行》一文中，借用卢卡奇在《历史与阶级意识》中所阐述的观点，强调了意识、理论的"政治造反"作用。他指出，

---

① 参见张其学：《后殖民主义语境中的东方社会》，中国社会科学出版社2008年版，第265—275页；刘莉：《马克思主义视阈中的后殖民理论》，载《教学与研究》2007年第8期，第70—76页。
② 参见［英］巴特·穆尔-吉尔伯特等：《后殖民批评》，杨乃乔等译，北京大学出版社2001年版，第346—347页。

虽然卢卡奇的表述是一个德国哲学家的典型方式，语言深奥、抽象，但是卢卡奇是在进行一种政治造反行动，按照卢卡奇的观点，无产阶级意识其实就是对资本主义的"理论对抗"。① 萨义德所依赖的这种话语反抗、理论对抗、文化抵抗，用阿赫默德的话说，就是在"纸上谈兵"。在阿赫默德看来，萨义德等人的后殖民文化理论本身呈现了这样一个现象：反对西方主宰的真正的实际斗争，已经可悲地被驯化为一个可安全地进行纸上谈兵的王国，甚至安逸地成为西方传统文化事业的一个新分支。他批评包括萨义德在内的后殖民主义理论家，把阅读或文字批评视为最适宜、最有效的反抗形式，而且借助于将特选的分析目标集中于殖民话语，避免去触及由当代全球文化关系提出的更为紧迫的问题。在阿赫默德眼里，萨义德等后殖民主义理论家，充当了他们的西方主子与原有地方文化之间的协调人的角色，是"翻译官"和"本土情报员"那样的新型通敌者，他们在学术圈内再造了由资本主义决定的当代国际劳动分工。② 因此他认为，萨义德的后殖民文化理论远不是一种激进或解放形式的文化实践，某种意义上可以说，它在现有殖民世界秩序的配置和运作中，与西方的文化霸权起着"共谋"作用，帮助巩固了当代西方的文化霸权，参与了非西方趋向西方统治阶级的价值观念和文化规范的同化过程。③ 但我们认为，阿赫默德的批评无疑过于严厉，实际上，包括萨义德在内的后殖民主义理论家，即使在客观上可能起到了与西方文化霸权"共谋"的作用，可能成为了"新型通敌者"，可能自动成了"统治制度的组成部分"，但他们在主观上是绝对不愿发挥这种作用、充当这种角色的。这里真正起作用的正是斯拉沃热·齐泽克（Slavoj Zizek）所十分强调的"政治无意识"。

当然，如果说萨义德后殖民文化理论所提出的文化抵抗及其模式，对于消解西方的文化霸权完全无效，那也是不符合实际的。事实上，萨义德

---

① 参见《赛义德自选集》，谢少波等译，中国社会科学出版社1999年版，第145页。
② 参见[英]巴特·穆尔－吉尔伯特等编撰：《后殖民批评》，杨乃乔等译，北京大学出版社2001年版，第117页。
③ 参见[英]巴特·穆尔－吉尔伯特：《后殖民理论——语境 实践 政治》，陈仲丹译，南京大学出版社2001年版，第198页；张其学：《后殖民主义语境中的东方社会》，中国社会科学出版社2008年版，第250—257页。

依赖于争夺话语权的文化抵抗策略,虽然并不主张反抗资本主义制度,但强调通过东方人有意识地对话语权的争夺、东方人的心理和精神的反抗来抵抗西方的文化殖民主义,这就类似葛兰西讲到的争夺文化领导权的"阵地战"。这种反抗方式,虽然是在人的主观领域进行的,但根据马克思主义认为文化具有反作用的观点来看,确实也可以在一定程度上唤起东方民众的警觉,使东方民众自觉抵制西方的文化殖民和文化渗透。然而从长远和根本上来看,萨义德所倡导的那种"仅仅反对这个世界的措辞"的文化抵抗,究竟能够起到多大作用呢?由于不附着于马克思主义所主张的打破社会结构的物质运动的社会革命方式,而仅仅强调个人的微观抵抗和精神游击战,其收效注定是非常微小的。马克思和恩格斯在《德意志意识形态》中已经明确地告诉我们:"意识的一切形式和产物不是可以通过精神的批判来消灭的,不是可以通过把它们消融在'自我意识'中或化为'怪影'、'幽灵'、'怪想'等等来消灭的,而只有通过实际地推翻这一切唯心主义谬论所由产生的现实的社会关系,才能把它们消灭;历史的动力以及宗教、哲学和任何其他理论的动力是革命,而不是批判。"[1] 萨义德后殖民文化理论只主张采用"精神批判"的方式来消除西方的话语霸权和文化殖民主义,而不同时主张通过社会革命的方式来推翻资本主义制度,从而根除西方资产阶级文化霸权的经济、政治条件和社会条件,这种纯理论的话语实践活动必将是无法真正奏效的。如果不从根本上变革西方资本主义国家的经济基础和政治制度,其对第三世界的话语霸权和文化殖民主义就不会停息。尽管萨义德所依赖的话语反抗与文化抵抗也是必要的,但如果不结合经济、政治和社会方面的抵抗,便起不到应有的效果。

　　马克思、恩格斯认为,私有制和剥削制度是民族剥削的根源,是一些国家剥削另一些国家的条件。因此,他们在《共产党宣言》中指出:"人对人的剥削一消灭,民族对民族的剥削就会随之消灭。民族内部的阶级对立一消失,民族之间的敌对关系就会随之消失。"[2] 列宁也说:"谁如果不

---

[1] 《马克思恩格斯文集》第1卷,人民出版社2009年版,第544页。
[2] 《马克思恩格斯文集》第2卷,人民出版社2009年版,第50页。

承认被压迫民族有获得解放的权利,有同压迫它们的大国分离的权利,谁就不能做一个"民族的"政治家。在帝国主义时代,如果大国民族的无产阶级不采取超出和打破民族界限的、推翻国际资产阶级的革命行动,世界上大多数民族就不会有生路。不推翻国际资产阶级,大国民族就会继续存在,也就是说,全世界十分之九的民族就会继续受压迫。"① 依据马克思主义的上述观点,消除民族压迫、种族压迫的根本出路,在于消灭资本主义制度。那么,要消除民族、种族间的文化压迫,也不能仅仅从话语、心理和思想上来进行,而必须从根本上变革西方发达资本主义国家的经济基础和政治制度。实际上,在《对东方主义的再思考》中,萨义德对如何抵抗西方文化殖民主义,有了一个更加深刻的思考。他指出,文化抵抗应该在政治的、方法论的、社会的、历史的等诸多方面综合展开,"对摧毁统治体系要给予一个清楚的承诺,因为它们是被共同维护的,转用葛兰西的话来说,就是必须靠共同的围攻——演习战和阵地战与之全体作斗争"②。但由于当代资本主义国家大多都对自身的生产方式进行了一系列调整,使资本主义取得了一些回旋余地和发展空间,许多西方学者在这种历史境遇下,更强调葛兰西式的"主观革命"论,侧重从话语和思想上来反抗资本主义社会。萨义德也没能摆脱这种影响,最终还是把消解西方文化霸权的抵抗策略,注释为只是"脑力和文化工作",实际上只停留在了葛兰西所讲的阵地战式的"主观革命"上,而抛弃了葛兰西讲到的暴力革命式的"运动战"方式。这不能不让人感到遗憾。

---

① 《列宁全集》第26卷,人民出版社1988年版,第293页。
② 罗钢、刘象愚主编:《后殖民主义文化理论》,中国社会科学出版社1999年版,第21页。

第八章　全球化背景下的新文化殖民主义批判

在人类文明发展的漫长历程中，由于各种因素的综合作用，造成了当今人类文化发展的不平衡性。全球化背景下①，不同文化的相互作用并非势均力敌，更常见的则是强势文化与弱势文化的区分。近代以来，西方文化毫无疑问在国际竞争中占据优势地位，当这种强势文化从欧洲转移到美洲的时候，在美国这块得天独厚的土地上得到了更进一步的发展，使美国逐渐成为西方文化的盟主。相对而言，东方文化，即所谓的第三世界文化，主要包括中国文化、印度文化、阿拉伯伊斯兰文化等，则是弱势文化，在竞争中处于劣势地位。因此，尽管任何一个国家和民族与外界的文化交流理应是平等的、双向的，但现实的人类文化格局是：以美国为代表的西方文化在全球化浪潮中占据主导地位。新文化殖民主义，从狭义上来看，主要是指以美国为代表的西方文化，凭借其超强的经济、政治、军事、科技以及传媒等优势，有目的有意识地推销自己的经济理念、政治价值、文化意识、价值观念和生活方式等，以便在文化和思想上影响、同化他国的一种不平等的人类文化交流现象。这种文化信息传播的不对等流动，使绝大多数第三世界发展中国家和民族自己的文化黯然失色，不仅如

---

① 国内外学者关于全球化的起源时间问题观点不一。本书所谓的"全球化背景下"泛指全球化趋势成为人类社会发展的显性现象的条件下。

此，还使其面临着被以美国为代表的西方文化排斥、贬损、压制甚至吞没的险恶命运。新文化殖民主义是传统意义上殖民态度与行为过程的一种延续，但又与以往的殖民主义有着明显的区别。萨义德后殖民文化理论虽然正确地把握了殖民主义的这种当代形态，但只概括和分析了当代文化殖民主义的一些表现、特征和根源。因此，我们在这里将全面探讨全球化背景下新文化殖民主义的主要表现、基本特征及深刻根源。

一、全球化背景下新文化殖民主义的主要表现

全球化背景下，以美国为代表的西方文化所推行的新文化殖民主义，主要表现为推销意识形态、建立话语霸权、倾销文化产品、垄断信息传播等几个相互渗透、相互依赖的方面。

(一) 推销意识形态

意识形态从产生以来一直是一个复杂多变的概念。综观现在的各种争议，大多数学者还是坚持马克思主义的基本立场和分析思路。如俞吾金在考察了马克思主义的意识形态理论后，给意识形态下了一个比较科学的定义，即在阶级社会中，适合一定的经济基础以及树立在这一基础之上的法律的和政治的上层建筑而形成起来的，代表统治阶级根本利益的情感、表象和观念的总和，其根本特征就是自觉或不自觉地用幻想的联系来取代并掩蔽现实的联系。[①] 这一定义对于分析全球化背景下西方文化在意识形态领域的殖民行径极其有用。

以美国为代表的西方国家在意识形态领域的文化殖民行径，主要表现为对以下两种教条的推销。一是宣扬西方的民主政治。西方国家大力输出其所谓的民主政治理念，尤其是美国以其民主制为模式，促使与美国文化不同的发展中国家的政治制度向着美国规定好的方向运行，幻想以美国式的民主制一统天下。克林顿当选为美国总统后曾说，在世界上保卫自由和

---

① 俞吾金：《意识形态论》，人民出版社2009年版，第131页。

促进民主,并不仅仅是美国的最深刻的价值观的反映,而且对于美国的国家利益至关重要。"9·11"事件之后,小布什政府更是借反恐战争之名,依据世界总的形势,针对不同国家和不同地区的不同特点,采取不同手段推行美国的民主政治制度输出战略。二是鼓吹"人权高于主权"。美国等发达国家将自己视为"人权"的化身,在意识形态领域极力鼓吹"人权高于主权"的人权观念,宣扬自己的社会制度和基本价值观念,动辄就攻击和谴责与其价值观不同的国家侵犯人权,却无视自身存在的严重人权问题。在美国看来,人权是人类的一项普遍权利,不受国界的限制,因此"人权高于主权",互不干涉内政的原则不能适用于人权问题。自20世纪70年代以来,美国便以"世界人权警察"的身份,极力鼓吹美国的人权观和价值观,实施所谓的"人权外交"新战略。先是卡特政府提出"人权外交"新战略的基石;然后里根政府又提出"国际民主化"的口号,继续推行美国的人权观念;以后的布什政府、克林顿政府以及小布什政府更是发动全方位的"人权攻势",把人权问题作为其处理国际经济、政治、文化等关系的"杀手锏",进一步干涉发展中国家内政、侵犯发展中国家的独立发展,并把人权问题作为对社会主义国家施加经济、政治压力,进行思想文化渗透,推行"和平演变"战略的重要工具。这些充分暴露了美国在人权问题上实行双重标准的伪善面目和借口人权推行霸权主义的不良图谋。①

总之,以美国为代表的西方国家集团,把上述意识形态教条当做具有普适性的尺度,对别的国家尤其是广大发展中国家指手画脚进行衡量,并根据自己在政治、经济等方面的利益采取相应行动。例如,美国政府就认为,美国的政治和经济利益由于美国文化对世界的吸引力而得到补充,这是一种新的可以利用的"软力量",因此在国外促进民主与人权不仅是一种道义上需要迫切履行的义务,而且是一种支持美国国家安全的战略方式。可见,推行文化殖民主义的实际意义是为西方国家实现自己的战略利益提供合法性。

---

① 参见刘伟胜:《文化霸权概论》,河北人民出版社2002年版,第38—50页。

（二）建立话语霸权

以美国为代表的西方文化所建立的话语霸权，主要体现在形式和内容两个方面。

首先，从形式上看，作为西方文化载体的英语在世界上占据统治地位。2006年的数据显示：世界60多亿人口中，有3.18亿人的母语是英语，2.15亿人的第二语言是英语；10亿人在学英语；20亿人接触英语。这种情况在因特网上更为明显，网上的绝大部分信息都由英语构成。统计数据表明，目前互联网上85%的网页是英语网页，80%的电子邮件用英语书写。① 总之，英语已经成了事实上的国际共同语。在国际贸易、国际组织、国际研讨会、科技论文、科技研讨会以及由不同国家的游客组成的旅游团的导游服务中最常用的语言都是英语。然而，语言作为一种社会现象，在大多数情况下，不仅是一种文化交流工具和传播载体，也是特定文化的重要组成部分。当我们触及一种特定的语言时，实际上也就触及了一种特定的文化。因此，英语在国际上的统治地位也就体现了以美国为代表的西方文化的统治地位。② 世界语言向英语统一的趋势所产生的语言霸权问题，已经引起了包括一些发达国家在内的许多国家的强烈抗议。为了汇集反对英语的力量，1997年，30多个讲法语的国家的代表在越南河内开会，成立了"讲法语国家国际组织"，前任联合国秘书长布特罗斯·加利（Boutros Boutros - Ghali）先生当选为该组织的秘书长，总部设在法国巴黎。1997年，当时的俄罗斯总统叶利钦，看到莫斯科到处都是英文的商业广告后，提出将考虑用法律手段来制止在商业广告中使用英语的行为。中国外交部也于1997年就发表声明：中国是一个大国，大国的语言应该受到尊重，并从此开始在每周一次的新闻发布会上只使用中文。③

---

① 参见郭志敏：《英语的霸权现象及其对世界语言文化的影响》，载《长春工业大学学报》2006年第2期，第102—104页。
② 参见李庆广：《警惕因特网上的文化渗透》，载《殷都学刊》1998年第2期，第118—120页。
③ 李种永：《为国际语言新秩序而努力》，http://www.china.org.cn/esperanto/2692.htm.（访问时间：2006年3月19日）。

其次，从内容上看，以美国为代表的西方文化在诸多领域中掌握着话语主导权。在世界经济领域，美国提出了一系列自由市场理念，并通过国际组织、跨国公司等推广到世界各地，由于美国经济的高度发达和制度的某种"优越性"，它的新自由主义理念的确对其他国家产生了很大的吸引力和认同感。市场经济体制已被许多国家包括广大发展中国家竞相效尤，自由市场的"看不见的手"已经伸到了地球的每个角落。在国际政治领域，西方国家尤其是美国将自己所理解的自由与民主等内容视做普遍价值，要求其他国家全盘接受。美国认为自己作为世界上最自由的国家，肩负着向其他国家输出自由民主制度、消灭"邪恶势力"的使命。事实上，由美国所倡导的"民主"、"自由"、"人权"、"反恐"等话语，以及它所提出的"人权高于主权"、"人权无国界"、"人道主义干涉"等论调，始终都在影响并引导着其他国家的国际政治行为和国内政治发展。在社会文化生活领域，伴随着文化产品的大量倾销，西方尤其是美国的语言、文化、生活方式被带到了世界各地，它所倡导的消费主义的生活方式正在向全球蔓延，使追求奢侈的物质享受成为人们生活的根本目的，这带来了严重的攀比型消费，已使社会资源遭到极大的浪费。[①] 在学术研究领域，美国等发达国家学者的所谓时髦理论，正凭借其超强的经济、政治、军事、科技、文化等实力，在世界各地引导着各种研究、交流与讨论的前沿。尤其是美国，作为一个学术超级大国，在全球各地滥用其学术强势和特权，根据本国高等教育的历史与现实经验及其学术系统的规范和价值观等，对其他国家的学术项目和高等院校进行所谓的评估和认证。总之，冷战后，处于人类文化格局中心的西方文化从民族中心主义的心理态势出发，以自己的文化话语作为解释一切非西方文化的基础和核心标准，在几乎所有领域形成了一个相互联系、相互依存、相互支持的话语霸权系统。

（三）倾销文化产品

现代人类学家认为，文化产品是一种具体的、有着内部结构和外部形

[①] 参见邱斌、胡凤飞：《透视全球化背景下的美国话语霸权》，载《学术交流》2006年第4期，第29—32页。

态的实体。因此,文化产品的构成因素有主观精神创造的一面,也有客观物质载体的一面。全球化背景下,以美国为代表的西方国家以"保护知识产权"为名,坚持认为文化产品应与其他产品一样自由流通,力图使发展中国家打破限制、开放市场,从而使其文化产品的输出畅通无阻。他们企图利用文化产品的双重属性,向广大发展中国家推销和渗透其政治经济理念、文化意识形态、价值观念以及生活方式等,从而使文化产品的倾销成为与发展中国家加强接触,并向其灌输思想、移植观念的主要渠道。这些文化产品的形态和种类都异常丰富。从物质载体上看,包括书籍、刊物、报纸、广播、电视、电影、音像制品等;从艺术式样上看,有音乐、舞蹈、戏剧、曲艺、杂技、美术、书法、摄影等节目与作品;从内容上可以分为:小说、诗歌、散文、报告文学、寓言、童话等文学作品以及论文、史料、资料、科研成果、评论等理论著述;从性质上又可以分为:阅读文化产品、娱乐文化产品、旅游文化产品、建筑文化产品、校园文化产品、饮食文化产品、思想文化产品、艺术文化产品等等。[①] 总之,文化产品已经成为美国最大的出口产品,每年的出口额达600多亿美元,超过了其航天航空和电子产品的出口额。其中,影视产品占据了较大份额,仅《泰坦尼克号》一部影片,自1997年公映以来就创造了18亿美元的利润。目前,美国控制了世界75%的电视节目的生产和制作,每年向国外发行的电视节目总量达30万小时,许多国家的电视节目中,美国节目往往占到60%—70%,有的占到80%以上,而美国自己的电视节目中,外国节目仅占1%—2%。美国电影现已占据世界电影总放映时间的1/2以上,占据世界电影市场总票房的2/3。美国好莱坞影片的票房收入,有一多半是从国外的电影市场上获得的。这些影视产品不仅带来了巨大的商业利益,其所蕴含的社会经济政治理念、价值观念、意识形态和生活方式等,对观众潜移默化的影响力也是无法估计的。[②]

当前,在经济全球化的推动下,美国制造品超越了时空的传统限制充斥

---

① 参见于东方:《刍议现阶段文化产品》,载《社会科学》1994年第9期,第44—46页。
② 参见刘伟胜:《文化霸权概论》,河北人民出版社2002年版,第57—61页。

着整个世界，美国文化显然已经成为不折不扣的强势文化，对其他国家进行着几乎是单方面的输出，其影响力通过文化产品的这种倾销向全球辐射。尽管美国表面上只是在努力推销其文化产品，并不宣扬传播它的文化价值观念，似乎极其高明，但人们不能无视历史和现实，即美国是世界上最早奉行新殖民主义的国家，文化扩张始终是其对外文化政策的基本原则，其文化输出意识比世界上其他任何国家都要强烈。好莱坞电影、摇滚音乐、变形金刚等一系列美国文化产品中的美国文化精神正如同幽灵一般无处不在，强烈地冲击着世界各国的文化市场，在有意无意间展示、倡导着西方的文化价值观念和社会生活方式。毫无疑问，在企业自发行为和政府行为的合力作用下，美国的文化产品倾销已经对人类文化的多样性发展构成了强大的威胁，它所形成的文化殖民效应，对广大第三世界国家的文化发展更是影响深远。

（四）垄断信息传播

全球化背景下，以美国为代表的西方文化对信息传播的控制，主要表现为对现代国际传媒的垄断。信息传播媒介是信息传播过程中传播者与受众之间的中介，是信息的物质载体。作为信息传递、交流的工具和手段，媒介在信息传播中起着极为重要的作用。随着信息社会的来临，信息传播媒介发生了数字化衍进，数字传媒成为新的信息传播平台，具有信息量大、便捷高效等优点，包括互联网、电子出版物、数字广播电视、卫星通信等多种形态。如今，国际上已经把互联网纳入六大媒介中，并将其称为继报纸、广播、电视之后的"第四传媒"。美国等西方发达国家，凭借其强大的经济实力和信息技术优势，基本上垄断了国际传播媒体。在全球影响最广泛的五家广播电视公司中，美国就占了三家：ABC、NBC 和 CBS，它还拥有世界上唯一的电影发行网、最大的有线电视新闻网（CNN）和最大的专门用于政治文化宣传的喉舌——"美国之音"电台，以及各类针对不同地区的电台、电视台，并收购了大批国外传媒机构。[①] 在国际互联网

[①] 参见姜红明、杨志国：《面对信息殖民与文化扩张的挑战》，载《空军雷达学院学报》1999 年第 4 期，第 69—72 页。

方面，美国更占有绝对的优势。一方面，它掌握了国际互联网的管理权，在一定程度上控制着全球网络系统。目前，美国拥有世界上最发达的信息产业和最先进的信息基础设施，拥有全球最大的几家信息产业公司，其网络用户占全球国际互联网用户的一半以上，而且国际互联网的现有管理组织——"国际互联网协会"和"美国国家科学基金会"，都是美国的网络管理机构。这些条件使得美国在控制国际互联网方面具有得天独厚的优势。另一方面，美国在互联网的内容上也占据绝对的主导地位。互联网上访问量最大的100个网络站点中，有94个设在美国境内。互联网的全部网页中，有80%是英语，而来自美国的在其中占了非常大的一部分。①

美国控制了现代国际传媒，也就意味着对信息传播的垄断，而信息的传播者在某种程度上是对所发生的事情进行描述和判断的主体，会有意无意地给受众指点行动方向。正因如此，美国充分利用多种多样的传媒渠道，还提出了信息自由流动的"自由贸易原则"、"拆除互联网络扩展过程中人为的障碍"等主张，肆无忌惮地向全球传输各种关于国际事务的"自由信息"，对广大第三世界国家进行文化渗透，以影响甚至左右这些国家广大民众的观点。1997年，美国商务部继"全球信息高速公路"规划之后，又提出针对全球网络商务的"全球电子商务政策框架"，要求整个世界遵守美国制定的网络游戏规则，公开表明了美国控制未来全球信息网络的意图。② 正如其前商务部高级官员戴维·罗特科普夫（David Rotkopf）所说的那样，"对美国来说，信息时代对外政策的一个主要目标必须是在世界的信息传播中取得胜利，像英国一度在海上居支配地位那样支配电波"③。在信息化时代，西方新文化殖民主义在一定程度上是通过控制信息传播来实现其殖民利益的。以美国为代表的西方国家，正是利用其对信息传播的垄断，通过国际互联网等，使西方的思想文化、价值理念、道德观

---

① 参见刘伟胜：《文化霸权概论》，河北人民出版社2002年版，第67页。
② 参见姜红明、杨志国：《面对信息殖民与文化扩张的挑战》，载《空军雷达学院学报》1999年第4期第69—72页。
③ David Rothkopf, "In Praise of cultural Imperialism?", *Foreign Policy*, No. 107, Summer 1997, p. 39.

念等在世界范围内迅速而自由地传播。对此，阿尔文·托夫勒（Alvin Toffler）指出："未来世界政治的魔方控制在拥有信息强权的人手里，他们会使用手中掌握的网络控制权、信息发布权，利用英语这种强大的文化语言优势，达到暴力金钱无法征服的目的。"①令我们无法否认的事实正是，当前世界传播格局严重不平衡，而美国已然占据了全球信息传播的制高点。

二、全球化背景下新文化殖民主义的基本特征

全球化急剧地改变着人们生活的时间和空间距离，使各国之间的相互依赖性日益增强，引起了经济、政治、文化在世界范围内的全方位沟通与联系、交流与互动的趋势。作为一个系统性效应，全球化在各个领域改变着整个世界，给全球经济、政治、文化和社会生活等方面都带来了深刻的影响。随着全球化进程的加速，与早期殖民主义的文化侵略和新殖民主义时期的文化扩张相比，当代西方文化殖民主义呈现出了一些显著的新特征。

（一）依托合法手段

以往的文化侵略和文化扩张，是伴随着西方强国对东方落后国家进行赤裸裸的军事入侵、政治统治和经济掠夺而产生的伴生物和副产品，主要依托于直接或间接的军事占领、政治统治以及经济控制等手段。全球化背景下，以美国为代表的西方文化，凭借其对信息传播的垄断、国际机制的控制，在全球交往和文化交流的合法外衣下，通过科技手段、话语体系、文化产品等巧妙地推行其经济理念、政治制度、文化价值及生活观念，从而达到其文化渗透和文化殖民的目的。因此，从依托手段上来看，全球化背景下西方的文化殖民主义往往是合法的、温和的，能够使弱势国家民众在不知不觉中接受其文化价值观念。

一方面，随着经济全球化的发展，特别是信息化时代的到来，文化交

---

① 转引自陆群：《寻找网上中国》，海洋出版社1999年版，第4页。

流的壁障大为减少,渠道也不断拓宽,主要表现在以下几个方面。第一,商品生产和消费在全球范围的扩大使附加于商品之上的文化得到了世界性的传播。如美国的"麦当劳"、"肯德基"、"可口可乐"等,作为美国文化符号的意义,要比作为"快餐"商品的意义更为重要。第二,人员的国际性流动变得越来越频繁,各国、各民族文化随着文化主体的流动而互动。一个层面是专门从事文化工作的人员流动,主要包括留学、出国进修、讲学、考察、演出、访问、采访、参加国际会议等;另一个层面是非文化人员的流动,如政府官员出国访问、经济贸易洽谈等。这些作为各国、各民族文化载体的人员的流动形成了文化的相互交流态势。第三,信息的全球性流动,更直接地促进了各种文化相互间的频繁交流。各种文化产品,如图书、报纸、杂志、音像制品等知识信息载体的输出输入,构成了各国、各民族文化交流的广泛而普遍的形式;电视、电话、卫星通信系统和计算机网络的广泛运用,是当代各国、各民族文化交流中既新颖又很有发展前途的媒体,它们既使知识信息的传输、储存、使用、交换的数量显著增加,更使传统的通信联络方式发生了质的更新,标志着人类文化交流进入到多层次、宽领域、全方位开放的新时代。[1] 西方强国尤其是美国,就充分利用人类文化交流的发展,进行文化扩张和渗透。昔日的霸主作风变为彬彬有礼的绅士风度,野蛮的强迫变为和颜悦色的"对话"、"交流"、"援助"、"慈善"的方式,至于向外推销的产品,则更讲究包装的精巧,小心翼翼地将意识形态、价值观念编码在整个文化机器中,用迷人的场面、情节和形象灌输给第三世界人民。正是通过这样的比较软化、温和的新手段,西方的生活方式、道德取向、价值观念"润物细无声"地潜入了被殖民者的意识深处。[2]

　　另一方面,国际机制也是西方推行新文化殖民主义的一种貌似合法的、行之有效的工具。全球化背景下,国际机制获得了前所未有的发展。所谓国际机制(international regimes),指的是在国际关系特定领域里行为

---

[1] 参见李富荣:《全球化对我国文化的影响及对策》,载《理论研究》2003年第6期,第27—28页。

[2] 参见刘润为:《殖民文化论》,载《求是》1996年第5期,第26—33页。

体愿望汇聚而成的一整套明示或默示的原则、规范、规则和决策程序①，或有关国际关系特定问题领域的、政府同意建立的有明确规则的制度②。国际机制合法性的根源在于，其建立、实施、修改、完善都是由众多国家参与的，国际机制的原则、规则、规范和决策程序的确定得到了参与国家的认可，并通过国内法定程序予以确认。③ 因此，不少人尤其是那些理想主义的国际关系理论家们都认为，国际机制具有某种独立性，在国际舞台上扮演的是一个中性的角色，是国家在国际社会实现平等对话的一个良好平台。但事实上，这些既定国际制度的设计和安排，主要是由处于世界政治经济体系中心地带的西方国家主导完成的。在"公正合法"的外衣下，隐藏着西方国家利己主义的实质。西方国家特别是美国，一直致力于在国际社会建立各种各样的国际机制，如经济方面的国际货币基金组织（International Monetary Fund）、世界贸易组织（world Trade Organization）、世界银行（World Bank）等组织，文化上也有类似的趋势。20世纪70年代以来，美国一直在倡导"信息传播自由"的理念，并且希望通过世贸组织的贸易法则来实现这一目标。具体做法就是将文化产品"降格"为普通的消费商品，抹去其文化特性，以期用自由贸易法则来推销其文化产品。总之，以美国为代表的西方国家，极力利用其在国际机制方面的主导优势向第三世界国家进行文化殖民。

（二）渗透所有对象

全球化背景下，新文化殖民主义渗透的对象不再主要局限于政治、文化等领域的精英人物，而是广及社会各个阶层，囊括所有对象。以美国为代表的西方强势文化对弱势国家文化的渗透，是全方位、多层次的，在主导文化、精英文化和大众文化等各个文化领域都展开了强劲攻势，俘获对

---

① Stephen D. Krasner, " Structural Causes and Regime Consequences: Regimes As Intervening Variables", *International Organization*, Vol. 36, 1982, p. 186.

② Robert Keohane, *International Institutions and State Power: Essays in International Relations Theory*, Boulder: Westview Press, 1989, p. 4.

③ 参见门洪华：《论国际机制的合法性》，载《国际政治研究》2002年第1期，第131—138页。

象囊括了政治领导人、知识精英、公众人物以及社会大众,特别是广大青少年。

青少年是每一个国家或民族的未来。当代新文化殖民主义的重点对象自然是青少年群体,因为他们是最容易认同异质文化的特殊群体。一方面,他们好奇心强,求知欲旺,参与意识强烈,可塑性较强,容易接受新鲜事物;另一方面,他们的世界观、人生观、价值观还没有完全形成,思想比较容易发生动摇,对外来文化最敏感,也能较快接受。正如布热津斯基在《大棋局》一书中所指出的那样,"不管你对美国大众文化的美学价值有什么看法,美国大众文化具有一种磁铁般的吸引力,尤其是对全世界的青年"[①]。因此,西方发达国家在文化渗透过程中,就紧紧抓住这一特殊群体,努力"同化"他们,试图达到"和平演变"东方落后国家的目的。为了达到这一目的,西方国家采用了两种手段。一是打着文化交流的幌子,将本土文化"打出去",扩大其文化的全球影响力,提高认同度;二是设法将其他国家的青年"拉进来",将东方各国的高层次人才网罗到西方国家,在利用其为西方国家经济发展提供最出色服务的同时,通过政治文化宣传等手段给他们洗脑,使其思想意识西方化。以美国为例,在20世纪80年代以后,美国教育界的一项成功措施,就是在中国设置了一个中国教育成果"收割机"——托福。20世纪90年代以来,中国财政总支出中教育支出达1000多亿元,仅次于经济建设费用,而为了让孩子接受更好的教育,家长更是付出了大量的精力和财力。可是美国人则在一番挑挑拣拣之后,不付任何代价,就轻而易举地将大批中国尖子人才收获走了。这不仅造成了中国国内人才的短缺,科研成果转化能力的削弱,更造就了一批又一批的"美国通"和美籍华人,其对英语的谙熟超过了汉语,无法抗拒美国文化的诱惑,在不知不觉中远离了中华文化。[②]

文化是人创造的,但人类一旦创造了文化,这种文化反过来又会影

[①] [美]兹比格纽·布热津斯基:《大棋局》,中国国际问题研究所译,上海人民出版社1998年版,第34页。

[②] 参见李存秀:《论全球化背景下西方的文化殖民主义》,载《学术交流》2002年第6期,第107—110页。

响、塑造甚至改变人类及其个体。现实的文化氛围，无时无刻不对青少年的社会化起着促进作用，无处不在地对青少年的人生观、价值观进行暗示、导向和规范，使其在社会化过程中耳濡目染，通过各种各样的渠道，接受思维习惯、情感模式和行为规范，并经过潜移默化的内化过程后，沉淀于潜意识的底层，在一生中支配着其行为方式，而这一切都是在青少年的不知不觉当中进行的。广大第三世界国家青少年的社会化过程，就处在一个充满西方文化的氛围之中。孩子们看的是《猫和老师》，吃的是美国话梅，喝的是"力多精"，玩的是"变形金刚"，等等。而在一些文化层次较高的城市青少年眼中，最时髦的语言是英语，最爱喝的饮料是可口可乐，最好的快餐是麦当劳，最流行的舞蹈是街舞，最好的服装是"耐克"，最好的工作单位是外资企业，最神往的就是出国，等等。众所周知，青少年最容易接受外来的新奇事物。随手可见的西方文化产品，很容易使他们对西方社会产生一种直观的、感性的、被动的、非逻辑的认识态度。那些饮料、服装、化妆品、家用电器、影视产品、音像制品，虽然不是直接进行政治宣传和意识形态的灌输，但其广泛输入也会在不知不觉中培植出一种对美国文化羡慕、向往、追求，进而对其生活方式、价值观念产生认同与膜拜的心理情绪。这对青少年的心理影响是难以估量的。[①]

西方文化渗透所培育起来的崇洋媚外思想，使得一些国家和民族的一些青少年的价值认同逐渐西化，而其背后则是民族主体意识的失落、民族自豪感的丧失，甚至是民族虚无主义的泛滥。然而，以美国为代表的西方文化，对落后国家青少年的全面渗透，对其民族文化心理、道德观念、价值标准的贬抑，却并未引起足够的重视。长此以往，后果将不堪设想。量变达到一定程度必然会产生质变，形式嬗变往往是内容嬗变的先声。[②] 尽管这些并不一定都会成为现实，但落后国家与民族应当有一定的忧患意识。

[①] 参见李建军：《试论文化渗透》，载《贵州农学院丛刊》1997年第1期，第18—25页。
[②] 同上。

（三）扩张全球范围

全球化过程中，劳动力、资本、信息等生产要素在世界范围内的生产、流通、交换和分配，引发了各国、各民族文化的全方位沟通与联系、交流与互动的趋势，使各种文化的辐射力达于全球。以美国为代表的西方国家，将其在经济、政治、军事、科技以及传媒等方面的强势扩展到文化方面，使西方文化在全球化进程中居于主导地位。特别是美国，凭借其超强的经济实力和科技优势，充分利用全球化在文化领域促成统一的一面，高举"世界主义"、"普遍主义"的大旗，在全球范围内广泛推销其文化产品和文化价值观念，妄想在"普遍性"的口号下取消文化多样性的价值。西方强势国家和民族有意识地推行文化殖民主义，把西方文化作为具有普世价值的文化动力内化于全球化发展的进程之中，这就使全球化进程在一定程度上被异化为西方文化的全球扩张进程。①

以美国为代表的西方发达国家利用高科技，借助先进的传播手段如电视、广播、因特网等，宣扬西方的文化价值观念，进行全球性的文化轰炸，从而把文化殖民的触角伸向了全球各个角落。特别是美国，成立了庞大的体系，制订了周密的计划。据20世纪80年代统计，美国新闻署已在128个国家设立211个新闻处和2000处宣传活动点，并在83个国家设有图书馆。老牌的"美国之音"更是备受青睐。1983年，美国政府拨出10亿美元巨资，用作电台广播的专项经费。1984年，"美国之音"开办了世界电视网。由于采用了全球卫星技术，可以有效地进行直接沟通，从而拓出了一张庞大的"大众外交"网络。除官方的大力投入和扶持以外，还有为数不少的跨国公司参与到美国文化扩张的队伍中来，并成为其国家文化战略的重要落实者。早在20世纪80年代，美国的图书、报纸、杂志、广播、电视和电影产业的绝大多数就已被50家大公司所垄断。这些公司与其他垄断企业和大国际银行盘根错节、联络有亲，与海外投资亦有直接的利

---

① 参见金民卿：《文化全球化与中国大众文化》，人民出版社2004年版，第15—26页。

害关系，因而美国的对外政策也同他们利益攸关。① 世界上几乎所有国家都有这 50 家公司的海外投资。仅哥伦比亚广播公司，就在从阿根廷到南非的 34 个国家设有子公司，其节目在 100 多个国家和地区播放，《读者文摘》在 101 个国家出版，国外总发行量达 1150 万册。1989 年底，美国杂志《花花公子》仅在匈牙利就发行 6.5 万份。《夏威夷 5-0 特勤组》用 6 种语言制作，覆盖 47 个国家，其《发财》节目有 60 多个国家收看，每星期约有 3.5 亿观众。据新闻问题专家瓦利斯对 1970—1971 年电视节目的调查，在电视节目总量中，进口电视节目所占的比例分别是：危地马拉，84%；乌拉圭，62%；马来西亚，71%；赞比亚，64%；埃及，41%。与此形成巨大反差的是，美国电视播放进口节目的比例只有 1%—2%。至于电影，美国的生产量只占世界总量的 6%—7%，却占据世界总放映时间的一半以上。这些大众传媒以爆炸的方式倾销其文化产品，使第三世界的上空一片乌烟瘴气。② 以至于《伸向全球：跨国公司的力量》一书的作者，巴尼特和马勒惊呼："外国公司对墨西哥处于底层的一半人民的思想的影响，毫无疑问，比墨西哥政府和墨西哥教育制度的影响更为持久！"③

当前，互联网已经成为以美国为首的西方在全球范围内推行新文化殖民主义的加速器。美国微软公司总裁比尔·盖茨（Bill Gates）说过："信息高速公路将打破国界，并有可能推动一种世界文化的发展，或至少推动一种文化活动、文化价值观的共享。"④ 美国《新闻周刊》也曾载文指出，新殖民主义者"手中拿的是计算机而不是枪支——他们并不大肆声张，也不使用枪炮，便在发展中国家里扩张了势力。这种势力要比任何武器所能达到的要大得多和阴险得多"⑤。实质上，西方国家通过占据互联网这一文化传播的制高点，一方面控制国际舆论，另一方面源源不断地向其他国家

---

① 参见［美］本·巴格迪坎：《传播媒介的垄断》，林珊等译，新华出版社 1986 年版，第 5 页。
② 参见刘润为：《殖民文化论》，载《求是》1996 年第 5 期，第 26—33 页。
③ 参见［美］斯塔夫里亚诺斯：《全球分裂——第三世界的历史进程》，迟越等译，商务印书馆 1993 年版，第 514 页。
④ 鲍宗豪：《网络与当代社会文化》，上海三联书店 2001 年版，第 317 页。
⑤ 同上，第 137—138 页。

和地区倾销它们的价值观念和精神文化产品，以影响这些国家和地区的网民，使其在不知不觉中认同并接受西方的文化价值观，从而对本国的传统文化形成挑战和威胁，动摇人们既有的信仰和行为准则，造成精神困惑和价值标准的混乱。正如麦当劳充当了美国饮食文化向全球扩张的急先锋一样，国际互联网无疑也充当了西方文化向全球渗透的急先锋。① 这使当代西方文化殖民主义在全球范围内扩张的新特征更为鲜明。

（四）推行双重目的

学术界对于西方强国推行新文化殖民主义目的的理解，可以说是见仁见智。有的学者认为是经济和政治先行，文化是目的；也有的学者认为是文化先行，文化服务于经济和政治；而笔者认为，新文化殖民主义具有双重目的，即经济、政治与文化都是目的，同时又都是手段。

早期殖民主义阶段的文化侵略和新殖民主义阶段的文化扩张，作为西方强国在资本主义发展的不同阶段侵略和征服落后国家过程中所采取的一种手段，从一定意义上来说其目的也是双重的：一是维护国家的现实经济、政治等方面的既得利益；二是确立价值、伦理和观念上的文化主导权，从而按照自己的文化价值观念和生活行为准则等来塑造世界。但是，纵观殖民主义在资本主义发展不同时期的具体表现，我们可以看出，文化侵略和扩张的双重目的在殖民主义的前两个阶段并非等量齐观。在早期殖民主义和新殖民主义时期，文化方面的侵略和扩张主要是服务和依附于国家现实的经济、政治利益的；而当前在全球化进程日益深入的形势下，新文化殖民主义作为一种占主导地位的殖民形式，其双重目的已经达到了一种水乳交融、不分彼此的境界。

文化不是一种孤立的社会现象，一定的文化是一定的社会政治和经济等在观念形态上的反映。一方面，文化受物质力量制约，文化强势是以经济强势为基础的，离开相应的经济实力，文化的影响力和辐射力是无法实

---

① 参见李存秀：《论全球化背景下西方的文化殖民主义》，载《学术交流》2002年第6期，第107—110页。

现的。以美国为首的西方资本主义强国，之所以能够在世界各地大力进行文化殖民，肆无忌惮地推行自己的经济模式、政治理念、文化价值以及生活方式等等，最重要的一个因素就在于它们拥有超强的经济和科技实力。当代新文化殖民主义的内涵，就是利用经济、政治、军事、科技以及传媒等方面的优势，控制人类文化资源与市场，在全球范围内进行文化扩张和渗透，力求建立有利于发展其政治、经济霸权的全球文化。另一方面，以美国为首的西方强国认识到，要想在全球化背景下继续保持强势并维护其在经济、政治等方面的现实利益，单凭强制性的经济剥削、政治压迫、军事打击已经不太可能。于是，西方国家更加注重文化这种所谓的软力量，以此来推销自己的意识形态、社会制度和价值观念等等，进而削弱其他民族的凝聚力和向心力，确立起以西方文化价值为主导的价值、伦理、制度等方面的共识，以便建立起有利于实现其自身政治、经济利益的国际社会秩序。

诚然，文化方面的侵略、扩张以及殖民等行为都具有双重目的，但由于在早期殖民主义和新殖民主义阶段，文化侵略和扩张只是作为殖民主义的一种辅助手段，其目的和作用往往因依附于经济、政治等方面的现实利益，而得不到重视并显得较为隐蔽。然而全球化背景下，文化殖民主义作为占主导地位的殖民手段，其双重目的表现得更加淋漓尽致，二者之间更是水乳交融。

三、全球化背景下新文化殖民主义的主要根源

为什么在全球推行新文化殖民主义的是以美国为代表的西方文化，而不是也曾经辉煌过的伊斯兰文化和以中国为代表的儒家文化呢？仅从任何单独的或偶然的因素和事件中，这个问题是不可能得到解释的。人类文化发展的这种现实境遇绝不是偶然的，而是有着深刻的历史、阶级、理论和现实等方面的根源。

(一) 历史渊源：殖民扩张和种族歧视

简要地回顾一下世界发展史，我们就会发现，以美国为代表的西方文化，是伴随着西欧和美国的殖民扩张才逐步走向世界，并最终成为强势文化的。美国学者 L. S. 斯塔夫里阿诺斯（L. S. Stavrianos）在其所著的《全球通史》中是这样描绘的："公元1500年以前，人类基本上生活在彼此隔绝的地区中。各种族集团实际上以完全与世隔绝的方式散居各地。直到1500年前后，各种族集团之间才第一次有了直接的交往。"① "中世纪后期，欧亚世界有了一个不同寻常的重大发展。一方面，伊斯兰教帝国和儒家帝国闭关自守，愈来愈僵化；另一方面，欧亚大陆西端正经历着一场空前的、彻底的变革。西欧人生活的各个方面几乎都在发生深远的变化。向海外的大规模扩张就是西欧所具有的新动力的一个表现。""这一扩张给整个世界后来的历史以极其重要的影响。它使西欧人控制了外洋航线，能够抵达、征服南北美洲和澳大利亚的人迹稀少的广阔地区，并移居那里；从而改变了世界各种族传统的地区分布。最后，通过扩张，西欧财富迅速增加、力量大大加强；到19世纪时，已能渗入并控制位于中东、印度和中国的古老的欧亚文明中心。"② 就是在这样的背景下，欧洲殖民者在北美洲东海岸建立了美利坚合众国。因此，美国的建立本身就是殖民扩张的结果，早期美利坚人外向型的扩张意识，可以说是与生俱来的。美国建国之初开始的近一个世纪的领土扩张，19世纪下半叶开始的向美洲大陆和海外的经济扩张以及20世纪以来在全球的文化扩张，无不体现了美国是一个不断向外扩张的国家。纵观美国历史，我们不难看出，扩张是美利坚民族文化中一个永恒的主题。③ 历史上，西欧和美国主要是进行领土上、经济上的扩张，而在全球化日益发展的今天，则主要表现为文化上的扩张。

西欧和美国殖民者在扩张中逐渐形成政治和经济强势的同时，也取得

---

① [美] 斯塔夫里阿诺斯：《全球通史——1500年以后的世界》，吴象婴、梁赤民等译，上海社会科学院出版社1999年版，第3页。
② 同上，第10页。
③ 参见刘伟胜：《文化霸权概论》，河北人民出版社2002年版，第71—74页。

了文化上的支配地位。他们编造出了种族优越的神话，认为欧洲人的卓越地位源于其文明的优越性，是上帝创造了不同的种族，白种人是优等人种，其他人种则是劣等种族，所以他们的发展要受到白种人的指挥和控制。① 尤其是文化上占统治地位的英裔美国人，早在踏上北美大陆之前，就已经长期受到伊丽莎白时代对黑人歧视传统的熏陶。到 19 世纪末，他们划出的种族等级表已相当精细。盎格鲁－撒克逊人具有勤奋、聪明、道德观念强、管理能力卓越等种族特性，理应占据种族等级的顶尖，他们应领导世界事务、主宰国际舞台。德国人其次，他们是盎格鲁－撒克逊人的"表兄弟"。只是因为德国人已失去了对自由的热爱，只能跟在盎格鲁－撒克逊人的后面相形见绌。斯拉夫人是国际舞台上令人生畏的竞争者，具有粗鲁、朴实的农民气质，表现出巨大的毅力、耐性、强劲。种族等级再往下数，就是欧洲的拉丁民族，包括法国人、意大利人、西班牙人。他们缺少活力、神经质、不守纪律、迷信，在国际事务中只能充当小角色。再往下就是不足道的几个等级，有犹太人、拉丁美洲人和亚洲人，他们或愚昧无知，或怯懦颓废，或腐化堕落，已经处于不可救药的边缘。种族等级最底层的是非洲各民族，他们是野兽般的野蛮人，比其他任何人更需要白人去统治。② 全球化背景下，欧洲人和美国人更是以种族优越为由，将白种人创造的西方文化视为全球文化发展的典范，从而在世界范围内推行其文化价值与社会制度，并认为这是历史赋予他们的责任和义务。

（二）阶级根源：不同社会制度的对立

马克思主义认为，社会制度是反映并维护一定社会形态或社会结构的各种制度的总和，它包括经济、政治、法律、文化、教育等各方面的制度，其中以生产资料所有制为核心的生产关系是社会的经济基础，它决定社会的性质。当今世界多种不同社会制度的对立主要表现为资本主义同社会主义的根深蒂固的尖锐对立。资本主义制度是建立在以生产资料的资本

---

① 参见刘伟胜：《文化霸权概论》，河北人民出版社 2002 年版，第 73 页。
② ［美］迈克尔·H. 亨特：《意识形态与美国外交政策》，褚律元译，世界知识出版社 1999 年版，第 83 页。

主义私人占有制为核心的经济基础之上的社会制度。它是为资产阶级的根本利益服务的，是资产阶级意识形态的现实制度反映。资产阶级意识形态是资本主义经济、政治关系的产物，包括资产阶级的政治思想、法律思想、经济思想、文艺思想、道德、哲学和宗教等各种观念形式，是一个错综复杂的巨大精神网络。资本主义鼓吹所谓的自由、民主、人权，宣扬极端个人主义、拜金主义、享乐主义和腐朽没落的生活方式。而社会主义制度及其意识形态，则是建立在以生产资料的社会主义公有制为核心的经济基础之上的与资本主义根本对立的社会制度。在社会主义国家占统治地位的意识形态是马克思主义理论，其中剩余价值理论揭穿了资本家榨取工人劳动剩余价值发家致富的秘密，从而揭示了社会主义必然胜利、资本主义必然灭亡的社会发展客观规律。社会主义制度是为无产阶级的根本利益服务的，它的本质是解放生产力，发展生产力，消灭剥削，消除两极分化，实现共同富裕。

由于这种社会制度和意识形态上的根本对立，以美国为代表的西方资本主义国家就将社会主义视为洪水猛兽，在"二战"以后对苏联和中国等社会主义国家采取敌视态度，并加紧对社会主义国家实施和平演变的战略。20世纪80年代末，美国对苏联等社会主义国家展开攻心战，依托政治、经济、外交、心理等非军事手段，推销西方的政治体制、经济模式以及文化价值观念等，迫使社会主义国家自己发生和平演变。历史事实证明，西方国家的和平演变战略对苏联解体、东欧剧变的确起到了重要作用。尽管苏联和东欧国家社会本身的问题是主要原因，但西方国家的和平演变战略绝对是不可缺少的辅助因素。不能否认，当前国际社会主义运动正处于低潮，但社会主义中国的改革开放已经取得了举世瞩目的成就，中国特色社会主义的胜利在一定范围内证明了社会主义的胜利。因此，资本主义和社会主义两种社会制度及其根深蒂固的意识形态对立，以及由此而导致的以美国为代表的西方资本主义国家对以中国为代表的社会主义国家的和平演变战略，在经济全球化的条件下仍将长期存在并发挥作用。只要社会主义旗帜在中国大地上高高飘扬，美国对中国的种种和平演变战略就还会继续下去。① 这就是当代新文化殖民主义的阶级根源。

(三) 理论依据：西方中心论及其发展

西方中心论作为理论形态，在 18 世纪开始基本形成，到 19 世纪初在黑格尔的历史哲学中实现了其最典型的理论形态。在黑格尔看来，人类历史是从东方的蒙昧状态一步步走向西方的文明状态的，中国和印度代表了人类历史的早期蒙昧状态，而欧洲特别是日尔曼民族则代表了人类文明的辉煌，人类历史最后将终结于西方，在西方达到其最光辉的顶点。黑格尔的历史哲学被西方殖民主义者在实践中奉行，就演化成为一种具有文化殖民功能的理论。在西方中心论者看来，西方是世界的中心，是上帝的选地，西方人是最优秀的人种，西方文化具有无可比拟的优越性，因而，西方必然要统治整个世界，而世界的其他文明都必须向西方学习，并最终走向西方式的社会，整个世界都是围绕着西方而展开的，世界上只存在一条西方文明之河，其他所有的文明或者属于西方文明，或者将消失在荒漠之中。正是在这些思想的指导下，在 19 世纪形成了所谓的"白人责任"的逻辑。西方人抱着"拯救世界"的决心，在全世界推行文化殖民主义，迫使其他地方的民众臣服于西方的统治。②

西方中心论在当今世界获得了新的理论发展，主要有以下三种。一是福山的"历史终结论"。在他看来，冷战的结束表明西方自由民主的胜利，即今后统治整个世界的将是西方的自由主义思想，人类社会的发展在西方已经终结，不会再出现更新的形态。"历史终结论"以冷战胜利者的姿态，论证了西方自由主义的"合理性"和"生命力"，并企图把它作为"普遍真理"、"终极真理"，强加给全人类。这无疑为西方国家全面输出政治、经济模式和价值观念，加强文化渗透与扩张，披上了一层正义、合法的外衣，可以说是美国在全球化背景下推行新文化殖民主义的理论基石。二是亨廷顿的"文明冲突论"。他认为，冷战结束后，世界冲突的根源主要不

---

① 参见刘伟胜：《文化霸权概论》，河北人民出版社 2002 年版，第 80—86 页。
② 参见金民卿：《文化全球化与中国大众文化》，人民出版社 2004 年版，第 137—138 页。

是意识形态和经济的,而是文化上的,全球政治的主要冲突将发生在不同文明的国家和集团之间,文明的冲突将主宰全球政治,不同文明之间的地理分界线,将是未来的战争线。共产主义的意识形态对西方已不具有威胁,而民族主义意识形态,特别是儒家与伊斯兰文明必然结成联盟对抗西方。这种理论在本质上仍然是一种西方中心论,它实际上是要为西方文明围剿东方文明,用西方的文化价值观念统治全球制造理论根据。三是经济、政治、文化、人权等"无国界"论。冷战结束后,在西方国家兴起了一股所谓的"无国界"论调。政治"无国界"、经济"无国界"、内政"无国界"、文化"无国界"、信息"无国界"等纷纷出台,其中影响最大的是"人权无国界"论。所谓的各种"无国界"理论,在西方特别是在美国的大量出现,其根本目的仍然是,为进一步向广大发展中国家推销西方的文化价值观念,进行文化渗透和扩张制造理论根据。①

这些理论从根本上来说,都是长期以来盛行于西方文化界的"西方中心论"在当代的种种新发展和延续。它们都主张以西方文化来统一和整合世界文化,使其同质化为西方文化,从而形成西方化的人类文化。因此我们说,西方中心论及其发展,是以美国为首的西方国家在当代进行新文化殖民主义活动的理论依据。那么,广大发展中国家要在全球化背景下反对西方的新文化殖民主义,就必须首先对西方中心论及其在当代的各种理论形态,进行深刻的剖析并揭露其险恶用心。

(四)现实基础:超强的经济科技优势

文化不是一种孤立的社会现象,一定的文化是一定的社会政治和经济等在观念形态上的反映。以美国为代表的西方资本主义国家之所以能够在全球大力推行新文化殖民主义,最直接的因素就在于他们拥有超强的经济和科技优势。自近代以来,西方各主要资本主义国家在经济发展和科技创新方面一直走在世界的前列。尽管其间也出现过短期的经济危机和滞胀状

---

① 参见方立:《文化帝国主义的几种理论形态》,载《高校理论战线》1996年第9期,第54—58页;方立:《美国全球战略中的文化扩张与渗透》,载《前线》1999年第6期,第12—15页。

态,但"二战"后,各国经济又出现了前所未有的良好局面。特别是美国,经济科技实力超群,在经济、科技、军事、政治、文化等各个领域全面领先,成为世界性的超级大国。尽管20世界70年代中期到80年代末期经济实力相对衰落,但20世纪90年代以来,又获得了明显的增强,国际经济竞争力一直处于全球领先地位。美国经济10年来持续增长,其GDP规模仍占全球31.2%,几乎相当于紧随其后的日、德、法等国GDP的总和,相当于中国的8倍,俄罗斯的20倍,美国在全球经济的三大领导组织——世界贸易组织、国际货币基金组织、世界银行中都拥有最大的发言权。美国的"新经济"仍有很强的生命力,其资源禀赋充足,科研条件得天独厚,源源不断地吸引着全球的高科技人才;美国还是最受外国公司欢迎的投资地,在1999年,美国吸引了全球外国直接投资总量的1/3以上。[1] 总之,美国的经济实力既表现在宏观方面,也表现在微观方面,如占世界GDP的比重、劳动生产率、财政实力、金融实力、跨国公司的竞争力、对外贸易的规模、美元的国际地位等等。加之美国的经济机制具有较强的适应能力和调整能力,因此,美国在世界经济中仍将继续保持领先地位。

美国经济实力的增长和保持显然与其科技优势密切相关。2008年6月公开发表的兰德公司的报告《美国科技竞争力》认为,站在全面和客观的立场,美国的科技继续引领世界。报告表明,美国在反映科技能力的诸多指标上都优于日本和欧盟。尽管中国、印度和韩国等新兴国家的科技发展迅速,但其占世界创新和科学产出的比例仍然很低,不足以对美国的优势地位构成挑战。20世纪末以来,美国在航空航天、信息、通信、生物工程、新材料、新能源、环保等高科技领域,都拥有明显的优势,在世界上遥遥领先,在最关键的信息和通信技术领域,至少领先欧洲5年,领先日本10年。[2] 美国在研发方面的费用支出占全球总额的40%,超过任何一个国家,几乎与紧随其后的7个最富裕国家的研发支出总额一样多;在三方

---

[1] 参见李群芳:《美国的科技优势与国际政治经济霸权》,载《当代世界》2006年第8期,第40—42页。

[2] 同上。

专利方面，美国占经济合作与发展组织国家三方专利总数的38%；在科技论文方面，美国占世界论文总数的35%、总引用频次的49%和高被引论文的63%；在教育方面，美国高等教育人均投资是其他工业化国家的两倍，拥有全球排名前20位和前40位大学的75%，前100位大学的58%；在人才方面，美国雇用了经济合作与发展组织国家37%的研究人员，全球70%的诺贝尔奖得主和66%的被引次数最高的论文作者；在获取和应用新技术的能力方面，美国也处于强势地位。①

可见，文化受物质力量制约，文化强势是以经济强势为基础的，离开相应的经济实力，文化的影响力是无法实现的。西方强国之所以能够肆无忌惮地在全球扩张和渗透自己的经济、政治理念和文化价值观念，凭借的就是其强大的经济实力和先进的科学技术。

---

① 参见赵志耘、姜桂兴：《殷鉴不远 来者可追——兰德公司〈美国科技竞争力〉报告引发的思考》，载《中国软科学》2009年第6期，第178—186页。

第九章 萨义德后殖民文化理论的当代启示

面对全球化背景下西方新文化殖民主义的威胁，东方国家和民族应当进行怎样的文化选择，当代中国又将如何应对？当然，从文化发展的规律来看，任何一种文化都不会轻易地被消融掉。然而，在人类历史过去的大部分时间里，人们对文化进步的追求，对自己民族和国家文化的维护，主要处于一种自发的状态。因此当前的问题是，人类文化的整体进步与多元共生，如何才能从一种自发的状态转变为一种自觉的追求与维护？萨义德后殖民文化理论及其所倡导的"广泛的人文主义"原则，为我们提供了若干重要的启示：承认人类文化的进步性，避免陷入文化相对主义的误区；坚持人类文化的开放性，防止走向文化孤立主义的歧途；寻求人类文化的平等性，提高弱势文化的国际话语权力；实现人类文化的和谐性，重视知识分子的世俗批评作用。总之，在全球化开放的时空环境下，多元文化只有平等交流，才能取得进步、实现和谐。我们必须遵循人类文化发展的这些基本规律，才能推进人类文化的整体进步与多元共生。

一、承认人类文化的进步性，避免陷入文化相对主义的误区

什么是文化相对主义？为何会产生文化相对主义？其基本立场是什么？有什么价值？又有什么缺陷？要深入回答这些问题，就必须首先考察

文化进化论的情况，因为文化相对主义是作为文化进化论所倡导的文化普遍主义的对立面出现的。文化进化论大约产生于19世纪末20世纪初，是由生物进化论发展而来的，以英国哲学家郝伯特·斯宾塞（Herbert Spencer, 1820—1903）、美国文化学家路易斯·亨利·摩尔根（Lewis Henry Morgan, 1818—1881）和英国人类学家爱德华·泰勒（Edward Taylor, 1832—1917）为其主要代表人物。当然，同一时期还有很多学者坚持进化论思想，但学者们一般认为，严格意义上的、现代的文化进化论是斯宾塞建立起来的，是他直接把达尔文生物进化论引入文化领域，并首先从理论上全面、系统、明确地阐发了文化进化论的思想。具体而言，文化进化论的基本观点是，人类文化的发展存在着系统的、连续的、渐进的变迁，与生物进化论关于生物的"自然选择、适者生存"的进化过程一样，人类文化发展是一个从低级到高级、从不完善到完善的"进步"过程。因此，任何文化都可以根据某种一般性的进步或发展标准来划分，并且不同文化之间是可以比较的，有先进和落后、高级和低级、文明和野蛮之分。这种观点的理论预设显然如此，即今日欧美白种人文化代表着迄今为止人类文化进化所已经达到的最高阶段，而现有的各种落后文化，则代表着欧美文化以前所经历过的阶段，是其早期发展的缩影。[①] 尽管文化进化论在后来的发展过程中也提到了文化的"特殊进化"方向，体现出了对文化多样性的一定关注，但实际上仍然更重视文化的"一般进化"方向，主张文化的单线进化论，认为一切社会和文化形态都要按同样的次序进化，这就泯灭了各个国家和民族文化发展的特殊性。文化相对主义的产生正是为了反驳文化进化论的上述观点。被称为"美国人类学之父"的弗朗兹·博厄斯（Franz Boas）率先提出了挑战，激烈地抨击了泰勒、摩尔根等人的文化进化论思想，批评了不同文化的发展有所谓固定不变的轨迹或阶段的观点，倡导高度尊重事实和充分了解经验的科学研究方法，认为任何一种文化只能从该文化自身内部去研究和理解。他说："中非黑人、澳大利亚人、爱

---

① 参见方朝晖：《从文化相对论与文化进化论之争看文化的普遍性与特殊性》，http://www.aisixiang.com/data/50002.html. （访问时间：2012年2月12日）

斯基摩人、中国人的社会理想，同我们的社会理想是如此不同，以至于他们对人的行为的评价是无法比较的。""像这样复杂的现象是不可能有绝对体系的。绝对现象体系的提法总是反映出我们自己的文化。"① 此后，德国著名的历史哲学家奥斯瓦尔德·斯宾格勒（Oswald Spengler，1880—1936）在《西方的没落》一书中，把文明、文化作为历史研究的基本单位，批驳了文化发展的单线进化论，创立了一种历史研究的文化形态学理论。继而，英国著名历史学家阿诺德·约瑟夫·汤因比（Arnold Joseph Toynbee，1889—1975）在《历史研究》中，通过对 26 个主要文明的分析，指出世界上各种文化都有自己的优点与劣势，并认为人类文明的发展具有明显的共时性和差异性，从而肯定了人类文化形态的丰富多样性，反对西方中心论。1949 年，美国文化人类学家梅尔维尔·赫斯科维茨（Melville Herskovits，1895—1963）在《人类及其创造》一书中，对文化相对论进行了理论上的系统阐述和总结，其主要观点就是承认每个民族的文化都有独创性和充分的价值，反对欧美中心主义。赫斯科维茨的著作标志着文化相对主义的最终形成。文化相对主义的基本立场是，强调文化的差异性，否认文化进化论者所提出的人类历史发展的共同规律，认为每一种文化都是一个不可重复的独立自在的体系，主张一切文化的价值都是相对的，各个国家或民族的文化在价值上都是相等的，并无落后与进步之别。从上述文化相对主义的产生和发展过程来看，它主要是针对文化进化主义、西方文化中心论以及文化霸权主义的，它对文化差异性的尊重、对文化价值多元化的提倡，对文化普遍主义的批判，对于抵制西方的文化霸权，维护人类多元文化和谐共存起到了积极的作用，这无疑是值得肯定的。然而，文化相对主义的这种批判精神却又是消极无力的，它将文化普遍性和文化相对性完全割裂开来必然会导向消极的后果：一方面，过分强调文化的民族性、差异性和特殊性，着眼于价值分裂，极容易加剧不同文化之间的敌对情绪，不利于人类多元文化之间的开放、交流与进步；另一方面，完全否定文化

---

① ［美］弗朗兹·博厄斯：《人类学与现代生活》，刘莎、谭晓勤、张卓宏译，华夏出版社1999 年版，第 5 页。

的世界性、共通性和普遍性，无视文化价值在某些方面趋同的客观事实，无法确立评价人类文化的任何标准，主张人类文化无进步性可言，从而不利于人类文化的整体进步。①

那么，萨义德的后殖民文化理论所走的是文化相对主义的路线吗？如果不是的话又为什么常常会被误以为是呢？将其与文化相对主义的基本立场和影响加以比照，我们的结论是：萨义德后殖民文化理论并非是一种文化相对主义。而它之所以常常被一些学者认为是文化相对主义，除了这些人对文化相对主义的理解存在偏差外，主要原因还在于它确实与文化相对主义有共同之处，即尊重人类文化的差异性、主张多元文化交流的平等性及其对西方中心主义文化观念的解构。然而遗憾的是，这些学者却没有看到萨义德后殖民文化理论与文化相对主义的诸多本质区别。首先，萨义德对文化民族性的强调是有一定限度的，他真正主张的是对民族性的超越。萨义德认为文化本质是变化的，他说："人类现实是不断被建构和解构的，任何诸如稳定本质之类的东西都会不断受到威胁。"②"我之所以要反对我所称的东方学，并非因为它是以古代文本为基础对东方语言、社会和民族所展开的研究，而是因为作为一种思想体系东方学是从一个毫无批评意识的本质主义立场出发来处理多元、动态而复杂的人类现实的；这既暗示着存在一个经久不变的东方本质，也暗示着存在一个尽管与其相对立但却同样经久不变的西方实质，后者从远处，并且可以说，从高处观察着东方。"③ 但萨义德又认为变化的结果并不会取消不同文化之间的差异，因为相对稳定的文化本质还是存在的。在萨义德看来，文化本质的固定化、绝对化将导致不同文化间的差异的凝固化、冲突的永恒化，因此他所要建构的并非是什么独特的民族文化身份认同，他所向往的不是一种固定的境

---

① 参见乐黛云：《文化相对主义与跨文化文学研究》，载《文学评论》1997年第4期，第63—73页；马庆钰：《对文化相对主义的反思》，载《哲学研究》1997年第4期，第11—16页；张震：《文化相对主义在当前的诸种面相及其批判》，载《学术月刊》2004年第4期，第7—10页；罗康隆：《文化相对主义述评》，载《贵州民族研究》2005年第4期，第64—70页等。
② [美]爱德华·W. 萨义德：《东方学》，王宇根译，生活·读书·新知三联书店1999年版，第428页。
③ 同上，第428—429页。

遇，而是一种"流亡"的状态。萨义德这种对文化民族性的超越不同于文化相对主义对文化民族性的延伸与发展。其次，萨义德"广泛的人文主义"原则所倡导的是一种真诚的世界主义或国际主义精神。人文主义本身就是不同文化之间的共通之处，所以应该被广泛地运用于不同的文化之中。在萨义德看来，强调不同文化和文明之间的强烈差异，并试图以这种差异作为解释所有问题的万灵药方是极端错误的，其所引发的全盘拒绝主义，不仅无助于东方国家的文化进步，也不利于整个人类的文化发展。因此他认为，人类文化要逾越几个世纪以来东西方之间所存在的鸿沟，应该仰赖于一种"世间的、综合的（区别于疏离的或局部的）模式"，各种文化要进入差异，进入其他传统，实现"大规模综合"，但又绝不是要抹消其组成部分的个体性和历史的具体性。萨义德的这些观点显然有别于文化相对主义所主张的文化的趋异化。再次，萨义德是非常重视文化交流对于人类文化进步的意义的。他认为，一切文化都你中有我，我中有你，相互交织在一起，世界上各种文化令人震惊地互相依赖，甚至在想象中都没有被分清，一切文化的历史都是文化借鉴的历史，人类不同文化之间的相互依存是一个普遍的准则。因此，在人类文化的发展过程中，任何一种文化的维护、发展与进步都离不开与其相异质甚至相竞争的其他文化的存在，任何文化采取抱残守缺、狭隘保守、固步自封的态度都是不可取的，既不利于自身的发展，也不利于人类文化的整体进步。萨义德对文化开放性的坚持与文化相对主义所具有的文化守旧、文化封闭的倾向也是不一致的。从这三方面来看，萨义德虽然没有明确地提出关于文化进步的观念，但他的理论努力无疑是为了促进人类文化的整体进步与多元共生。显然，萨义德的后殖民文化理论是一种更为审慎的思考，是对文化相对主义的一种超越，而这种超越又与马克思主义的文化观具有一致性。

马克思主义关于社会进步是人类历史进程的总趋势的观点，决定了其必然持一种进步主义的文化观。这是由于文化的产生和发展是由社会经济状况决定的，一定的文化是对一定社会的经济状况和生产力发展水平的反映，所以文化必然会随着社会经济发展水平的提高而不断进步。诚如马克思所言："宗教、家庭、国家、法、道德、科学、艺术等等，都不过是生产的一些特殊的方式,并且受生产的普遍规律的支配。"① 亦如恩格斯所指出的:"直接的物质的生活资料的生产,从而一个民族或一个时代的一定的经济发展阶段,便构成基础,人们的国家设施、法的观点、艺术以至宗教观念,就是从这个基础上发展起来的,因而,也必须由这个基础来解释。"② 物质生活的生产方式对整个社会生活包括精神生活及其过程的这种制约与决定作用,是马克思、恩格斯经过科学论证所得出的正确结论。马克思、恩格斯乐观地坚信,社会是在不断进步和发展着的,并倾尽毕生精力探索社会发展的动力、规律及实现途径,因此他们也必然会坚信,人类文化的发展也是一个无限进步的过程。同时,马克思主义致力于把探索人类历史发展的一般规律与各民族历史发展的特殊规律结合起来,如马克思在《共产党宣言》、《民族学笔记》等著作中探讨了世界历史与民族历史的关系、落后文化国家或民族与先进文化国家或民族之间的关系,特别是对比研究了中国、印度、俄国等文化落后国家的现代化进程与西欧发达资本主义国家的区别,提出了落后国家超越历史进程实现社会主义的著名的"卡夫丁峡谷"理论,研究了历史演进过程中的一般趋势和特殊道路的关系。因此,马克思主义关于人类文化发展进步的观点也具有深刻的辩证性:一方面,任何文化都是具体的、历史的、特殊的,由于地理条件、民族状况、发展道路、文明程度的不同而呈现出纷繁复杂的多样性,这表明了不同文化的差别性和个性;另一方面,人类社会中复杂多样的文化形态在本质上都是一定社会实践、特别是人类创造性劳动的成果,因而具有某种统一性,这表明了不同文化的相通性和共性。这样一种蕴含着普遍性与特殊性辩证内涵的文化进步观,既超越了文化进化主义所片面强调的人类文化发展的绝对演进规律及单线进程,又是对文化相对主义否定人类文化共通性、反对历史进步性等理论误区的澄清,因而是我们应当坚持的正确观点。

全球化背景下,面对西方强势文化的新殖民主义,我们依然必须承认

---

① 《马克思恩格斯文集》第1卷,人民出版社2009年版,第186页。
② 《马克思恩格斯文集》第3卷,人民出版社2009年版,第601页。

人类文化的进步性，并避免陷入文化相对主义的误区。我们对待文化，既要看到不同国家、民族文化各有自身的特点，又要看到文化具有一定的趋同性。同时，我们必须坚持马克思主义评价一种文化是否先进的两个基本尺度。一个是历史尺度，指从社会发展、历史进步的角度来判断一种文化是否具有先进性，而社会发展、历史进步归根到底是由生产力决定的，所以，判断一种文化是否先进，首先就要看它是否符合社会生产力的发展规律，即要看它是否促进生产力、特别是先进生产力的发展。另一个是道德尺度，指从价值标准和目的性的角度来判断一种文化是否先进，即要看它是否符合社会发展的最终目标，是否能促进人的全面发展。唯有如此，我们才能将先进文化与落后文化区分开来，扫除落后文化设置的障碍，充分发展先进文化，因为先进文化既是人类文明进步的结晶，又是推动人类继往开来、与时俱进的强大精神力量。以中国为例，大力发展先进文化就是要努力建设中国特色的社会主义文化，文化软实力的切实提升必将会使西方文化殖民主义的一体化企图成为幻想。如果各个国家和民族都能够在吸收其他国家和民族先进文化的基础上发展本国的先进文化，必将会促进人类文化的不断进步并维持多元共生。

二、坚持人类文化的开放性，防止走向文化孤立主义的歧途

萨义德在《东方学》、《文化与帝国主义》和《人文主义与民主批评》等几部重要著作中对东方学的批判、对文化霸权的揭露以及对文化抵抗模式的探讨，似乎都在显示文化的差异与对立。然而仔细考察，我们会发现，萨义德后殖民文化理论实际上更强调不同文化间的交流与合作。他更希望人们把他的《东方学》解读成为一种持有多元文化主义倾向的理念，而不是认为他坚持排外、孤立的种族中心主义的观点。在《文化与帝国主义》一书的前言中，萨义德特别申明了这样一种观点："由于现代帝国主义所促动的全球化过程，这些人、这样的声音早已成为事实。忽视或低估西方人和东方人历史的重叠之处，忽视或低估殖民者和被殖民者通过附和或对立的地理、叙述或历史，在文化领域中并存或争斗的互相依赖性，就

等于忽视了过去一个世纪世界的核心问题。"① 可见，不同文化的"互相依赖性"才是萨义德眼中的"核心问题"，他想强调的实际上还是东西方文化之间的交流与理解，而不是差异与对立。在萨义德看来，文化永远不只是拥有的问题、绝对的债务人与债权人之间的借与贷问题，而且是不同民族文化间的共享、共同经验与相互依赖的问题，因此，一切民族文化的历史都是文化借鉴的历史。当然，他并不是要否认文化差异的存在，也不是要否认文化差异给文化交流带来的障碍，而是要否认差异的存在即意味着敌意和对抗这样的看法。萨义德认为，由差异所造成的文化间的对立，只是一种历史经验，而不是永恒的秩序，不能因此就断定不同文化之间无法交流。事实上，正确的做法应该是：研究、探讨和描述差异，从而对不同文化间的差异保持清醒的认识，只有这样才能加深不同文化间的相互理解与沟通，实现不同文化的平等对话与共存共荣。萨义德注意到，"在典型的 19 世纪帝国主义与它造成的本土反抗文化之间，产生了顽强的对抗，也产生了讨论、互相借鉴和辩论中的交锋"②。因此，他设想以"广泛的人文主义"这种理想的方式来抵抗西方对东方强加的思想限制。"广泛的人文主义"主张打通东西方文化间的藩篱，在平等的基础上加强相互交流与合作，既反对一切文化敌对与文化压制，又承认构成人类文化的各文化间的相互影响。萨义德依据"广泛的人文主义"文化抵抗原则所提出的"混杂文化"、"对位解读"、"驶入的航程"等文化抵抗模式，甚至是他对于文化霸权运作机制的揭露，无不启示我们，文化具有开放的本性；也警告我们，在抵抗文化殖民主义时，切不可采取文化孤立主义的极端立场。

那么，文化的开放性何以可能？马克思主义认为，复杂多样的文化形态在本质上都是一定社会实践、特别是人类创造性劳动的成果，因而具有统一性，表明文化的相通性和共性。这是不同文化间能够进行比较的依据，同样也是文化开放的基本依据。正如郭建宁所言："人类文化是多种多样的，但是形式的多样性并不妨碍本质的统一性。各个国家和民族的文

---

① [美]爱德华·W. 萨义德：《文化与帝国主义》，李琨译，生活·读书·新知三联书店 2003 年版，前言第 14—15 页。

② 同上，第 39 页。

化都是人们认识和改造世界实践活动结果的积淀，都是人类文化的一部分，它们在本质上是相通的，因而在内容上是可以彼此借鉴、交流和融合的。"① 文化具有开放的可能性就一定要开放吗？开放有什么益处？不开放又有什么后果？我们可以结合中国文化的发展实例来思考和回答这些问题。中国文化的发展史带给我们的启示是：任何一种文化只有坚持开放性，大胆吸收异质文化的优秀成分，才能既使自身获得新的发展，又促进其他文化的发展；反之，如果自我封闭，既会使自身落后于时代，又无益于其他文化的进步。从历史上看，中国文化在漫长的发展过程中，既有正面的经验又有反面的教训。一方面，我们看到中国文化之所以能在5000多年的发展史中取得那么辉煌的成就，原因就在于其大部分时间都能坚持开放性，既勇于学习外国的先进文化，又善于弘扬本国的优秀文化。汉代张骞通西域，唐代开通丝绸之路，明代郑和下西洋，都是中国文化对外开放的壮举，大大促进了中外文化的交流和发展。中国文化引进了印度佛教、西方哲学和科学等，送去了"四大发明"，推动了世界近现代历史的进程，促进了世界文明的大发展。中国文化的这种贡献也是为马克思所肯定的，他说："火药、指南针、印刷术——这是预告资产阶级社会到来的三大发明。火药把骑士阶层炸得粉碎，指南针打开了世界市场并建立了殖民地，而印刷术则变成新教的工具，总的来说变成科学复兴的手段，变成对精神发展创造必要前提的最强大的杠杆。"② 另一方面，非常遗憾的是，当西方科学技术突飞猛进推动社会迅速发展之际，中国明清统治者却安于现状，闭关自守，致使中国在很短的时间内就明显地落后于西方了。尽管一些有识之士也开始陆续介绍并引进西方的先进文化，但收效甚微，难以扭转大局。1840年鸦片战争以来，中国社会陷入落后挨打的被动局面，致使中国文化在很长一段时间内僵滞不前，也因此无法继续对世界文化作出自己独特的贡献。直到1978年改革开放后，中国文化才又开始逐渐融入世界文明的主流之中。③

---

① 郭建宁：《当代中国的文化选择》，北京大学出版社2004年版，导论第11页。
② 《马克思恩格斯文集》第8卷，人民出版社2009年版，第338页。
③ 参见袁行霈：《中华文明的历史启示》，北京论坛主旨报告，2006年。

全球化背景下，开放性更是人类文化发展进步的必然选择。绝对纯粹的本土文化、民族文化只能是一种天真而可笑的假设，而文化孤立主义无视不同文化相互影响、相互依存的客观历史事实，反对文化间的交往、沟通与借鉴，要求返回并发展不受任何外来文化污染的、以本土话语阐述的、原汁原味的地方文化，这种企图不仅是难以想象的，也是根本不可能实现的。即便是面对强势文化的扩张和渗透，文化孤立主义也不是弱势文化进行抵御的良方。真正的出路在于实行一种健康的文化开放模式，能够促进双方或多方的共同发展和进步。然而，怎样的开放才是一种健康的开放，既能促进人类文化的整体进步，又能推动各民族文化的独特发展？笔者认为，一种健康的文化开放模式至少应当具有两个特点：自主性和双向性。所谓自主性，指的是在世界多样文化的交流中，任何一个国家或民族都必须坚决捍卫自己的文化主权、维护自己的文化选择权、发展权和交往权。具体而言，就是指要在对外开放的过程中能够自主地选择自己的文化发展模式，自主地决定是否实行文化开放政策，自主地选择对哪些国家和民族的文化开放，坚持自己区分优秀文化与落后文化的独特标准，并自主地选择借鉴哪些文化、输出哪些文化，等等。总之，文化开放所涉及的方方面面都必须是一个国家或民族的自主意识和自主行为。否则，如果某个国家或民族丧失了文化开放的自主性，其文化发展必定会遭受严重的损失，甚至走向衰落。比如鸦片战争之后的中国，在与外国的文化交流中，被动地接受大量涌入的西方文化，特别是那些腐朽、落后的东西；当然，不能说其中没有任何优秀的成分，但我们却没有很好地学习和借鉴。这正是因为当时的中国丧失了文化方面的自主性，以致中国文化在近代以来百余年的历史进程中远远落后于西方文化，几近衰落。所谓双向性，指的是在文化开放的过程中，任何一国家和民族都必须坚持平等的交流意识，既要"迎来"，也要"送往"，努力做到"礼尚往来"，"亦取亦予"。具体来讲，就是指既要通过对他者文化进行认真鉴别，在"去粗取精、去伪存真、取其精华、弃其糟粕"的基础上丰富和发展自己的文化，又要努力发掘出自己文化中的优秀和合理成分，使之有益于其他国家和民族的文化发展乃至整个人类文明的进步与繁荣。否则，一味地吸收他者文化而不重视发扬自己的优秀文化,就会淹没自身文化的民族特色;而一味地输出自己的文化却不注重借鉴他者文化中的合理成分,不仅不利于自身文化的创新发展,还存在文化殖民的嫌疑。这两种片面的文化开放都是不利于人类文化发展的,都是我们应当反对的。

  检视当代中国的文化开放,是否能称得上一种健康的文化开放模式?从自主性方面来看,中国文化在对外开放中的自主性明显增强。总体上来讲,中国文化能够自觉地维护文化主权,做出自己独特的文化选择:建设中国特色的社会主义文化。从交流的双向性来看,改革开放以来,我们一直特别重视"拿来主义","送去主义"还很不够。一方面,我们认识到,人类文化具有多样性,世界上每个民族的文化传统中的优秀成分都是值得全人类珍视的。中国文化要谋求自身的发展,并维护自己在国际舞台上的平等的话语权利,就必须大胆吸收和借鉴人类社会其他国家和民族所创造的一切优秀文明成果,并依据自己的标准进行选择、改造和创新,使之熔铸到中国特色的社会主义新文化中来。邓小平同志更是把包括学习资本主义科学文化在内的观点,提升到人类社会发展必然规律的新高度。他说:"社会主义要赢得与资本主义相比较的优势,就必须大胆吸收和借鉴人类社会创造的一切文明成果,吸收和借鉴当今世界各国包括资本主义发达国家的一切反映现代社会化生产规律的先进经营方式、管理方法。"[①] "我们要向资本主义发达国家学习先进的科学、技术、经营管理方法以及其他一切对我们有益的知识和文化,闭关自守、故步自封是愚蠢的。"[②] 这充分表现出了我们中华文明古国"海纳百川"的恢宏气度,以及努力克服狭隘的民族主义文化心态和小生产意识的束缚,努力吸收、消化人类创造的一切优秀文化成果的"有容乃大"的博大胸襟。在这样一种正确思想的指导下,这些年我们不断引进国外的先进文化并进行创新,大大促进了中国特色社会主义文化的发展。另一方面,我们也认识到,中国文化是中华民族对人类的伟大贡献。"独具特色的语言文字,浩如烟海的文化典籍,嘉惠

---

① 《邓小平文选》第3卷,人民出版社1993年版,第373页。
② 同上,第44页。

世界的科技工艺，精彩纷呈的文学艺术，充满智慧的哲学宗教，完备深刻的道德伦理，共同构成了中国文化的基本内容。"[①] 中国文化对于解决当前人类社会发展面临的诸多问题有着尤为独到之处。随着经济全球化的迅猛发展，人类面临愈来愈多的全球性问题，其核心原因之一，就是全人类的道德失范、人文精神的匮乏以及信仰危机的普遍存在等等，这一切毫无疑问都与西方文化传统中重工具理性、轻价值理性，一味地强调改造与征服自然的理性精神密切相关。而中国文化传统中则充满了深厚的人文关怀和道德底蕴，特别是"天人合一"的思想，强调人与自然的和谐相处，对西方文化"勘天役物"的思想有重要的补偏纠过之功效，必然会对重建全人类的美好精神家园作出独特贡献。因此全球化背景下，中国文化应当确立世界化的发展方向，改变当前"单向度开放"、"入超"的情况，真正实现文化的双向交流，从而发掘出中国文化在当今的世界价值，将中国文化的合理成分推向世界，服务于人类文明的共生、进步与繁荣。在这种思想的指导下，我们看到，近年来中国文化在"送去"方面取得了很大进展，在海外各国成功举办了"中国文化日"、"中国文化周"、"中国文化月"、"中国文化季"、"中国文化年"，据统计，截至 2010 年，已有 96 个国家建立了 300 多所孔子学院和 300 多个孔子课堂。[②] 因此，我们说中国正在形成一种健康的文化开放模式。文化开放是改革开放的重要内容，今天，打开国门走向全球，仍然是我们尚需继续的历史任务。

三、寻求人类文化的平等性，维护弱势文化的国际话语权利

人类文化要追求发展与进步，就必须坚持开放性。任何一种文化都不是孤立存在的，都必然要与其他多种文化进行交流互动。当今世界，伴随着经济全球化的大发展，伴随着信息时代的来临，特别是互联网的普及，不同文化之间的交流更加频繁。根据萨义德的多元主义文化倾向以及他所

---

① 张岱年、方克立：《中国文化概论》，北京师范大学出版社 2004 年版，第 7 页。
② 参见原春琳：《汉语：温暖积极的中国形象》，载《中国青年报》2010 年 11 月 18 日。

倡导的"广泛的人文主义"原则，世界各民族文化，无论大小强弱，在文化交流中都有要求保持自己的特点和独立性以及与别的文化平等的权利。虽然不同文化都是平等的行为体，但在人类文明发展的漫长历程中，由于各种因素的综合作用，造成了当今人类文化发展的不平衡性。我们必须承认，各种文化之间存在着现实的差别；文化交流中，不同文化的作用并非势均力敌，更常见的则是强势文化与弱势文化的区分，乃至于产生了我们前面分析过的新文化殖民主义现象。强势文化借助其经济科技方面的实力，往往独享文化上的话语权利，常常处于推销自己经济理念、政治制度、文化价值观念乃至生活方式的有利地位，而弱势文化则几乎丧失了国际话语权利，经常处于一种被动接受强势文化系统诸种基本理念的境地。对此，我们要有充分的估计。这样，文化交流的平等性问题也就必然被提了出来，文明间的平等对话也被提上了日程。按照郭建宁的经典表达，"对话是一种修养，是一种境界，是交往的准则。进行文明对话，从态度上看对其他文明既不能'俯视'，也无需'仰视'，而应'平视'，平等交流。既不能'自大'，也无需'自卑'，而应'自信'，有自知之明"[①]。然而目前的情况是：强势文化还不具备进行平等对话的"修养"和"境界"，而弱势文化则不具备进行平等对话的文化实力。因此，文化间真正的平等对话还只是弱势文化的一个可以期待的理想。

然而，全球化背景下人类文化发展的日趋增强的开放本性，又使得弱势文化民族和国家无法选择逃避与强势文化民族和国家的交流与对话，因此，弱势文化就必须在这一过程中抓住一切机遇不断地争取并努力维护自己在国际上的话语权利。那么，如何提高弱势文化的国际话语权利呢？这不是一个孤立的文化问题，需要多个方面的协作和共同努力，促进经济发展、提高政治地位、增强军事实力、创新科学技术等等，但最直接的还是要努力提升自身的文化软实力。"软实力"这个概念是哈佛大学教授、美国原助理国防部长小约瑟夫·S.奈（Joseph S. Nye, Jr.）在20世纪90年代初就提出的。所谓的文化软实力，是指与经济力、政治力、军事力、科

---

① 郭建宁：《当代中国的文化选择》，北京大学出版社2004年版，第177页。

技力等等这些硬实力相对应的一种影响力,这种力量作为一种内在的精神力量需要借助具体的文化载体和文化方式表现出来。弱势文化国家和民族只有努力提升自身的文化软实力,增强吸纳兼容和辐射影响外来文化的能力,才能够积极适应全球化时代世界文化交流、交融、交锋更加频繁的新趋势的需要,才能够逐步实现文化平等对话的愿望。否则,如果仅仅像萨义德那样一厢情愿地倡导所谓的"广泛的人文主义"原则,依赖于"混杂文化"、"对位解读"、"驶入的航程"等等诸如此类的文化抵抗模式,同时寄希望于强势文化"修养"的提高、"境界"的提升,弱势文化实现人类文化平等性的美好愿望注定将最终落空。

那么,如何才能增强弱势国家和民族的文化软实力,从而维护弱势文化在国际上的话语权利呢?我们以当代中国文化为例进行探讨。由于一定的文化是一定的社会政治和经济在观念形态上的反映,中国文化如何增强自身实力不仅是文化本身的问题,也是经济和政治问题。但限于篇幅,我们在此仅从中国文化本身的发展来探讨基本策略。从总体上来说,中国文化应当做到正确处理古今中外文化之间的关系。中国文化要增强自身的实力,最重要的就是要从现实出发,坚持以科学的、辩证的态度对待传统文化和外来文化,既要继承传统文化的精华,做到温故而知新;又要吸收外来文化的长处,做到借鉴而创新。只有融汇古今中外文化并在此基础上进行综合创新,中国文化才能创造出面向现代化、面向世界、面向未来的与时俱进的现代中华文明。首先,在古今文化关系上,要正确处理继承与创新的关系,实现传统文化的现代转换。中国文化源远流长,博大精深。数千年文化传统留下了极其丰厚的精神遗产,如诚实守信、求真务实、勤劳朴素、自强不息、和而不同的民族精神等等,都是我们今天应该努力继承和继续弘扬的。同时,我们也应该理性地看待中国的传统文化,要认识到它在本质上属于农耕文明或前现代文化,尽管其中有诸多思想资源和精神素材可以被挖掘出来,纳入新的价值体系并继续发挥积极作用,但整体而言,这一套与农耕时代相适应的文化价值观念已经不符合当代中国的社会现实了。因此,一方面,我们要坚持以辩证唯物主义和历史唯物主义为原则,对中国传统文化进行批判地继承,去粗取精,去伪存真,取其精华,弃其糟粕。另一方面，我们又要立足当代世界和中国的现实进行文化的综合创新。正如马克思所说："人们自己创造自己的历史，但是他们并不是随心所欲地创造，并不是在他们自己选定的条件下创造，而是在直接碰到的、既定的、从过去承继下来的条件下创造。"[①] 同样，我们要建设的当代中国文化，是以马列主义、毛泽东思想、邓小平理论、"三个代表"重要思想和科学发展观为指导，建立在公有制经济基础上的。它具有民族性、科学性、大众性、现代性、开放性和效益性等特征，是为人民服务、为社会主义服务的文化，要依靠中国各族人民特别是精神生产者，在社会主义现代化实践中不断地创造出来，必须结合当代中国文化发展的国际国内现实境遇，对传统文化进行创造性的现代转换，在继承中实现综合创新。其次，在中外文化关系上，要正确处理"拿来"与"送去"的关系，实现外来文化的内部消化与创新。一方面，人类文化具有多样性，世界上每个民族的文化传统中的优秀成分都是值得全人类珍视的，中国文化要谋求自身的发展，并维护自己在国际舞台上的平等的话语权利，就必须大胆吸收和借鉴人类社会其他国家和民族所创造的一切优秀文明成果，并依据自己的标准进行选择、改造和创新，使之熔铸到中国特色的社会主义新文化中来。另一方面，中国文化是中华民族对全人类的卓越贡献。特别值得一提的是，中国文化对于解决当前人类社会发展面临的诸多问题有着尤为独到之处。随着经济全球化的迅猛发展，人类会面临愈来愈多的全球性问题，这毫无疑问都与西方文化传统中重工具理性、轻价值理性，一味地强调改造与征服自然的理性精神密切相关。而中国文化传统中则充满了深厚的人文关怀和道德底蕴，特别是"天人合一"的思想，强调人与自然的和谐相处，必然会对重建全人类的美好精神家园作出独特贡献。因此，我们应当发掘出中国文化在当今的世界价值，并将其推向全球，服务于人类多元文明的和谐共生、共同进步与繁荣发展。总之，中国文化必须正确处理古今中外文化之间的关系，一方面要保持和发展民族文化的独特性，另一方面

---

① 《马克思恩格斯文集》第 2 卷，人民出版社 2009 年版，第 470 页。

要积极吸收有利于自身发展的营养，通过综合创新实现文化的与时俱进。①唯有如此，中国文化才能兼容其他文化的优点长处，增强自身文化的辐射力和影响力，才能具备维护自身国际话语权利的真正实力。

这里，我们有必要反思一下近年来所出现的国学热、儒学热现象。一方面，我们可以看到，国学热与儒学热使中国传统文化在当代得到了全面系统的梳理和阐发，这不仅有利于改变西方人对中国传统文化的偏见性认识，而且更重要的是，它也促使中国人自己逐渐增强了对于传统文化的深入了解，从而有利于我们正确地处理继承与创新的关系，对传统文化的进行现代转换，以实现文化的综合创新。而儒学热中所挖掘出的中国传统文化的现代价值，比如人文精神、"天人合一"思想等等，既可以运用于解决中国人自己的发展问题，也可以服务于整个人类的健康发展与共同进步。但另一方面，我们也应注意，国学热有被意识形态化的倾向，儒学热也有孕育出"中国文化优越论"的可能。我们努力增强自身的文化软实力，维护文化的国际话语权利，是要寻求人类文化的平等性，从而有助于维护人类文明的平衡、多样与健康发展。我们的目的不是要形成一种反西方的"逆向话语"，也不是要制造一种在本质上与"东方主义"一脉相承的"西方主义"。这是萨义德所极力反对的，也是我们所不赞同的。我们必须摆正的态度是：中国文化虽然有可能在未来能够对人类文明作出其他文明所不可替代的独特贡献，但它始终只能是世界多元文化中的一元。所谓"世界未来文化就是中国文化的复兴"这样一些提法是不科学的。

四、实现人类文化的和谐性，重视知识分子的世俗批评作用

人类文化的多样性，作为人类社会存在的客观事实和基本特征，是我们必须承认的人类文明进步的重要动力。由于不同地域和民族的人们生活所遇到的既定的自然地理环境、社会生活传统和行为方式各不相同，就形

---

① 参见郭建宁：《当代中国的文化选择》，北京大学出版社2004年版，第143—153页；金民卿：《文化全球化与中国大众文化》，人民出版社2004年版，第397—404页。

成了诸多不同形态的具体的民族文化样态。迄今为止，人类社会的文化就是一种多样性的存在。英国著名的历史学家和历史哲学家汤因比曾把世界文化分为26种，历经发展演变，剩下了5种比较重要的文明，即西方的基督教文明、东欧和俄罗斯的东正教文明、北非和中东等地的伊斯兰文明、印度次大陆的印度教文明、中国和东亚的儒教文明。如同自然界中生物种类的多样性使得生命生生不息一样，人类社会领域中文化的丰富多样性也使得世界文明绵延不断。"从占据世界文化发展中心地位的西方文化的推陈出新，到东方文明的博大精深和综合创新，从屡遭打击而不衰的犹太文明的生命活力，到非洲大陆的特色文化的别样风采，世界正凭借文化的多样性展示着自己的魅力。"① 人类社会文化发展的真正活力恰恰就在于世界多元文明的共生、共存与共荣。因此，世界上所有的国家和民族，不论大小与强弱，其政治社会制度、经济发展模式、历史文化传统以及社会生活方式等等，都应当受到足够的尊重，因为它们都曾经为并将继续为人类文明的发展进步作出自己独特的贡献。可见，文化的多样性正是人类生存和人类社会存在的一种健康的文化生态，多种不同文化之间理应坚持平等、民主、互助、和谐的精神，在相互交流与借鉴中实现健康发展与共同进步。然而，由于不同文化之间毕竟存在着诸多无法消除的鲜明差异，以致人类多元文明之间的小范围的、小规模的冲突和摩擦从来就不曾中断过。特别是在当今的全球化背景下，以美国为代表的西方强势文化，企图用单一的文化模式取代世界文化的多样性模式，违背了不同国家和民族文化主体间平等交往的原则，极大地破坏了多元和谐共生的人类文化生态。这是我们必须坚决反对和抵制的，因为人类文化的多样性发展，既是人类文化生态平衡的前提，也是世界上各种文化都能获得自身存在和发展的权利，是全人类的共同利益之所在。如果多元文明不能和谐共生、共同发展，或许正如亨廷顿所言，大规模的文明冲突将不可避免，最终还会带来大规模的军事冲突，而那将会是整个人类的毁灭性灾难。因此，实现人类文化的和谐性，并非一个可有可无的课题，乃是全人类都需要关心的、刻不容缓

---

① 李晓东：《全球化与文化整合》，湖南人民出版社2003年版，第30—31页。

的重大现实问题。令人欣慰的是，近年来维护人类文化的多样性正逐渐成为全人类的共识。2004年，经中国国务院和教育部批准，在北京市政府的指导与支持下，由北京大学、北京市教育委员会和韩国高等教育财团联合创办了以"文明的和谐与共同繁荣"为总主题的北京论坛，每年举办一次。该论坛宣言指出："自人类文明的朝霞时期以来，世界各族人民的祖先，创造了众多文明的奇葩。在历史的长河中，众多的文明相遇、交汇、交融，使人类得以在文明的阶梯上不断攀升、进步。"2005年11月8—10日，由联合国教科文组织文化多样性全球联盟、中国人民日报社、全球化合作基金会等，在浙江杭州市联合举办了第三届全球化合作论坛——"世界文化多样性"，论坛主题为"尊重文化多样性、共建和谐社会"，会议呼吁"必须承认各国文化形态、价值观念和发展模式的人类文明价值，建立全球化时代的文化多样性和谐体"。2008年北京奥运会的主题——"同一个世界 同一个梦想"，是中国向全世界发出的强烈心声，即愿意同全世界各国人民共同建设一个人与人之间和睦、国与国之间和平、人与自然之间和谐相处的世界。

那么，如何实现人类文化的和谐性呢？中国传统文化中的"和而不同"思想为我们指明了方向。"和而不同"语出《论语·子路》："君子和而不同，小人同而不和。"原意是说，君子用自己的正确意见来纠正别人的错误意见，使一切恰到好处，而不盲从附和；而小人只是盲从附和，却不肯表示自己的不同意见。"和而不同"是指在保持自身独立性的情况下与他人团结、合作，以达到真正的整体和谐。《国语·郑语》中又说："和实生物，同则不继。"这进而指出，任何事物的发生都是由不同的要素和合而成，只有同质性而无差别性，事物则难以持续存在。将中国传统文化中"和而不同"思想所蕴含的这些认识，扩大应用于人类不同的文化传统上来，就是要承认它们之间的差异，并在此基础上进行沟通、商谈，求同存异，达成"和"，才能使之得到发展。具体而言，"和"就是要大胆地吸收异质文化的优秀成果，"不同"就是在以民族文化独立性为前提的条件下对异质文化的承认与接受，其结果便是保持和发展各民族文化的多样性与差异性。也就是说，在坚守本土文化独立意识的原则下，在对外来文化充分尊重和理解的基础上，努力寻求不同文化之间的交汇点，相互学习、取长补短、尊重差异、和谐发展。可见，"和而不同"作为一种对不同文化尊重和理解的宽容精神，是我们实现人类文化和谐性应当坚持的原则和理念。要推动人类文化的多样性发展，促进人类文化的整体进步，就应当建构一种"和而不同"的人类文化发展模式。①

然而，人类文化要建构一种"和而不同"的发展模式并非易事，需要所有文化做出共同努力，而这种努力的关键就是要形成"文化自觉"。"全球化过程中的'文化自觉'，指的就是世界范围内文化关系的多元一体格局的建立，指的就是在全球范围内实行和确立'和而不同'的文化关系。"② 费孝通先生说："文化自觉只是指生活在一定文化中的人对其文化的'自知之明'，明白它的来历，形成过程，在生活各方面所起的作用，也就是它的意义和所受其他文化的影响及发展的方向，不带有任何'文化回归'的意思，不是要'复旧'，但同时也不主张'西化'或'全盘他化'。"③ "文化自觉是一个艰巨的过程：首先要认识自己的文化，根据其对新环境的适应力决定取舍。其次是理解所接触的文化，取其精华，去其糟粕，加以吸收。各种文化都自觉之后，这个文化多元的世界才能在相互融合中出现一个具有共同认可的基本秩序和形成一套各种文化和平共处、各舒所长、联手发展的共同守则。"④ 由此我们应该理解，他的"文化自觉"固然是在中国的历史语境中提出的，但所针对的问题却是世界性的。多元文化要实现和谐共生，就必须相互了解、相互认识，从而相互尊重、相互包容，最终达到相互欣赏、相互学习、相互丰富、共同进步。这正是费孝通先生对文化自觉历程的经典概括："各美其美，美人之美，美美与共，天下大同。"⑤

"和而不同"为人类文化实现和谐确立了发展模式，"文化自觉"又为

---

① 参见云德：《全球化语境中的文化选择》，人民文学出版社2008年版，第141—147页。
② 费孝通：《费孝通论文化与文化自觉》，群言出版社2005年版，第371页。
③ 同上，第216页。
④ 同上，第216—217页。
⑤ 同上，第217页。

人类文化实现和谐指明了路径，而更关键的问题是具体由谁来建构"和而不同"的人类文化，又由谁来进行"文化自觉"？化解矛盾、克服困难、和谐相处、共同繁荣，固然是各国人民的任务，是整个人类社会的目标，但恐怕主要还是各民族知识分子责无旁贷的历史使命。因此，在实现人类多元文化和谐共生的过程中，各个国家和民族都必须充分重视发挥萨义德所阐释并亲自践行的知识分子的世俗批评作用，以一种看似不和谐的手段来实现人类多元文化和谐共生的目标。在萨义德心目中，真正的知识分子是能够立足于世俗但又超越世俗，属于自己的民族但又能够超越民族界限，代表人类正义，保持内心的流亡状态，以业余的态度对抗专业化，坚定无畏，敢于对强权说出真理，为理想而奋斗的社会精英。这样的"流亡"的"业余"的知识分子，处于多种不同的文化之间，拥有多重视角而不以孤立的方式看待问题，一定能够形成真正的"文化自觉"，一定不惮于批评任何不利于人类多元文化和谐共生的现状。我们期待这样的世俗知识分子越来越多，人类多元文化的整体进步与和谐共生将不再遥远。

五、结　语

从广义上看，文化殖民主义作为人类社会发展过程中的一种文化现象，并不是在全球化背景下才出现的新鲜事物。事实上，在欧洲资本主义向全球扩张的整个历程当中，一直都伴随着文化殖民的问题，只不过在早期殖民主义时期占主导地位的殖民方式是军事殖民和政治殖民，在新殖民主义时期占主导地位的殖民方式是经济殖民，文化方面的侵略与扩张还处于从属的地位。因此，当时人们关注的主要是军事、政治和经济方面的殖民现象，很少提及文化领域的殖民问题。然而，随着经济全球化的迅猛发展，特别是信息化、网络化时代的来临，一方面使得以美国为代表的西方强国运用赤裸裸的军事干预、政治压迫和经济剥削等传统手段变得极其不合时宜，另一方面却又为其进一步向外扩张提供了隐蔽的新手段和更加有利的全球环境。美国向来俯视全球各国，以所谓的"救世主"自居，试图以自己的价值观来重塑整个世界。如何主导全球化的进一步发展并在未来的国际竞争中继续保持优势地位？以美国为代表的西方国家始终非常重视文化的渗透和同化作用，妄想通过征服其他国家民众的心灵，达到不战而胜的目的。① 正如美国学者弗兰克·宁柯维奇（Frank Ninkovich）所指出的那样："文化手段和政治、经济、军事手段一样，不但都是美国外交政策的组成部分，在大国间军事作用有限的情况下，特别是现代核战争中无法严密保护本国不受报复的情况下，文化手段尤其成为美国穿越障碍的一种更加重要的强大渗透工具。"② 这就是美国文化殖民主义的表现与暴露。事实上，面对美国的文化扩张，一些比较发达的国家如加拿大、法国等都感到忧虑与不安，那么，作为第三世界发展中国家，作为一个社会主义国家，我们还有什么理由掉以轻心呢？

当然，从人类文化发展的客观规律和历史轨迹来看，任何一种文化都不会轻易地被消融掉。然而，在人类历史过去的大部分时间里，人们对文化进步的追求，对自己民族和国家文化的维护与发展主要处于一种自发的状态。因此，面对全球化背景下西方新文化殖民主义的威胁，迫切的问题是，如何才能使人类文化的整体进步与多元共生从原来那种自发的状态转变为一种自觉地追求与维护。东方国家和民族应当进行怎样的文化选择？当代中国又将如何应对？萨义德后殖民文化理论所彰显的"普遍的批判意识"及其所倡导的"广泛的人文主义"原则，不仅使这一问题更加凸显，而且还为我们提供了若干重要的启示：承认人类文化的进步性，避免陷入文化相对主义的误区；坚持人类文化的开放性，防止走向文化孤立主义的歧途；寻求人类文化的平等性，维护弱势文化的国际话语权利；实现人类文化的和谐性，重视知识分子的世俗批评作用。尽管萨义德实际上并没有提出一种抵抗文化殖民主义的具体的行之有效的途径，但他所主张的全球化开放时空环境下多元文化的平等交流与和谐共生，则是我们必须遵循的人类文化发展的基本规律。

由于经济社会发展相对落后，改革开放以来我们在与西方文化的交流

---

① 参见金民卿：《文化全球化与中国大众文化》，人民出版社2004年版，第126—129页。
② 转引自张骥、韩晓彬：《论美国"文化霸权"的历史渊源与现实基础》，载《当代世界与社会主义》2001年第2期，第50页。

中，主要强调"拿来主义"。当然，随着中华文化主体意识的逐渐增强，近年来"送去主义"也越来越受到重视，比如，我们在海外频频成功举办了"中国文化日"、"中国文化周"、"中国文化月"、"中国文化季"、"中国文化年"，举办了法兰克福书展等等。据统计，截至2010年，全球已有96个国家建立了300多所孔子学院和300多个孔子课堂。① 此外，近年来"汉学热"也在不断升温，就拿老百姓比较爱看的星光大道、春节联欢晚会等综艺性节目来说，参加表演的外国人越来越多了，汉语说得也是越来越地道了。但是，我们并不能因此就盲目乐观，还必须认清现实，现实是什么呢？中国文化虽然源远流长，曾经有过辉煌的成就，但在近现代与西方文化的交流与冲突中，却一直处于弱势地位。我们承认，全球化背景下中国文化借助中国经济的发展和科技的进步，竞争力有了明显的提高。然而，中国文化在中短期内还难以改变目前的弱势状况，文化软实力还相对较弱，主要表现为"文化逆差"严重。我们是在大量地吸收西方文化，而西方并没有大量吸收中国文化。这里以文化产品为例，有一组数据值得关注。据统计，2004年我国出口了700多万册（份）书报，只占国内当年书报刊出版总量的0.016%；2004年我国向美国输出了14种版权，而从美国引进版权4068种，进出口比为290:1；人口只有300多万的新加坡，我国2004年引进版权156种，而输出仅30种，为5:1。② 这些数据足以说明，中国文化的对外影响力实际上还是相当有限的。子曰："危者，安其位也。亡者，保其存也。乱者，有其治也。是故君子安而不忘危，存而不忘亡，治而不忘乱，是以身安而国家可保也。"③ 对于全球化背景下中国文化所面临的挑战，中国作为一个大国，纵然可以在战略上藐视敌人，相信中华文化根深蒂固、博大精深，文化殖民只会加速西方文明的衰落；但是在战术上，中国决不能对西方的新文化殖民主义掉以轻心。想想苏联是如何解体的，东欧社会主义国家又是如何垮台的？20世纪50年代，人们都说苏联

---

① 参见原春琳：《汉语：温暖积极的中国形象》，载《中国青年报》2010年11月18日。
② 参见郭建宁：《提高文化软实力与建设共有精神家园》，载《中国特色社会主义研究》2008年第1期，第71—74页。
③ 《易经·系辞下》。

是苏维埃公民在吃母乳时就吮吸了社会主义思想,但是,"把全人类利益高于一切"的理论,把马克思主义的无产阶级政党学说和阶级斗争理论一笔勾销了,代之以"人道的民主的"社会主义。苏联的解体、东欧的剧变固然有着深刻的内部原因,但是与美国的意识形态渗透和文化战略也有很大关系,我们必须引以为鉴。历史是不可逆的,人类文化发展的现实境况是客观的。西方列强,尤其是美国已经将其在经济、政治、军事、科技以及传媒等方面的强势扩展到文化方面。对此,我们不能寄希望于强势文化"修养"的提高、"境界"的提升,必须要使中华文化的延续与发展从原来那样一种自发的状态转变为一种自觉地维护。那么怎样自觉维护呢?这不是一个孤立的文化问题,需要从多个方面进行努力,要促进经济发展、要提高政治地位、要增强军事实力、还要创新科学技术,等等,但最直接的就是要大力加强中国特色社会主义文化建设,只有这样才能不断提高中国文化的软实力和国际竞争力。毫无疑问,这是十分艰巨的任务,但我们也应该乐观地看到,当前中国文化的发展正呈现出方兴未艾的良好态势和广阔前景。因此,从人类文化进步、国家文化安全和民族文化复兴的战略高度来审视,中国在全面提升文化软实力的过程中,必须实施更加自觉的、合理的国家文化战略,既要立足于中国文化的传统与实际,又要着眼于全球文化的态势与格局。唯有如此,中国文化才能够在保持自身生存与发展的同时,推进人类多元文化的整体进步与和谐共生。

附　录　后殖民文化理论的精神分析意蕴及其限度[①]

——从法侬到萨义德

摘要：法侬在精神分析学领域不仅有丰富的临床实践，而且有独特的理论建树。他对黑人精神病症与文化情境关系的揭示、对殖民压迫体系中黑人与白人同时在场的强调、对黑人自我意识如何形成的探讨以及对如何超越民族主义的思考等等，在后殖民研究领域产生了至关重要的影响。特别是萨义德，对法侬思想的援用几乎是全方位的，但他不像巴巴、斯皮瓦克、佩里等人那样仅仅强调某一时期的法侬，而能够兼顾法侬在不同时期的思想。由此，萨义德关于文化身份不确定性的认识、关于彻底摆脱压迫体系的"后民族主义"思考便具有了明显的精神分析意蕴，但仍然是一种比较宏观的、粗线条的社会学阐释，与拉康、齐泽克、巴特勒等人的精神分析理论相比显然不够精细和深刻，他甚至没有认识到"无意识"在认同失败及其所导致的新的压迫体系中所扮演的重要角色。

关键词：法侬；萨义德；精神分析；无意识；限度

[①] 此文刊发于《哲学动态》2013年第4期，收入此书时进行了一些修改。

一、作为精神分析学家的法侬

国外理论界关于弗朗兹·法侬（1925—1961）的形象定位存在不同观点，比如萨特将其主要视为一位革命政治家，而霍米·巴巴则认为他首先是一位伟大的殖民主义精神分析学家。实际上，法侬既是一位革命政治家，又是一位精神分析学家，同时还是一位社会科学家。我们在这里讨论作为精神分析学家的法侬，并非是对巴巴观点的随意附和，而是因为20世纪80年代末以来，后殖民文化理论研究主要是在精神分析学的框架内对法侬进行援引和解读的。同时可以肯定的是，精神分析维度作为一种理论的潜意识贯穿于法侬早期和后期的所有实践和理论中。

法侬出生于法国在西印度群岛的海外殖民地马提尼克岛，他的父亲是政府官员，母亲是做生意的，在岛上都是有身份的黑人。法侬因此从小就在当地的法国公立学校接受殖民教育。这对幼年的法侬影响很大，曾使他的心中充满了对法国文化的崇敬与热爱，就像他的老师艾梅·塞泽尔（Aime Cesaire）所描述的那样："这种教育使我们自然而然地在头脑中把法国和自由联系在一起，把我们身心的每一个细胞都与法国联系在一起。"[①] 第二次世界大战爆发后，法侬就是怀着捍卫自由的决心，参加了"自由法国部队"，并由于表现杰出获得了政府颁发的"战斗十字奖章"。正是在这段时间里，法侬亲身体验了法国的种族主义，从而打破了殖民教育在他思想中塑造的身份意识和文化认同。特别是1947年法侬又到法国里昂大学学医，白人歧视的眼光更让他深切地体会到作为黑人意味着什么。在获得心理学学位并通过医生资格的所有考试之后，法侬来到法国在非洲最大的殖民地阿尔及利亚，并成为当地最大的心理医院的精神病医生。起初，他的主要工作是从事心理治疗的临床和理论研究，后来，他所从事的实际上是一种特定殖民处境下的心理治疗工作，同时对两种人进行心理治疗，白天给作为压迫者的殖民官员和士兵进行心理治疗，晚上则给作为被

[①] Stuart Hall, "Negotiating Caribbean Identities", *New Left Review*, Vol. 209.

压迫者的阿尔及利亚抵抗组织人员提供心理咨询。在这一过程中，他发现殖民统治及其文化灌输，给被殖民者造成了严重的精神创伤，并使他们形成了深刻的从属意识和自卑情结。同时，法侬越来越感到精神分析和心理治疗不仅范围所及有限，而且也不是解决问题的根本途径。通过对阿尔及利亚历史和现实的密切观察，并结合精神分析的临床实践，他认为只有通过暴力斗争才能赢得阿尔及利亚的民族独立，才能使阿尔及利亚人民摆脱严重的心理危机，在身体和精神上都成为完全的自由人。正是在这一信念的指引下，法侬辞去了医院的工作，投身阿尔及利亚民族解放阵线，直至逝世。

法侬在短暂的一生中共留下了四部著作：《黑皮肤，白面具》（1952）、《垂死的殖民主义》（1959）、《全世界受苦的人》（1961）、《走向非洲革命》（1969），其中影响最大的是《黑皮肤，白面具》和《全世界受苦的人》。特别是在《黑皮肤，白面具》一书中，他对黑人被殖民者的精神和心理作了前所未有的深刻挖掘。具体而言，法侬在精神分析学领域的理论贡献主要体现在如下四个方面。

一是揭示了黑人的精神病症与文化情境的深刻关系。专业精神分析学者和殖民地属民的双重身份使法侬对这个问题有着较为深刻的体察和研究，他认为弗洛伊德、荣格以及拉康等人的西方精神分析理论难以解释黑人的心理症结，因为所有这些精神分析学家都将家庭作为心理的境况，而黑人却提供了相反的情况，一个在家庭里正常成长的正常黑人儿童是在与白人世界有了些许接触后才开始变得不正常，而俄狄浦斯情结也难以在黑人中找到。法侬专门以拉康的"镜像阶段"说明黑人主体和身份的破坏来自于白人文化而非黑人本身，指出白人真正的"他者"现在是将来还继续是黑人，反之亦然，但对于白人来说，"他者"只是在身体形象的层次而非自我的层次上被感知。由此，法侬对荣格"黑人沉睡于每一个白人深处"的论调也极为不满，指出其所谓的先天性的东西其实只是后天形成的文化的"集体无意识"，因为黑人的精神病症主要是种族主义、殖民主义文化情境的结果。正是白人统治、文化渗透和种族歧视使得黑色的皮肤之下包裹着一颗白色的心灵，使得黑人尤其是黑人知识分子的内心中有着惊人的而又难于言表的心灵创伤和精神扭曲,导致严重的精神分裂和心理疾患。因此法侬说:"白人文明和欧洲文化强加给黑人一种存在的变态,……所谓黑色心灵不过是白人人为制造出来的。"①

二是强调了殖民压迫体系中黑人与白人的同时在场。这不仅表现为殖民过程中压迫者和被压迫者身份确立上的相互依赖关系,也表现为殖民后果是对黑人与白人的双向精神摧残。首先,压迫者和被压迫者的身份建构具有双向性。黑人与白人都试图从"自我"与"他者"的关系中确立各自的身份,黑人依赖于白人"他者"确定"自我"的存在价值,而白人也通过黑人"他者"证明"自我"的优越性,黑人的本质属性和白人的本质属性常常是你中有我,我中有你,二者的身份建构既相互排斥又相互依存。法侬所说的黑人对白人"既爱又恨的矛盾心理"正是建立在这种相互依赖的关系之上。其次,殖民压迫的后果具有双向性。殖民压迫行为所造成的精神创伤和心理扭曲同时摧残着压迫者和被压迫者,在复杂的心理现象面前绝不能将二者简单地对立起来,白人和黑人种族并存的事实创造出的是一个实在的心理存在主义复杂体。然而,法侬并没有像斯皮瓦克那样明确地揭示出对立两极在殖民体系中的共谋关系,更不会如霍米·巴巴那样彻底解构殖民者/被殖民者的二元对立,从而完全破除主体和身份的确定性,也正因如此,在他那里才会有身份的对立和抗争性叙事的出现。

三是关于黑人自我意识如何形成的问题。在黑格尔看来:"自我意识是自在自为的,这由于、并且也就因为它是为另一个自在自为的自我意识而存在的。这就是说,它所以存在只是由于被对方承认。"② 法侬正是在这种意义上才说,人只有在他想把自己强加于另一个人,以便使这另一个人承认自己时,才是人文的。他认为,黑人只有通过暴力革命才能获得白人的承认,才能产生真正独立和自由的自我意识。因为当身为主子的白人对黑人说"从今以后你自由了"的时候,黑人并不知道自由的代价,也不知道自由对他意味着什么。当白人主动告诉黑人,你现在和我一样了的时

---

① Frantz Fanon, *Black Skin, White Masks*, New York: Grove Press, 1967, p.14.
② [德]黑格尔:《精神现象学》(上卷),贺麟、王玖兴译,商务印书馆1981年版,第122页。

候,黑人只不过是一个白人允许他采取主人态度的奴隶而已。① 因此,只有暴力革命才能完成承认的过程,使黑人真正地获得自我意识。当然,我们必须在罗伯茨"具有内在价值的暴力"的意义上理解法侬的暴力论,他说:"在反对殖民主义、争取自由的过程中,法侬就是将暴力看做一种具有内在价值的活动的。"② 对法侬而言,这种暴力的内在价值无疑就是黑人的种族独立和自我意识的形成。

四是关于如何超越民族主义的思考。被殖民人民日益觉醒的民族主义在反殖民主义斗争中无疑促进了民族解放运动的发展,但在新独立的第三世界国家,获得政权的民族资产阶级为了自身的经济和政治利益反过来与非本民族的第三世界国家人民进行斗争。显然,他们已经"从民族主义过渡到种族主义、沙文主义,由国家过渡到部落"③。在这种情况下,殖民主义利用各地的冲突活动来重新对抗新独立的国家,从前的宗主国通过它扶植的资产阶级和国家军队实施着间接统治。因此法侬认为,民族主义与帝国主义从逻辑上看是一致的,只不过方向相反而已,帝国主义结构在独立后仍然没有消除,只不过由本土人做首领而已,可见民族主义如果不能够为人道主义所丰富和加深,必将走入死胡同。他所提出的解决方案是,殖民地国家在独立之后,一定要从"民族意识"过渡到"社会意识",从民族解放走向社会解放。法侬对僵硬民族主义的反省来自他对文化身份不确定性的认识。基于此,他对民族文化也有超越时代的精彩思考。法侬认为,民族文化虽然在殖民斗争中具有积极的作用,但本土文化致力于回到民族的过去而与外国文化相对立的逻辑过于简单,这种"民族性"其实往往已经是一种惰性的、被抛弃了的东西。正是在这种意义上,法侬指出:"那些仍在非洲黑人文化的名下战斗,在文化统一性的名下召开多次大会的非洲文化人,今天应该认识到他们所有的努力不过是在比较硬币与石

---

① 参见[法]弗朗兹·法侬:《黑皮肤,白面具》,万冰译,译林出版社2005年版,第171—175页。
② Neil Roberts, "Fanon, Sartre, Violence and Freedom", *Sartre Studies International*, 2004, Vol. 10.
③ [法]弗朗兹·法侬:《全世界受苦的人》,万冰译,译林出版社2005年版,第100页。

棺。"① 事实上，民族性并不意味着僵化和排外，民族文化在经历了巨大的变化之后必须走向战斗的现代民族文化。

正是由于在精神分析学领域的上述贡献，20 世纪 80 年代末以来，法侬在后殖民文化研究领域中不断地被萨义德、巴巴、斯皮瓦克、佩里、盖茨等学者引用、解读和阐释。美国后殖民批评和黑人文化研究领域中极有影响的人物哈佛大学黑人教授盖茨指出："我们对法侬极感兴趣是因为在他那里殖民主义的问题和主体构成汇合到了一起。法侬是文化的心理分析家，是全世界受苦的人的斗士，（后殖民）批判以反抗和反现代来自我定位，当然会感觉到法侬的分量。"尽管如此，他也承认在今天的后殖民文化理论中，法侬是一个"罗生门般"的人物，"法侬的著作充满了矛盾，或者说富有辩证，具有多音部、多歧义、多漏洞的特点，因此可作不同解释，不同的解读中包含着（读者自己的）兴趣倾向征兆"②。

二、从法侬到萨义德的后殖民文化理论

萨义德是后殖民理论的代表人物。毫无疑问，他的思想受到了法侬的精神分析的影响。此外，萨义德还受到了马克思、维科、福柯、葛兰西、威廉姆斯、卢卡奇、阿多尔诺、乔姆斯基和奥尔巴赫等诸多理论家和批评家的影响。但综合而言，萨义德还是最看重法侬，他对于这位地道的殖民地知识分子推崇备至，他在各种文本中对法侬思想的直接援用几乎是全方位的。同时，在后殖民文化研究领域，萨义德也不像巴巴、斯皮瓦克、佩里等人那样仅仅强调某一时期的法侬，而能够兼顾法侬在不同时期的思想。

首先，萨义德事实上接受了法侬关于政治与文化之间相互依赖关系的分析。③ 法侬是批判殖民主义话语霸权的理论先驱，他指出，殖民者总是一开始就设置一种生理的、文化的以及心理的暴力情境，并依据种族主义

---

① [法] 弗朗兹·法侬：《全世界受苦的人》，万冰译，译林出版社 2005 年版，第 162 页。
② Henry Louis Gates, Jr., "Critical Fanonism", *Critical Inquiry*, 1999, Vol. 17.
③ 参见张跣：《赛义德后殖民理论研究》，复旦大学出版社 2007 年版，第 68 页。

观念,将社会划分为"人"和"土著",从而把土著塑造成一个兽性的形象。这样,殖民主义不仅引起了被殖民国家经济的异化,而且更重要的是引起了殖民地人民心理和文化的异化,因此,殖民地人民争取解放的斗争其实是一个文化现象,要反对殖民主义就必须建立自己的民族文化史。法侬从语言、心理、文化角度对殖民主义的解读以及对民族文化在民族解放斗争中作用的重视,为文化的非殖民化提供了重要的分析工具,也为萨义德的后殖民文化理论提供了瓦解帝国主义权威话语的丰富资源。① 正如巴特·穆尔-吉尔伯特所看到的那样:"法侬努力将对文化帝国主义的对抗结合于对文化的奋力保卫,以此作为民族性的抵抗策略和载体。由于文化是与语言和种族密切相关的,所以不论是帝国主义文化还是反帝国主义文化,都会在造就疆域版图之外还造就出头脑。因此,法侬早期的著作立足于激进的心理学与殖民评论两个层面的交接地带,而且他把心智上的混乱与帝国主义的统治关联起来,这是他对当今后殖民主义辩论的最重要的贡献之一。"② 对萨义德而言,政治和文化也必然是相互联系在一起的。很明显,他在《文化与帝国主义》一书中承继了法侬从文化角度解读殖民、重视民族文化作用这一重要分析模式。萨义德在介绍了法侬对于欧洲移民者把自己到达殖民地视为那个国家历史的发端的描述之后,鲜明地指出,"法侬敏锐地把殖民者对历史的征服与帝国主义对真理的垄断联系起来,而在这种垄断之上是西方文化的巨大的神话。"③ 法侬有关"帝国主义对真理的垄断"的指涉,实际上为政治和文化之间提供了关联。萨义德所使用的政治和文化相互依存的分析方法就来自法侬的上述思想,只不过他又以福柯式的术语对其进行了系统而清晰的表述。在萨义德看来,"法侬的全部工作是,试图以一种政治意志的行动来克服那些顽固的理论阐述,用那些阐述反过来驳斥它们的作者,用他借用西赛尔的话说,以便能够,创造

---

① 参见张其学:《后殖民主义语境中的东方社会》,中国社会科学出版社 2008 年版,第 39—42 页。
② [英] 巴特·穆尔-吉尔伯特等:《后殖民批评》,杨乃乔译,北京大学出版社 2001 年版,第 63 页。
③ [美] 爱德华·W. 萨义德:《文化与帝国主义》,李琨译,生活·读书·新知三联书店 2003 年版,第 383 页。

出新的思考。……在法侬具有破坏力调子的作品中，一个有自觉意识的人故意并嘲讽地重复着他认为压迫了他的文化战术"①。

其次，法侬有关民族文化和民族主义的思考直接决定了萨义德的态度。早在20世纪50年代，法侬就已经对民族文化进行了超越时代水平的思考。他指出，面对殖民者进行的文化破坏和渗透，殖民地文化往往有两种反应：一种是西化；一种是民族主义。由于文化心态的问题，特别在殖民地初期，盛行着对于宗主国文化的模仿；而本土民族文化的兴起则是殖民主义文化导致的对立面。虽然民族文化在殖民反抗中具有诸多积极作用，但这其中还有很多东西需要作出具体分析。民族性并不意味着僵化和排外，坚守民族文化并不意味着死死抱住本土文化的古董不放，如果一味地排斥外国文化而致力于回到民族的过去，就是一种过于简单的逻辑，因为在不断地斗争以后，传统的意义已经发生了变化，民族文化所强调的"民族性"往往已经成为一种惰性的东西。正因如此，萨义德注意到："抵抗帝国主义运动的大部分是在民族主义的广阔背景下进行的。……然而……民族主义依然是个很成问题的事情。……法侬很不安地谈到，民族资产阶级及其各个领域中的精英们事实上容易将殖民主义力量代之以另一个以阶级为基础的，并且最终成为有剥削性质的力量。这力量以新的名义重复旧的殖民主义结构。在整个前殖民地世界各地都有一些国家孕育了'力量的变态'，艾克巴尔·阿赫玛德这样称呼它们。此外，民族主义的文化视野也可能致命地受到它所利用的殖民者与殖民地的共同历史的限制。帝国主义毕竟是一种合作的过程，其现代形式的一个突出的特点是，它是（或者声称是）一种教育运动。它十分有意识地表明要实行现代化、发展教育与文明。"② 因此，民族主义与帝国主义之间是一脉相承的关系，这个帝国主义虽然似乎是把权威让给了民族资产阶级，但实际上是在扩张它的霸权，帝国主义造成的等级体制与分隔被恢复着，所不同的只是由阿尔及

---

① [美]爱德华·W.萨义德：《文化与帝国主义》，李琨译，生活·读书·新知三联书店2003年版，第382—383页。
② 同上，第317—318页。

利亚人、塞内加尔人、印度人做首领而已。① 在萨义德看来,"法侬是第一个认识到正统的民族主义走着帝国主义铺设的道路的重要反帝理论家",他因此十分支持法侬提出的从"民族意识"到"社会意识"的转变,并进而把法侬的思想阐释为:"建立在身份主义(即民族主义意识)上面的各种需要必须被抛弃。新的、具普遍性的集体——非洲人的、阿拉伯人的、伊斯兰教的——应该优先于个别的,从而在被帝国主义分裂为各个自治的部族、话语和文化的人民之间建立起横向的、非话语的关系。……解放是对自我的意识,'不是关起沟通的大门',而是一个走向真正的民族自我解放、走向大同的'永无休止的发现和激励过程'"②。在法侬思想的影响下,萨义德认为民族主义二元对立的本质主义思维方式与殖民主义完全一致,因而在独立之后如果仍然坚持狭隘的民族主义,无异于重复殖民主义的结构。因此,他认为没有必要将本土主义作为反殖民民族主义的唯一出路,事实上,坚持如"黑人性"、"伊斯兰至上"这样的本质主义概念,就是接受了帝国主义留给我们的殖民者/被殖民者、西方/东方对立的思维方式的遗产。萨义德由此指出,对于民族文化的态度应该具有阶段性的不同。这又与法侬关于民族文化发展的三阶段说——辨析地吸收西方文化、有所醒悟地探索自己的文化传统、彻底觉醒并投入民族解放运动——如出一辙。

再次,萨义德十分推崇法侬关于抵抗之后必须继之以解放的观点。在《文化与帝国主义》一书中,法侬主要是作为抵抗和解放哲学的代表出现的。萨义德之所以时常引用法侬,是因为认为他比任何人都更强烈、更坚决地表述了从民族主义地理领域到解放领域理论的巨大文化转变。对于法侬所预见的独立后民族主义精英有可能会坠入欧洲人的叙述话语模式,从而蜕变为他们"帝国主义主人的应声虫"的情况,萨义德也给予了充分认可。他说:"法侬在他《被毁灭的大地》一书中的'民族主义意识的陷阱'一章中预见了事态的这一变化。他的观点是,如果民族意识在其成功的时刻不以某种方式转变为社会意识,它的前途将不是解放,而是帝国主

---

① 参见赵稀方:《后殖民理论》,北京大学出版社2009年版,前言第33—34页。
② [美]爱德华·W. 萨义德:《文化与帝国主义》,李琨译,生活·读书·新知三联书店2003年版,第390页。

义的扩展。……必须把斗争提高到一个新的水平,一个由解放斗争为代表的综合体。"① 萨义德进而很肯定地指出,法侬这本最后著作的成就是,它表现了你死我活斗争中的殖民主义与民族主义,然后描述了一个独立运动的诞生,最后把这个运动变成一种超个人的、超民族的力量,强有力地解构了帝国主义文化及其民族主义敌人。此外,萨义德也认为,法侬代表了与叶芝的民族主义话语相对立的解放话语。他指出:"法侬和叶芝的区别是,法侬的关于反帝非殖民化理论的也许是形而上学的叙述,从头到尾充满了解放的音响和变奏:远远超出了殖民地被动的抵御。……法侬的话语是期待着胜利和解放的话语,标志着非殖民化第二种时刻的话语。"②

最后,法侬对于民族知识分子使命的分析也启发了萨义德的知识分子观。萨义德在讨论知识分子的民族性时,借鉴了法侬关于民族知识分子使命的观点。他认为,诚如法侬分析阿尔及利亚对抗法国的解放战争最激烈时期的情况所指出的,民族知识分子"只是同声附和政党及领袖所体现的反殖民民族主义是不够的"。根据法侬的观点:"当地知识分子的目标不能只是以当地警察取代白人警察,而是要创造新灵魂(the invention of new souls)……换言之,虽然在民族存亡的紧要关头,知识分子为了确保社群生存的所作所为具有无可估量的价值,但忠于团体的生存之战并不能因而使得知识分子失去其批判意识或减低批判意识的必要性,因为这些都该超越生存的问题,而达到政治解放的层次,批判领导阶级,提供另类选择(这些另类选择在身边的主要战事中,经常被视为无关而被边缘化或置于不顾)。"③ 萨义德所坚持的知识分子应该秉持独立判断及道德良知从而保持批判意识的观点与法侬的这种看法是一致的。

由上可见,法侬在萨义德的后殖民文化理论中占据十分独特的地位。尽管如此,他对法侬的看法也并不总是赞成性的,还存在些许不满。比

---

① [美]爱德华·W. 萨义德:《文化与帝国主义》,李琨译,生活·读书·新知三联书店2003年版,第382页。
② 同上,第333—334页。
③ [美]爱德华·W. 萨义德:《知识分子论》,单德兴译,生活·读书·新知三联书店2002年版,第38—39页。

如，在讨论法侬在殖民情景中对黑格尔的主奴辩证关系再度阐释时，萨义德将其描述为"抵抗运动的部分悲剧之所在"，因为它势必要借助殖民者的理论。他说："具有讽刺意味的是，黑格尔的辩证法说到底是黑格尔的：是他首先提出了这个论点，正像先有了马克思主义关于主体与客体的理论然后才有法侬的《全世界受苦的人》利用它来说明殖民者与被殖民者之间的斗争一样。这就是抵抗运动的部分悲剧所在。它必须在某种程度上恢复帝国文化已经确立的，或者至少影响过或渗透过的形式。"[①] 由此，萨义德自认为找到了法侬之所以不能在《全世界受苦的人》结尾把这种反叙事的"复杂性和反认同性"阐述清楚的原因。他继而认为法侬所称的由民族意识转化为政治和社会意识的情形尚未发生，并指出那个未完成的计划正是他自己批评事业的起点。

三、深化从"民族意识"到"社会意识"的无意识分析

法侬思想在萨义德后殖民文化理论中的独特地位，必然会使后者蕴涵着深刻而丰富的精神分析意蕴。当然，综合来看，精神分析在后殖民文化理论中仍然不占主导性的地位。如果将萨义德与齐泽克这位精神分析维度中的大众文化的阐释者相比，前者对精神分析的挪用和阐释显然不够精细和深刻。萨义德甚至没有认识到"无意识"在认同失败及其所导致的新的压迫体系中所扮演的重要角色。这既与法侬的社会学阐释和英年早逝有关，也与萨义德后殖民理论对精神分析的态度有关。但无论如何，重视法侬，甚至包括弗洛伊德和拉康等人的精神分析理论在后殖民理论领域中的重要影响，是我们在研究萨义德等人的后殖民文化理论中不可缺少的重要维度。

由此观之，笔者以为，至少在如下两个问题上可体味到精神分析在萨义德后殖民文化理论中的真实在场。一是关于文化身份不确定性的认识。

[①] [美] 爱德华·W. 萨义德：《文化与帝国主义》，李琨译，生活·读书·新知三联书店2003年版，第299页。

萨义德写道:"事实上,法侬和塞泽尔(我是把他们作为代表来说的)直接刺向与当今(西方)人类学'他者'和'差异'有关身份和身份论的问题。即使在斗争最激烈的时候,法侬和塞泽尔也要求他们的同道者放弃本质论身份观和以(本质)文化界定身份。"① 正如徐贲所言,萨义德读法侬首先关心的问题是非本质论身份和谁来界定身份。他用自己对法侬的解读来支持在《东方学》中对西方自由主义人类学的批判,指出这种人类学看起来很尊重"他者"文化,但实质上却是从西方的角度把所谓"他者"及其文化本质化,并将其描绘为与西方"本我"不同的对立面,这种"他者"其实是西方人为制造的。萨义德致力于破除西方人类学所制造的本质论东方神话的彻底性,在于他明确反对炮制出所谓的"西方主义"来对抗现存的"东方主义",尽管他的著作常常被一些第三世界国家中的"后殖民批评"用来证明本土文化与西方文化之间存在着本质区别和必然对抗。事实上,萨义德认为文化本质是变化的,而且变化的结果并不会取消不同文化之间的差异,因为相对稳定的文化本质还是存在的,但文化本质的固定化、绝对化将导致不同文化间的差异的凝固化、冲突的永恒化,因此他所要建构的并非是什么独特的民族文化身份认同,他所向往的不是一种固定的境遇,而是一种"流亡"的状态。二是关于彻底摆脱压迫体系的"后民族主义"思考。作为献身知识分子的萨义德虽然积极投身于巴勒斯坦民族解放运动,但对阿拉法特政府的腐败、新闻压制等始终保持严厉的批评态度。他十分清醒地认识到,民族主义的胜利往往带来另一种新的压迫,这正是他呼吁殖民批判必须着眼于实现法侬所说的"新人道主义"和"后民族主义"的根本原因。帝国主义统治的严重后果是,即使一个民族国家独立了,新的后殖民国家权力仍然像以前的殖民者一样把国人当做必须时时屈从的臣民。这正如法侬所说,殖民统治的后果和效应是难以驱逐和肃清的,其影响"并不因最后一个白人政客离开,最后一面欧洲旗帜降下而停止",正是在这个意义上,萨义德指出:"曾经被殖民是一种持久的命

---

① Edward Said, "Representing the Colonized: Anthropology's Interlocutor", *Critical Inquiry*, 1989, Vol. 15, p. 224.

运，的确是梦魇般不公平的结局，尤其是在取得了国家独立之后。"① 现实也的确表明，在后殖民国家人们至今仍无法当家做主，因此后殖民批评必须走出那种以自己的奴役代替别人的奴役的民族主义和本土主义，后殖民社会应该也完全有可能建立一种超越民族主义的更为大度、更为多元、更为广泛的世界理想。为此，他呼吁经过解放意识启蒙的"后民族主义"②。

可见，精神分析理论在后殖民语境中具有重要的价值，同时它也在这种运用中不断生成新的意义。然而，后殖民文化理论的精神分析仍然是一种比较宏观的、粗线条的社会学阐释，与拉康、齐泽克、拉克劳、巴特勒等人的精神分析理论相比显然不够精细和深刻。特别是萨义德的后殖民文化理论，其精神分析意蕴是有限度的。首先，萨义德并没有清晰地认识到精神分析在探索认同及其失败对思考霸权来说的至关重要性，而这是巴特勒等人所深刻体会到的，他们认为："那些被某种权力操作压迫的人如何最终也投入到那种压迫中，以及事实上他们的自我认同怎样与他们藉以被控制、排斥或者从文化生活的领域中擦除的条件密切地联系在一起的，当我们思考这些问题的时候，精神分析的最显著特征便突显出来了。"③ 其次，萨义德也没有从精神分析的角度阐明由于认同失败而导致的"一种新的压迫"对主体而言意味着什么，而这也是巴特勒所体察到的，她说："与大多数带着目标出现的主体一样，我们发现自己得到的是不同于初衷的目标。特别是当最终达到那种我们被它动员才实现的认同时，以及坦率地说，达到我们不愿承认的认同时，我们被迫理解清晰的自我理解之限定（有限性）。"④ 最后，由于前两个方面的缘故，萨义德自然也就得不出如下结论："认同是不稳定的，它可以是无限接近那种人们在有意识时不情愿要的理想的无意识的努力，或者是在无意识层次拒绝接受的而自己毫不含

---

① Edward Said, "Representing the Colonized: Anthropology's Interlocutors", *Critical Inquiry*, 1989, Vol. 15, p. 225.
② Edward Said, *Culture and Imperialism*, London: Chatto & Windus, 1993, p. 277.
③ [美]朱迪斯·巴特勒等：《偶然性、霸权和普遍性》，胡大平等译，江苏人民出版社2003年版，第156—157页。
④ 同上，第157页。

糊地为之奋斗的那种认同。"① 因此，他也没能更深入地体味到人们的"无意识"在认同失败从而导致产生新的压迫过程中所扮演的重要角色。然而，正是精神分析中的这种"无意识"麻痹了许多人，使他们不知何故而投入某些领域。特别是当一些人挥动政治旗帜强行取得一种认同和投入，从而使另一些人进入被剥削和通过控制被驯化的情境中时，这个问题变得更加复杂。"因为问题并不只是一个个体对他或她的心理及其投入能够领会到什么，而是调查在一个既定的政治领域中什么样的认同可能形成、培育和获得，以及在那个政治领域中某种不稳定的形式是如何由于认同自身的过程而打开的。"② 萨义德由于受限于法侬的社会学阐释视野而在精神分析层面缺乏细腻的探索，因而他最终也并未完成法侬未竟之功，从精神分析的角度来看，由"民族意识"转化为"社会意识"必定是一个漫长而复杂的过程。

---

① [美]朱迪斯·巴特勒等：《偶然性、霸权和普遍性》，胡大平等译，江苏人民出版社 2003年版，第157页。
② 同上，第158页。

参考文献

一、中文文献

（一）著作和学位论文

［美］爱德华·W. 萨义德：《东方学》，王宇根译，生活·读书·新知三联书店 1999 年版。

［美］爱德华·W. 萨义德：《知识分子论》，单德兴译，生活·读书·新知三联书店 2002 年版。

［美］爱德华·W. 萨义德：《文化与帝国主义》，李琨译，生活·读书·新知三联书店 2003 年版。

［美］爱德华·W. 萨义德：《格格不入——萨义德回忆录》，彭淮栋译，生活·读书·新知三联书店 2004 年版。

［美］爱德华·W. 萨义德：《人文主义与民主批评》，朱生坚译，新星出版社 2006 年版。

［美］爱德华·W. 萨义德：《最后的天空之后——巴勒斯坦人的生活》，金玥珏译，新星出版社 2006 年版。

［美］爱德华·W. 萨义德、戴维·巴萨米安：《文化与抵抗——萨义

德访谈录》，梁永安译，上海世纪出版集团 2009 年版。

[美] 爱德华·W. 萨义德：《报道伊斯兰》，阎纪宇译，上海译文出版社 2009 年版。

[美] 爱德华·W. 萨义德：《世界·文本·批评家》，李自修译，生活·读书·新知三联书店 2009 年版。

[美] 爱德华·W. 萨义德：《论晚期风格——反本质的音乐与文学》，阎嘉译，生活·读书·新知三联书店 2009 年版。

[美] 爱德华·W. 萨义德：《从奥斯陆到伊拉克及路线图》，唐建军译，生活·读书·新知三联书店 2009 年版。

[意] 安东尼奥·葛兰西：《狱中札记》，曹雷雨等译，中国社会科学出版社 2000 年版。

[美] 阿拉·古兹利米安：《在音乐与社会中探寻——巴伦博依姆、萨义德谈话录》，杨冀译，生活·读书·新知三联书店 2005 年版。

[美] 阿里夫·德里克：《跨国资本时代的后殖民批评》，王宁译，北京大学出版社 2004 年版。

[美] 阿里夫·德里克：《后革命氛围》，王宁等译，中国社会科学出版社 1999 年版。

[英] 巴特·穆尔-吉尔伯特等编：《后殖民批评》，杨乃乔等译，北京大学出版社 2001 年版。

[英] 巴特·穆尔-吉尔伯特：《后殖民理论——语境 实践 政治》，陈仲丹译，南京大学出版社 2001 年版。

[美] 保罗·鲍威编：《向权力说真话：爱德华·赛义德和批评家的工作》，王丽亚、王逢振译，中国社会科学出版社 2003 年版。

[美] 本·巴格迪坎：《传播媒介的垄断》，林珊等译，新华出版社 1986 年版。

北京大学马克思主义文献研究中心编：《共产党宣言与全球化》，北京大学出版社 2001 年版。

鲍宗豪主编：《网络与当代社会文化》，上海三联书店 2001 年版。

邴正：《马克思主义文化哲学》，吉林人民出版社 2007 年版。

段忠桥：《当代国外社会思潮》，中国人民大学出版社 2004 年版。

《邓小平文选》第 3 卷，人民出版社 1993 年版。

［美］弗朗兹·博厄斯：《人类学与现代生活》，刘莎、谭晓勤、张卓宏译，华夏出版社 1999 年版。

［英］弗朗西斯·马尔赫恩：《当代马克思主义文学批评》，刘象愚等译，北京大学出版社 2002 年版。

［法］弗朗兹·法侬：《黑皮肤，白面具》，万冰译，译林出版社 2005 年版。

［法］弗朗兹·法侬：《全世界受苦的人》，万冰译，译林出版社 2005 年版。

费孝通：《费孝通论文化与文化自觉》，群言出版社 2005 年版。

丰子义、杨学功：《马克思"世界历史"理论与全球化》，人民出版社 2002 年版。

郭建宁：《当代中国的文化选择》，北京大学出版社 2004 年版。

［德］黑格尔：《精神现象学》（上卷），贺麟、王玖兴译，商务印书馆 1981 年版。

黄华：《权力、身体与自我》，北京大学出版社 2005 年版。

［德］哈拉尔德·米勒：《文明的共存——对塞缪尔·亨廷顿"文明论"的批判》，郦红、那滨译，新华出版社 2002 年版。

胡新亮：《人文介入政治——以萨义德的政治实践为中心》，中国社会科学院硕士学位论文，2006 年。

金民卿：《文化全球化与中国大众文化》，人民出版社 2004 年版。

［美］克里斯托·巴托洛维奇等编：《马克思主义、现代性与后殖民研究》，北京大学出版社 2007 年版。

罗荣渠：《现代化新论》，商务印书馆 2004 年版。

罗钢、刘象愚主编：《后殖民主义文化理论》，中国社会科学出版社 1999 年版。

林娅主编：《全球化与社会发展理论研究》，北京大学出版社 2006 年版。

李晓东：《全球化与文化整合》，湖南人民出版社 2003 年版。

刘伟胜：《文化霸权概论》，河北人民出版社 2002 年版。

陆群：《寻找网上中国》，海洋出版社 1999 年版。

刘莉：《马克思主义与后殖民理论视域——以葛兰西为切入点的考察》，华南师范大学博士学位论文，2005 年。

兰希秀：《后殖民理论探讨》，山东师范大学硕士论文，2003 年。

《列宁专题文集 论资本主义》，人民出版社 2009 年版。

《列宁全集》第 26 卷，人民出版社 1988 年版。

《列宁全集》第 38 卷，人民出版社 1986 年版。

［美］迈克尔·H. 亨特：《意识形态与美国外交政策》，褚律元译，世界知识出版社 1999 年版。

［法］米歇尔·福柯：《规训与惩罚》，刘北成、杨远婴译，生活·读书·新知三联书店 2003 年版。

［法］米歇尔·福柯：《知识考古学》，谢强、马月译，生活·读书·新知三联书店 2003 年版。

《马克思恩格斯文集》第 1 卷，人民出版社 2009 年版。

《马克思恩格斯文集》第 2 卷，人民出版社 2009 年版。

《马克思恩格斯文集》第 3 卷，人民出版社 2009 年版。

《马克思恩格斯文集》第 5 卷，人民出版社 2009 年版。

《马克思恩格斯文集》第 8 卷，人民出版社 2009 年版。

《马克思恩格斯文集》第 9 卷，人民出版社 2009 年版。

《马克思恩格斯文集》第 10 卷，人民出版社 2009 年版。

《马克思恩格斯选集》第 1 卷，人民出版社 1995 年版。

《马克思恩格斯全集》第 15 卷，人民出版社 1963 年版。

《马克思恩格斯全集》第 16 卷，人民出版社 2007 年版。

《马克思恩格斯论殖民主义》，人民出版社 1962 年版。

《毛泽东选集》第 2 卷，人民出版社 1991 年版。

［法］让-弗朗索瓦·利奥塔尔：《后现代状态：关于知识的报告》，车槿山译，生活·读书·新知三联书店 1997 年版。

［美］斯塔夫里亚诺斯：《全球分裂——第三世界的历史进程》，迟越等译，商务印书馆1993年版。

［美］斯塔夫里阿诺斯：《全球通史——1500年以后的世界》，吴象婴、梁赤民等译，上海社会科学院出版社1999年版。

［美］塞缪尔·亨廷顿：《文明的冲突与世界秩序的重建》，周琪等译，新华出版社1999年版。

《赛义德自选集》，谢少波等译，中国社会科学出版社1999年版。

孙晶：《文化霸权理论研究》，社会科学文献出版社2004年版。

孙熙国、刘志国：《全球化与中国传统文化的现代转换》，山东大学出版社2009年版。

陶东风：《文化研究：西方与中国》，北京师范大学出版社2002年版。

吴猛：《福柯话语理论探要》，复旦大学博士学位论文，2003年。

［美］薇思瓦纳珊编：《权力、政治与文化——萨义德访谈录》，单德兴译，生活·读书·新知三联书店2006年版。

［英］瓦莱丽·肯尼迪：《萨义德》，李自修译，江苏人民出版社2006年版。

王岳川：《后现代后殖民主义在中国》，首都师范大学出版社2002年版。

王岳川：《发现东方》，北京图书馆出版社2003年版。

王宁、薛晓源主编：《全球化与后殖民批评》，中央编译出版社1998年版。

王富：《赛义德现象》，四川大学博士学位论文，2006年。

王晖、陈燕谷主编：《文化与公共性》，生活·读书·新知三联书店1998年版。

王灵桂等：《一脉相传犹太人》，中国友谊出版公司2005年版。

徐贲：《走向后现代和后殖民》，中国社会科学出版社1996年版。

谢少波、王逢振：《文化研究访谈录》，中国社会科学出版社2003版。

［法］雅克·德里达：《马克思的幽灵》，何一译，人民大学出版社1999年版。

袁行霈：《中华文明的历史启示》，北京论坛主旨报告，2006年。

俞吾金：《意识形态论》，人民出版社2009年版。

云德：《全球化语境中的文化选择》，人民文学出版社2008年版。

叶淑媛：《维科及其〈新科学〉研究》，兰州大学硕士学位论文，2007年。

［美］朱迪斯·巴特勒等：《偶然性、霸权和普遍性——关于左派的当代对话》，胡大平等译，江苏人民出版社2003年版。

［美］兹比格纽·布热津斯基：《大棋局》，中国国际问题研究所译，上海人民出版社1998年版。

赵稀方：《后殖民理论》，北京大学出版社2009年版。

赵家祥、丰子义：《马克思东方社会理论的历史考察和当代意义》，高等教育出版社2002年版。

张京媛：《后殖民理论与文化批评》，北京大学出版社1999年版。

张岱年、方克立：《中国文化概论》，北京师范大学出版社2004年版。

张其学：《后殖民主义语境中的东方社会》，中国社会科学出版社2008年版。

张跣：《赛义德后殖民理论研究》，复旦大学出版社2007年版。

张颐武：《在边缘处追索——第三世界文化与当代中国文学》，时代文艺出版社1993年版。

朱耀伟：《当代西方批评论述的中国图像》，中国人民大学出版社2006年版。

赵建红：《赛义德的文学与文化批评理论研究》，北京语言大学博士学位论文，2007年。

（二）学术文章

丛郁：《文学与霸权主义——萨伊德的文学的文化政治观照》，载《徐州师范学院学报》，1995年第1期。

丛郁：《使命与抉择——读萨伊德的演讲集〈知识分子的陈说〉》，载《美国研究》，1995年第3期。

陈瑛：《"东方主义"与"西方"话语权力——对萨义德"东方主义"的反思》，载《求是学刊》，2003年第4期。

方立：《文化帝国主义的几种理论形态》，载《高校理论战线》，1996年第9期。

方立：《美国全球战略中的文化扩张与渗透》，载《前线》，1999年第6期。

方朝晖：《从文化相对论与文化进化论之争看文化的普遍性与特殊性》，http://www.aisixiang.com/data/50002.html（访问时间：2012年2月12日）。

郭志敏：《英语的霸权现象及其对世界语言文化的影响》，载《长春工业大学学报》（社会科学版），2006年第2期。

郭建宁：《提高文化软实力与建设共有精神家园》，载《中国特色社会主义研究》，2008年第1期。

华全红、寇国庆：《解构主义思潮对萨义德后殖民理论的影响》，载《郑州轻工业学院学报》（社会科学版），2006年第1期。

郝良华：《论全球化背景下中国国家文化安全与文化创新》，载《理论学刊》2004年第10期。

郝时远：《20世纪三次民族主义浪潮评析》，载《世界民族》1996年第3期。

胡兰：《解读赛义德的对位批评理论》，载《宁波大学学报》（人文科学版），2007年第2期。

姜红明、杨志国：《面对信息殖民与文化扩张的挑战》，载《空军雷达学院学报》，1999年第4期。

季仲明：《当代经济全球化的发展趋势》，载《福州党校学报》，2002年第2期。

籍晓红：《解构东方主义的二元对立模式——赛义德的〈东方主义〉》，载《廊坊师范学院学报》，2006年第3期。

江玉琴：《后殖民主义批评在中国的讨论热点追踪及其探析》，载《南昌大学学报》（人文社会科学版），2004年第3期。

寇国庆：《萨义德论知识分子》，载《安徽电气工程职业技术学院学报》，2005年第2期。

刘云山：《把握正确方向 发扬优良传统 坚持改革创新——在新的历史起点上继续推动哲学社会科学繁荣发展》，载《求是》，2009年第13期。

刘润为：《殖民文化论》，载《求是》，1996年第5期。

刘海静：《全球化的文化内涵与文化殖民主义》，载《理论导刊》，2006年第1期。

刘俐俐：《从歧途到正途：中国后殖民批评的价值何在？》，载《南开学报》（哲学社会科学版），2001年第3期。

刘大先：《赛义德的文本理论与批评意识》，载《上饶师范学院学报》，2003年第1期。

刘军：《马克思东方社会理论的方法论特征及其后殖民主义意蕴》，载《学术论坛》，2006年第4期。

刘莉：《马克思主义视阈中的后殖民理论》，载《教学与研究》，2007年第8期。

乐黛云：《多元文化发展中的两种危险和文学可能作出的贡献》，载《文艺报》，2001年8月28日。

乐黛云：《文化相对主义与跨文化文学研究》，载《文学评论》1997年第4期。

罗钢：《资本逻辑与历史差异——关于后殖民主义与马克思主义的一些思考》，载《外国文学评论》，2002年第4期。

[英]拉尔夫·米利本德：《资本主义文化霸权与反霸权斗争》，王列译，载《当代世界与社会主义》，1996年第2期。

李晓光：《如何看待萨义德对马克思的批评》，载《教学与研究》，2000第8期。

李富荣：《全球化对我国文化的影响及对策》，载《理论研究》，2003年第6期。

李存秀：《论全球化背景下西方的文化殖民主义》，载《学术交流》，2002年第6期。

李建军:《试论文化渗透》,载《贵州农学院丛刊》,1997年第1期。

李群芳:《美国的科技优势与国际政治经济霸权》,载《当代世界》,2006年第8期。

李庆广:《警惕因特网上的文化渗透》,载《殷都学刊》,1998年第2期。

李种永:《为国际语言新秩序而努力》,http://www.china.org.cn/esperanto/2692.htm.（访问时间:2006年3月19日）。

罗康隆:《文化相对主义述评》,载《贵州民族研究》2005年第4期。

马庆钰:《对文化相对主义的反思》,载《哲学研究》1997年第4期。

门洪华:《论国际机制的合法性》,载《国际政治研究》,2002年第1期。

钱俊:《谈萨伊德谈文化》,载《读书》,1993年第9期。

邱斌、胡凤飞:《透视全球化背景下的美国话语霸权》,载《学术交流》,2006年第4期。

孙景峰:《经济全球化对全球文化的影响——兼论中国文化发展战略》,载《思想战线》2002年第3期。

邵建:《谈后殖民理论与后殖民批评》,载《文艺研究》,1993年第3期。

田文林:《国际政治视野中的文化因素》,载《现代国际关系》1999年第9期。

陶东风:《赛义德的〈东方学〉》,载《博览群书》,1999年第9期。

王家传:《赛义德后殖民理论对福柯和德里达理论的借鉴》,载《厦门大学学报》（哲学社会科学版）,2001年第3期。

王家传:《赛义德后殖民理论对葛兰西文化领导权理论的借鉴和改造》,载《淮阴师范学院学报》（哲学社会科学版）,2003年第6期。

王家传:《破旧尚需立新 解构还当建构——评赛义德的后殖民文化反抗策略》,载《南京工业大学学报》（社会科学版）,2006年第2期。

王宁:《东方主义、后殖民主义和文化霸权主义批判——爱德华·赛义德的后殖民主义理论剖析》,载《北京大学学报》（哲学社会科学版）,

1995年第2期。

王秋梅：《论赛义德消除文化霸权的革命策略》，载《前沿》，2006年第2期。

王永奇：《解读萨义德的〈东方学〉——兼及对当代中国现实的思考》，载《广东教育学院学报》，2006年第1期。

文熙：《殖民主义——新殖民主义——后殖民主义——西方资本主义国家对第三世界国家政策的演变》，载《党史文汇》，1996年第5期。

徐炳山：《巴勒斯坦问题的来龙去脉》，载《思想政治课教学》，1983年第8期。

杨耕、张其学：《后殖民主义：实质、特征及其局限——从马克思的观点看》，载《社会科学战线》，2005年第2期。

颜敏：《"东方学"与"西方学"——读萨义德〈东方学〉》，载《湘潭大学社会科学学报》，2001年第4期。

于东方：《刍议现阶段文化产品》，载《社会科学》，1994年第9期。

原春琳：《汉语：温暖积极的中国形象》，载《中国青年报》，2010年11月18日。

邹广文：《当代中国的主流文化、精英文化与大众文化》，载《杭州师范学院学报》（社会科学版），2002年第6期。

张兴成：《福柯与萨义德：从知识—权力到异文化表述》，载《天津社会科学》，2001年第6期。

张其学：《后殖民主义视域中的马克思》，载《哲学研究》，2005年第6期。

张其学：《非殖民化中的文化抵抗与民族主义——对赛义德非殖民化思想的一种分析》，载《学术研究》，2004年第6期。

张立波：《萨义德和马克思主义》，载《学术研究》，2004年第6期。

张立波：《从东方学到东方主义：萨义德的阐述及其意义》，载《胜利油田党校学报》，2004年第3期。

张京媛：《彼与此——评介爱德华·赛义德的〈东方主义〉》，载《文学评论》，1990年第1期。

张宽:《再谈萨伊德》,载《读书》,1994 第 10 期。

张震:《文化相对主义在当前的诸种面相及其批判》,载《学术月刊》,2004 年第 4 期。

张骥、韩晓彬:《论美国"文化霸权"的历史渊源与现实基础》,载《当代世界与社会主义》,2001 年第 2 期。

赵淳:《赛义德和赛义德东方主义的共谋》,载《西南师范大学学报》(人文社会科学版),2005 年第 6 期。

赵亮:《诠释检验范式的建立及应用——分析爱德华·沃弟尔·萨义德〈文化与帝国主义〉中的过度诠释》,载《沈阳农业大学学报》(社会科学版),2006 年第 2 期。

赵建红:《赛义德的批评理念之一——文本与批评家的"现世性"》,载《当代外国文学》,2005 年第 4 期。

赵建红:《第五种批评形式:萨义德的"世俗批评"》,载《外国文学》,2008 年第 2 期。

赵立坤:《20 世纪民族主义浪潮试论》,载《湘潭大学学报》(哲学社会科学版),1998 年第 1 期。

赵景芳:《冷战后国际关系中的文化因素研究:兴起、嬗变及原因探析》,载《世界经济与政治》,2003 年第 12 期。

赵志耘、姜桂兴:《殷鉴不远 来者可追——兰德公司〈美国科技竞争力〉报告引发的思考》,载《中国软科学》,2009 年第 6 期。

周兴杰、童彩华:《"第三世界文学"与"世界文学"——后殖民批评中的马克思主义话语》,载《兵团教育学院学报》,2003 年第 1 期。

周兴杰:《近十年中国后殖民批评综述》,载《燕山大学学报》(哲学社会科学版),2003 年第 1 期。

朱益玲:《冷战后国际政治中的文化因素》,载《理论学习》,2004 年第 4 期。

二、英文文献

(一) 著作

Aijaz Ahmad, *In Theory: Classes, Nations, Literatures*, London: Verso, 1992.

Antonio Gramsci, *Selections from the Prison Notebooks*, Quintin Hoare and Geoffrey Nowell—Smith (trans.), New York: International Publishers, 1971.

B. S. Turner, *Orientalism, Postmodernism and Globalism*, London, Routledge, 1994.

Carol A. Breckenridge, and Peter van der Veer, *Orientalism and the Postcolonial Predicament: Perspectives on South Asia*, Philadelphia: University of Pennsylvania Press, 1993.

Edward W. Said, *Joseph Conrad and the Fiction of Autobiography*, Massachusetts: Harvard University Press, 1966.

Edward W. Said, *Beginnings: Intention and Method*, New York: Columbia University Press, 1975.

Edward W. Said, *The Palestine Question and the American Context*, Beirut: Institute for Palestine Studies, 1979.

Edward W. Said, *The Question of Palestine*, New York: Vintage Books (A Division of Random House Inc), 1980.

Edward W. Said, *Musical Elaborations*, New York: Columbia University Press, 1991.

Edward W. Said, *Culture and Imperialism*, London: Chatto & Windus, 1993.

Edward W. Said, *Peace and Its Discontents*, New York: Vintage Books (A Division of Random House Inc), 1993.

Edward W. Said, *The Pen and the Sword*, Edinburgh: Ark Press, 1994.

Edward W. Said, *The Politics of Dispossession*, New York: Vintage Books (A Division of Random House Inc), 1994.

Edward W. Said, *The End of the Peace Process: Oslo and After*, New York: Pantheon Books, 2000.

Edward W. Said, *Reflections on Exile and Other Essays*, Massachusetts: Harvard University Press, 2000.

Edward W. Said, *Blaming the Victims: Spurious Scholarship and the Palestine Question*, London, New York: Verso, 2001.

Edward W. Said, *Freud and The Non—European*, London, New York: Verso, 2003.

Frantz Fanon, *Black skin, White Masks*, New York: Grove Press, 1967.

John M. MacKenzie, *Orentalism: History, Theory and the Arts*, Manchester and New York: Manchester University Press, 1995.

Lisa Lowe, *Critical Terrains: French and British Orientalisms*, Ithaca, N. Y. and London: Cornell University Press, 1994.

Michael Sprinker, ed., *Edward Said: A Critical Reader*, Oxford and Cambridge, Mass: Blackwell, 1993.

Robert Keohane, *International Institutions and State Power: Essays in International Relations Theory*, Boulder: Westview Press, 1989.

Robert Young, *White Mythologies: Writing History and the West*, New York and London: Routledge, 1995.

(二) 学术文章

Antonio Gramsci, "Some Aspects of the Southern Question", in *Selections from Political Writings*, 1921—1926, London: Lawrence & Wishart, 1978.

Bernard Lewis, "The question of Orientalism", *New York Review of Books*, Vol. 24, June 1982.

Bruce Robbins, "Edward Said's Culture and Imperialism: a symposium", *Social Text*, Vol. 40, Fall 1994.

Bruce Robins, "Secularism, Elitism, Progress, and Other Transgressions: On Edward Said's 'Voyage in'", *Social Text*, Vol. 40, Fall 1994.

Edward Said, "Representing the Colonized: Anthropology's Interlocutor", *Critical Inquiry*, 1989, 15.

Edward W. said and Robins, "American intellectuals and Middle East politics: an interview with Edward W. Said", *Social Text*, Vol. 19—20, Fall 1988.

Fawzia Afzal-Khan, "Review of Culture and Imperialism", *World Literature Today*, Vol. 68, Winter 1994.

Rashid I. Khalidi, "Edward W. Said and the American Public Sphere: Speaking Truth to Power", *Boundary2*, Vol. 25, Summer 1998.

George M. Wilson, "Edward Said on Contrapuntal Reading", *Philosophy and Literature*, Vol. 18, 1994.

Henri Louis Gates, "Jr. Critical Fanonism", *Critical Inquiry*, 1999, (17).

Michael Sprinker, "The National Question: Said, Ahmad, Jameson", *Public Culture*, Vol. 6, 1993.

Matthew Stevenson, "Edward Said: an Exile's Exile", *Progressive*, Vol. 51, No. 2, February 1987.

Stephen D. Krasner, "Structural Causes and Regime Consequences: Regimes as Intervening Variables" *International Organization*, Vol. 36, 1982, p. 186.

Sumit Sarkar, "Orientalism Revisited: Saidian Frameworks in the Writing of Modern Indian History", *Oxford Literary Review*, Vol. 16, No. 1—2, 1994.

Wicke & Sprinker, "Interview with Edward Said", in Michael Sprinker, ed., *Edward Said: A Critical Reader*, Oxford and Cambridge, Mass. Blackwell, 1992.

Zakia Pathak, Saswati Sengupta and Sharmila Purkayastha, "The prisonhouse of Orientalism", *Textual Practice*, Vol. 5, No. 1, Spring 1991.

后 记

本书是根据我在北京大学完成的博士学位论文修改而成的，有幸得到中央编译局社科出版基金资助，深表感谢！从 2003 年到 2013 年，我从事研究性学习与工作已经整整 10 年，正好借此书出版之机作一个简单的回顾和总结。尽管一路走来跌跌撞撞，但幸运的是，每一个阶段我都能得到良师的悉心指导与关怀、得到益友的慷慨帮助与支持、得到至亲的无私奉献与关爱！

2003 年考上北京师范大学硕士研究生，是我人生中的一次重要转机，混沌、迷茫的大学生活就此画上了一个清晰的句号。然而，正如玛雅文化中的世界末日意味着新纪元的到来一般，这种结束对我而言无疑也是一种新生，我的学术之路由此开启。更幸运的是，我能够成为尚九玉老师的学生，正是在他的启发、引导和鼓励之下，我开始了对全球化背景下人类文化发展问题的关注与思考，在硕士论文中对全球化背景下的文化殖民主义现象进行了较为系统的考察与研究。这一成果在当时得到了导师和答辩委员会的充分肯定，专家们建议，如果我继续攻读博士研究生的话，可以对此问题进行更加深入的研究。但由于我毕业后即到《中共中央党校学报》担任编辑，这一建议便被暂时搁置了。好在时任主编的包驰老师和副主编刘荣荣老师都非常关心我们年轻人的成长，包老师经常到办公室来与我们进行学术交流，而刘老师也不吝将其多年的编辑经验手把手地传授于我。

他们对前沿问题的敏锐把握、对学术研究的深刻洞察，对我而言既是引导更是鞭策，使我愈发感觉到自己学识的不足，于是就萌生了读博的念头。

在北京大学读博期间，我能够在面临各种困难的情况下兼顾好学业和家庭，完全得益于我的博士导师林娅教授。学业方面，在课程学习阶段，老师的谆谆教导使我不敢有丝毫懈怠，在完成本院课程学习的情况下，我还经常到哲学系去听课，经常参加学院内外的各种学术活动；在论文写作阶段，老师考虑到我原来的研究背景和兴趣点，与我共同确定了萨义德后殖民文化理论研究这一选题，并建议我从马克思主义视角进行深入分析。此后，论文的开题、写作、修改直到最终完成，各个环节都倾注着老师的辛勤汗水，可以说，如果没有老师结合新的文化现象从人类文化发展规律高度对我的殷殷点化，这篇论文也许将停留在资料梳理的初级层面。初稿完成之后，老师又对我的论文逐字逐句地进行了详细批改，细到语句的精炼和标点符号的正确运用。但遗憾的是，由于知识背景所限，我当时并没能将老师的所有建议都付诸笔墨，特别是老师曾提出让我从心理学方面深化对后殖民文化理论的研究，我虽一直牢记在心却苦于无从下手，最终不了了之，还好在博士后研究工作期间，我在这方面进行了一些初步的探索，即作为本书附录的《后殖民文化理论的精神分析意蕴——从法侬到萨义德》一文，这既是对老师指导的回应，也是对本书内容的拓展。生活方面，在老师慈母般的关怀、理解与宽容中，我的女儿顺利降生并茁壮成长，我完成了人生中的又一件大事。四年来，导师治学的严谨与谦虚、做人的大气与淡定为我树立了一辈子学习的典范，她的教诲与鞭策将激励我在今后的工作和生活中继续勇敢前行。

博士毕业后，我又有幸来到中央编译局马克思主义研究部从事博士后研究工作。之所以没有被动地就业，去做一份和自己的兴趣、特点不太匹配的工作，是因为我对自己还有更高的期待，希望将来能够为他人、为社会、为人类真正做点事情，而不仅仅是为"稻粱谋"，浑浑噩噩一辈子。我也知道这样的一条道路注定会很艰辛，特别是对于一个女性来说必然会面临更多的困难，我不知道自己将来能够走多远，但是我自豪的是我勇敢地选择了它。同时，我认为这对于我今后继续在科研这条路上走下去是一个必要的环节，也是一个最好的选择。事实证明，我在这里收获很大，进步也很快。一方面，在合作导师的指导下，我将自己的研究方向从原来的后殖民文化理论拓宽到了整个国外马克思主义研究领域，特别是开始系统地学习和研究东欧新马克思主义；另一方面，我有幸加入了孔明安老师组织的"国外马克思主义读书小组"，加之周凡老师的指点和影响，我开始对后马克思主义思潮及其代表人物的思想有了一些了解。此外，由于我在《马克思主义与现实》编辑部工作，从与冯雷、黄晓武、李义天、陈喜贵等老师的交流中也获益匪浅。这些学习、研究和工作经历，不仅开阔了我的学术视野，而且提升了我的研究方法，对于我进一步修改和完善此书不无裨益。

在本书的写作、修改及出版过程中，我还得到了很多人的指导、帮助和关心。北京大学的丰子义教授、郭建宁教授、孙熙国教授、黄小寒教授，中国人民大学的安启念教授，北京师范大学的马捷莎教授，他们在我博士论文开题、预答辩或正式答辩时提出了诸多宝贵意见，对于论文的写作与修改至关重要；北京师范大学的熊晓琳教授一直很关心我的学业和生活；中央编译局的薛晓源研究员、陈家刚研究员在本书的出版方面给予了指导并提出了重要修改建议；中央编译出版社薛迎春编辑为本书的顺利出版付出了辛勤的汗水；父母不辞辛劳帮我带孩子、做家务；爱人张静在我写作思路阻滞时，随时与我交流，以博学之思给我启发，以热情鼓励予我支持；女儿的乖巧懂事更使我的论文写作与书稿修改过程少了很多苦闷，平添了无限欢乐。

谨以此书献给所有关心、帮助、支持、鼓励我的亲人、师长、同学和朋友们！

2013年1月5日
于北京宏英园

图书在版编目（CIP）数据

抵抗与批判：萨义德后殖民文化理论研究/刘海静著．
—北京：中央编译出版社，2013.6
ISBN 978-7-5117-1686-6

Ⅰ.①抵…

Ⅱ.①刘…

Ⅲ.①萨义德，E.W.(1935~2003)-后殖民主义-研究

Ⅳ.①D066

中国版本图书馆 CIP 数据核字（2013）第 140733 号

抵抗与批判：萨义德后殖民文化理论研究

出 版 人	刘明清
出版统筹	薛晓源
责任编辑	薛迎春
责任印制	尹 珺
出版发行	中央编译出版社
地 址	北京西城区车公庄大街乙 5 号鸿儒大厦 B 座（100044）
电 话	（010）52612345（总编室） （010）52612336（编辑室）
	（010）66161011（团购部） （010）52612332（网络销售）
	（010）66130345（发行部） （010）66509618（读者服务部）
网 址	www.cctphome.com
经 销	全国新华书店
印 刷	河北下花园光华印刷有限责任公司
开 本	787 毫米×1092 毫米 1/16
字 数	243 千字
印 张	16.75
版 次	2013 年 6 月第 1 版第 1 次印刷
定 价	52.00 元

本社常年法律顾问：北京市吴栾赵阎律师事务所律师　闫军　梁勤
凡有印装质量问题，本社负责调换，电话：（010）66509618